本书获北京大学人文社会科学学术交流基金资助,特此致谢!

傅斯年一生志业研究

欧阳哲生 著

北京大学出版社
PEKING UNIVERSITY PRESS

图书在版编目(CIP)数据

傅斯年一生志业研究/欧阳哲生著. —北京:北京大学出版社,2016.3
ISBN 978-7-301-26728-8

Ⅰ. ①傅… Ⅱ. ①欧… Ⅲ. ①傅斯年(1896~1950)—人物研究 Ⅳ. ①K825.46

中国版本图书馆 CIP 数据核字(2016)第 001044 号

书　　　名	傅斯年一生志业研究 Fusinian Yisheng Zhi Ye Yanjiu
著作责任者	欧阳哲生　著
责 任 编 辑	魏冬峰
标 准 书 号	ISBN 978-7-301-26728-8
出 版 发 行	北京大学出版社
地　　　址	北京市海淀区成府路205号　100871
网　　　址	http://www.pup.cn
电 子 信 箱	weidf02@sina.com
新 浪 微 博	@北京大学出版社
电　　　话	邮购部 62752015　发行部 62750672　编辑部 62750673
印 刷 者	三河市北燕印装有限公司
经 销 者	新华书店
	965 毫米×1300 毫米　16 开本　19 印张　189 千字 2016 年 3 月第 1 版　2016 年 3 月第 1 次印刷
定　　　价	48.00 元

未经许可,不得以任何方式复制或抄袭本书之部分或全部内容。
版权所有,侵权必究
举报电话:010-62752024　电子信箱:fd@pup.pku.edu.cn
图书如有印装质量问题,请与出版部联系,电话:010-62756370

目　录

壹　傅斯年一生的志业及其理想
　　——《傅斯年全集》序言 ………………………………（1）
　一、早期的学术准备 ……………………………………（7）
　二、"要科学的东方学之正统在中国" …………………（30）
　三、傅斯年的学术成就 …………………………………（48）
　四、傅斯年的教育理念 …………………………………（71）
　五、傅斯年著作的整理、出版 …………………………（90）

贰　傅斯年政治思想片论 ………………………………（96）
　一、"五四式的激情" ……………………………………（98）
　二、民族主义与正统意识 ………………………………（104）
　三、民主社会主义的抉择 ………………………………（116）
　　结语 ……………………………………………………（130）

叁　傅斯年与北京大学 …………………………………（132）
　一、北大五四运动的学生领袖 …………………………（132）
　二、北大"中兴"的军师 …………………………………（139）
　三、北大复员的代理校长 ………………………………（144）

肆 新学术的建构
　　——以傅斯年《历史语言研究所工作报告》
　　　为中心的探讨 …………………………………（152）
　　一、历史语言研究所工作方针之确定 …………（154）
　　二、历史语言研究所的组织机构和制度建设 ……（160）
　　三、历史语言研究所学术工作之开展 …………（173）
　　四、历史语言研究所工作成果之体现 …………（191）
　　结语 ………………………………………………（197）

伍 傅斯年的"国学"观及其时代意义
　　——《大家国学·傅斯年卷》前言 ……………（200）

陆 傅斯年的公共空间与思想抉择
　　——《中国近代思想家文库·傅斯年卷》导言 ……（206）
　　一、思想主题的初步展开：文化重建与
　　　社会重建 ……………………………………（207）
　　二、中流砥柱：在学术与政治两栖作战 ………（223）
　　三、后期思想的问题意识：战争、国家与
　　　世界前途 ……………………………………（239）
　　结语 ………………………………………………（249）

附录一 傅斯年先生年谱简编 …………………………（252）

附录二 新发现的一组傅斯年佚文（六篇） …………（282）
　　"清党"中之"五卅" ……………………………（283）
　　我对于日本出兵山东的感想 ……………………（285）
　　满洲傀儡剧主人公溥仪 …………………………（286）
　　四川与中国 ………………………………………（293）
　　日本的军事冒险 …………………………………（296）
　　广西石刻展览特刊序 ……………………………（298）

后　记 ……………………………………………………（299）

壹　傅斯年一生的志业及其理想

——《傅斯年全集》序言

在民国时期的知识分子中,傅斯年是一个极具个性而又充满矛盾的奇特结合体。他长期在北大学习、工作,对北大师生有着相当重要的影响力,被视为自由派大本营北大的代表性人物之一。他又承接传统的正统观念,与南京国民政府保持密切的关系,因此在1949年这个关键性的转折年代,与胡适、钱穆一起被毛泽东点名为反动政府"只能控制"的几个代表。① 他力主以西方的现代化为样板,反对所谓"国粹",反对读经,主张废除"国医",成为"五四"以后在文化领域最激进的现代化路线的推动者。他又最具民族主义思想,坚定抵御日寇侵略,毫不含糊地抗议苏俄沙文主义政策,维护国家利益,是近代中国民族主义最有力的代表之一。他是纯然学术的真正维护者,一生致力于发展科学的历史学、语言学、考古学,为此付出了毕生的心

---

① 参见毛泽东:《丢掉幻想,准备斗争》,《毛泽东选集》第4卷,北京:人民出版社1991年6月版,第1485页。

血。他亦政亦学,不畏权门豪族,言谈举止中充满"知识的傲慢",有一股"虽千万人,吾往矣"的精神气概,时人有"傅大炮"之誉。他事必躬亲,治事威严,为人行政有德国人那种一丝不苟的彻底性精神,是现代学术机构管理的科学典范。他又致力于铲除社会不平等,体恤下层百姓的民情,为此谋求民主与社会主义相结合。这些看似矛盾、趋于两极的选择奇妙地集于傅斯年一身,酝酿一种极致化的表现,使他常常出人意料地产生一些爆炸性的言行。"纵横天岸马,俊逸人中龙。"这是他的才气和风格的一幅贴切肖像。

傅斯年只活了55岁(1896—1950年)。比起他的三位北大师友刘半农(1891—1934年)、丁文江(1887—1936年)、钱玄同(1887—1938年)来说,岁数要长;而与后逝的胡适(1891—1962年)、陈寅恪(1890—1968年)、李济(1896—1979年)、顾颉刚(1893—1980年)、赵元任(1892—1982年)诸友相比,他又走得过早。他曾是这一学术精英群体聚合的纽带性人物。他跌宕多姿的一生经历了三个阶段:(一)学术准备期(1896—1926年),从他入小学,上中学,进大学预科、本科,直到赴欧留学,这是他的学生时代。在新文化运动中他开始崭露头角,在留学时代他形成了自己治史的学术志趣。(二)学术成熟期(1927—1937年),这一阶段他先后在中山大学、北京大学任教,并创建中山大学语言历史研究所、中央研究院历史语言研究所。他的学术著作大都完成于这一阶段。他自称:"吾这职业,非官非学,无半月以上可以连续为我自由之时间。"①说明了他奔波于学术与行政之间的匆忙。(三)行政工作期(1937—1950年),这一阶段他除继续担任中央研究院史语所所长一职外,另还担任过中研院总干事、北大文科研究所所长、西南联大校务委员、北大代理校长和台大校长等教育、学术行政职务,并以社会名流的身份担任过国民参政会参政员、政治协商会议委员、立法院委员等政职,他的重心明显转向以学术、教育的行政工作为主,甚至卷入一些重要政治活动。② 早在"五四"时期,蔡元培先生即题赠"山平水远苍茫外,地辟天开指顾中"③,寄望于他做一番开天辟地的事业。傅斯年留学归国后,他的留德同学陈寅恪亦赋诗"今生事业余田舍,天下英雄独使君"④,鼓励他主持复兴中国人文学术的大业。为不辜负师友的期盼,他一生奔走劳碌,因此而过早地耗尽了自己天才般的能量。

傅斯年的一生刚好跨越了20世纪上半段,这正是中国一个极其混乱而又充满变革性的年代。"三十年河东,三十年河西"这句俗语,远不足以我们形容这个时期的历史变数之速,由此

---

① 傅斯年:《性命古训辨证·序》。《傅斯年全集》第2卷,长沙:湖南教育出版社,2003年9月版,第502页。
② 关于傅斯年的一生,胡适将傅斯年思想分为"学生时代的思想""壮年时代的思想"和"晚年的思想",但胡适未段分壮年和晚年之间的具体时间。参见胡适:《傅孟真先生的思想》,原载1952年12月21日台北《新生报》。《胡适作品集》第25册,台北:远流出版公司,1986年3月版,第53—63页。
③ 此题词收入王汎森、杜正胜:《傅斯年文物资料选辑》,台北:"中研院"史语所,1995年12月16日版,第31页。
④ 《寄傅斯年》,《陈寅恪集·诗集》,北京:三联书店,2001年5月版,第18页。

而导致评判傅斯年的两极对立,甚至多极差异,也不足为怪。时人以"誉满天下,谤满天下"来说明对傅斯年所牵涉的是非关系和人事纠纷难以评判。但我们不能忘记,作为学术界、教育界的一个重量级的历史人物,傅斯年在他曾经生活、学习、工作过的地方,刻下了深深的痕迹,以至于我们无法轻视他作为历史的存在。北大是中国的最高学府,作为民国时期北大派的代表之一,傅斯年那狂狷独立的行世风格、尽忠报国的民族情怀,已深深地熔铸于北大人的历史传统之中。中央研究院曾是中国的最高学术机构,作为中研院第一大所——史语所的创建者和初期领导者,傅斯年那威仪严苛的"老虎"作风、严格把关的治所戒规,已成为史语所学派的一种象征。历史上的人物有两种情形,一种是在生前享有高位和名誉,他们利用自己的权力和地位发挥影响,但其事功和业绩可能是平平而已,这种人死后的影响力自然是迅速萎缩;还有一种人是生前并未享高位,也不拥有重权,但以其个人的卓越成就和特有的感召力,在生前死后都产生巨大的影响,傅斯年属于后者。胡适说:"他无论在什么地方,总是一个力量。""他这样的人,无论在什么地方都能发挥其领袖的才干。他有学问,有办事能力,有人格,有思想,有胆量;敢说话,敢说老实话,这许多才性使他到处成为有力量的人。"①在一个看不到多少希望的历史时期,一个人有一个闪

---

① 胡适:《傅孟真先生的思想》,原载1952年12月21日台北《新生报》。《胡适作品集》第25册,台北:远流出版公司,1986年3月版,第54页。

光的亮点就足以使人难忘,何况傅斯年一生有接连不断的大手笔表现。当我们仔细探求20世纪上半期中国现代化艰难行进的线索,就不难发现傅斯年在这一过程中的不凡表现。

> 孟真是人间一个最稀有的天才。他的记忆力最强,理解力也最强。他能做最细密的绣花针工夫,他又有最大胆的大刀阔斧本领。他是最能做学问的学人,同时他又是最能办事、最有组织才干的天生领袖人物。他的情感最有热力,往往带有爆炸性的;同时他又是最温柔、最富于理智、最有条理的一个可爱可亲的人。这都是人世间最难得合并在一个人身上的才性,而我们的孟真确能一身兼有这些最难兼有的品性与才能。①

这是50年前胡适对傅斯年的一段评语。作为傅斯年的老师兼好友的胡适生性并不好走极端,知人论事,在此一口气用了十四个"最"字来表彰傅斯年,足见其对傅的人格和才性的推许。②在傅斯年逝世后的半个世纪中,海内外有关傅斯年的追思、纪念性的文字持续不断,但这些追忆不约而同地都是为胡适的这

---

① 胡适:《傅孟真先生遗著·序》,收入《傅孟真先生集》第1册,台北:台湾大学,1952年12月版。
② 胡适一生写过的纪念性文字中,对三人的情感表达最为强烈:徐志摩、丁文江、傅斯年,这三人可谓胡适的挚友。

段评语补充注脚。①

研究和评判历史人物是历史学中的一个传统项目。但这一项目并不因为历史悠久,而为我们能驾轻就熟地掌握。恰恰相反,由于历史长河的延伸,累积于历史人物的人为因素越来越多,使得我们对历史人物的认识和评判越来越容易依赖于主观的能动性。一般来说,时间的间隔对历史的认识更具科学的价值。这是因为时间的距离感可以产生两个效果:一是可以排除当事人的各种是非关系,不因个人的恩怨而产生对认识对象的随意褒贬;二是随着历史的延伸,人们所依存的社会环境超越了历史的存在,因而对历史的认识天然地站在更高的起点上。然这两种可能的实现也有一个必需的前提,这就是对历史资料的充分掌握。没有历史资料,历史研究将成为无源之水。缺乏历史资料,将导致我们对历史认识产生许多盲点。今天我们来讨论傅斯年,从历史的角度来说,应已具备了许多前人不曾具备的学术的、社会的、史料的诸种条件,因此我们应有足够的勇气和信心超越前人的认识水平,以我们现今所具有的历史涵养

---

① 有关纪念傅斯年结集的文字有:《傅所长纪念特刊》,台北:"中研院"史语所,1951年3月出版。《傅故校长哀挽录》,台北:台湾大学,1951年出版。蔡尚东编选:《长眠傅园下的巨汉》,台北:故乡文化出版事业经纪公司,1979年3月29日出版。《傅孟真先生传记资料》(3册),台北:天一出版社影印出版。《傅斯年》,济南:山东人民出版社,1991年8月出版。《傅斯年、董作宾先生百岁纪念专刊》,台北:中国上古秦汉学会,1995年12月出版。《台大历史学报》第20期《傅故校长孟真先生百龄纪念论文集》,台北:台湾大学历史系,1996年11月。王为松编:《傅斯年印象》,上海:学林出版社,1997年12月出版。王富仁、石兴泽编:《谔谔之士——名人笔下的傅斯年、傅斯年笔下的名人》,上海:东方出版中心,1997年7月版。

和认识能力,对其做出合乎时代高度的判断。

一、早期的学术准备

傅斯年的学生时代经历了三个阶段①:第一个阶段为学前、小学、中学阶段(1913年夏以前),此段现存资料甚少。② 第二个阶段为北大预科、本科阶段(1913年夏—1919年夏),此段可资研究的材料甚多,除北大保留的教务档案可备查外,还有他的同学罗家伦、顾颉刚、毛子水、俞平伯等人的回忆和日记,③以及傅斯年本人在《新青年》《新潮》发表的大量作品。第三个阶段为在英国、德国留学阶段(1920—1926年)。④ 其中在北大这

---

① 有关傅斯年学生时代的分期,何兹全先生亦分三段,即1901—1908年,在家乡读私塾和小学;1909—1919年,在天津读中学,在北大读预科、本科;1920—1926年,在英、德留学。参见何兹全:《民族与古代中国史·前言》,石家庄:河北教育出版社,2002年8月版,第21—22页。

② 有关傅斯年的这一段学生生活,参见英千里:《回忆幼年时代的傅校长》,原载1951年1月8日《台大校刊》第101期。

③ 有关傅斯年在北大学生生活的回忆,参见罗家伦:《元气淋漓的傅孟真》,原载1950年12月31日台北《"中央"日报》。伍俶:《忆孟真》,收入《傅故校长哀挽录》,台北:台湾大学,1951年6月15日出版,第62—63页。毛子水:《我与孟真的交往》,载1976年1月台北《传记文学》第28卷第1期。俞平伯:《别后日记》,《俞平伯全集》第10卷,石家庄:花山文艺出版社,1997年11月版,第147—152页。1919年顾颉刚留有未刊的日记,参见顾潮编著:《顾颉刚年谱》,北京:中国社会科学出版社,1993年3月版,第53页。

④ 有关傅斯年在欧洲留学生活的回忆,参见罗家伦:《元气淋漓的傅孟真》,毛子水:《我与孟真的交往》。俞平伯:《国外日记甲集》1920年1月—2月部分,收入《俞平伯全集》第10卷,第153—163页。另有关傅斯年在德国柏林大学的学业档案,参见刘桂生:《陈寅恪、傅斯年留德学籍材料之劫余残件》,载1997年8月《北大史学》第4辑。

一段,他获得了优质的人文教育,投入新文化的激流,成为时代浪潮中的一个风云人物;在留学时期,他广泛涉猎西方自然科学和社会科学,开始酝酿自己的学术思想。

1913年夏,傅斯年考入北京大学预科。当时的北京大学预科分二类(1915年9月以后改为二部),①一类偏重文史,二类偏重于自然科学。傅斯年选择了一类,因他英文程度较好,被编在一类英文甲班。北京大学的前身是京师大学堂,京师大学堂是从同文馆发展而来。由于这一历史关系,北京大学预科的课程安排,外语学习的分量所占比重很大,必修两门外语课程,傅斯年天资聪颖,又勤奋好学,三年的预科学习成绩在全班均名列前茅。

1916年秋,傅斯年升入北京大学本科国文门。此时政局大变,袁世凯去世,黎元洪上台。黎为制衡北洋系的旧班人马,尽力在反袁或非袁派系中寻找自己的支持者,教育总长人选故有任命范源廉之举。范在民初与蔡元培有过共事经历,两人关系密切,遂又延请蔡元培出任北大校长,这对北大后来的发展至关重要。另一个影响傅斯年的环境因素是北大国文门的师资力量十分雄厚,担任教员的有:沈兼士、沈尹默、钱玄同、陈伯弢、黄季刚、刘申叔、伦哲如、刘农伯、吴瞿安、朱逖先、马叙伦、马幼渔、刘文典、周作人、刘半农、崔适等,可谓极一时之选。傅斯年

---

① 毛子水先生称,1913年北大预科分甲乙两部的说法,不确。参见傅乐成:《傅斯年先生年谱》1913年条,《傅斯年全集》第7册,台北:联经出版事业公司,1980年9月版,第260页。

能够在学业上迅速成长,与新文化运动的风气熏染有关,这批老师的授业之功实在也不可湮没。受到朴学大师章太炎一门的影响,北大国文门的文字学教学分量颇重,三年都安排了这门课程。对此,傅斯年后来评论道:"我希望有人在清代的朴学上用功夫,并不是怀着甚么国粹主义,也不是误认朴学可和科学并等,是觉着有几种事业,非借朴学家的方法和精神做不来","清朝人的第一大发明是文字学,至于中国的言语学,不过有个萌芽,还不能有详密的条理"①。这应是他学习这门功课后的经验之道。

傅斯年初入国文门时,被章门弟子看中,他们抱着"老儒传经的观念,想他继承仪征学统或是太炎学派等衣钵"②。这种情形因胡适的到来和新文学运动在校内的影响,很快就发生了变化。关于这一过程,毛子水有一段记述:

> 当时北京大学文史科学生读书的风气,受章太炎先生学说的影响很大。傅先生最初亦是崇信章氏的一人,终因资性卓荦,不久就冲出章氏的樊笼;到后来提到章氏,有时不免有轻蔑的语气。与其说这是辜负启蒙的恩德,毋宁说这是因为对于那种学派用力较深,所以对那种学派的弊病

---

① 傅斯年:《清代学问的门径书几种》,载1919年4月1日《新潮》第1卷第4号。《傅斯年全集》第1卷,第233页。
② 参见罗家伦:《元气淋漓的傅孟真》。

也看得清楚些,遂至憎恶也较深。①

从傅斯年率学生赶走章门弟子朱蓬仙一事已可看出他对旧学的不满足,②为什么傅斯年会由章门转向胡门?我们从他发表的《清代学问的门径书几种》一文可窥见他的来由,他在讨论清代学术的发展历史时,把清代学问分成五期,第一期为"胚胎期","从王应麟到焦竑,一般朴学的先进,都归在里头";第二期为"发展期","从顾亭林到江慎修的时代";第三期为"极盛期","就是钱晓征、戴东原、段懋堂、王怀祖的时代";第四期为"再变期","从孔众仲到俞曲园的时代";第五期为"结束期","这一期的代表,只有康有为和章太炎先生两人"。在他看来,康有为的学问止于戊戌;"至于章先生,也是过去的人物"。何以这样说呢?

> 第五期是结束第三第四两期的:太炎先生结束第三期,康有为结束第四期。我以为这一时期非常有关系,中国人的思想到了这时期,已经把"孔子即真理"一条信条摇动了,已经临于绝境,必须有急转直下的趋向了。古文学、今文学已经成就了精密的系统,不能有大体的增加了,又当西洋学问渐渐入中国,相逢之下此消彼长的时机已熟了,所以这个时期竟可说是中国近代文化转移的枢纽。这个以前,

---

① 毛子水:《傅孟真先生传略》,收入《傅故校长哀挽录》,台北:台湾大学,1951年版,第1页。
② 参见罗家伦:《元气淋漓的傅孟真》。

是中国的学艺复兴时代,这个以后,便要说是中国的学艺再兴时代。国粹派的主义,当然从此告终。自此以后,必不再会有第一二流的国粹派的学问家。①

正是看清了国粹派已成强弩之末,他才不屑为国粹派的尾巴,而宁愿作新学术的先锋。

傅斯年的这一转变是在1917年秋天以后,胡适在北大登堂讲中国哲学史,在学生中产生了不小的震动,这实际上是胡适在学术殿堂与章门别立门户的开始。傅斯年和一批学生受到胡适的吸引,开始投身到"文学革命"的旗下,1918年夏天,他们组织了新潮社。1919年1月1日创刊《新潮》杂志,"专以介绍西洋近代思潮,批评中国现代学术上、社会上各问题为职司"②,傅斯年担任主编,胡适被邀为顾问。在此之前,傅斯年已投稿《新青年》,完全成为胡、陈一系的马前卒了。

傅斯年在《新潮》《新青年》发表的文章涉及的内容比较宽泛,主要包括文学语言、社会与人生、学术评论三类,体裁形式则不拘,论述文、书评、随感录、诗歌均有。

在文学、语言方面,傅斯年表现了附应"文学革命"和白话文运动的倾向,为新文学运动推波助澜。他在《新青年》上发表的第一篇文章——《文学革新申义》,实在是对胡适、陈独秀"文学革命"的响应,开首即说:"中国文学之革新,酝酿已十余年。

---

① 傅斯年:《清代学问的门径书几种》,载1919年4月1日《新潮》第1卷第4号。《傅斯年全集》第1卷,第230页。
② 《新潮杂志社启事》,原载1918年12月3日《北京大学日刊》。

去冬胡适之先生草具其旨,揭于《新青年》,而陈独秀先生和之。时会所演,从风者多矣。蒙以为此个问题,含有两面。其一,对于过去文学之信仰心,加以破坏。其二,对于未来文学之建设加以精密之研究。""此篇所说,原无宏旨,不过反复言之,期于共喻而已。"①新文学运动的一项主要内容是提倡白话文学,实行"文言合一",为此傅斯年发表了《文言合一草议》《怎样做白话文》《白话文学与心理的改革》等文,不遗余力地推动这一运动。他对文字改革极为热衷,所作《汉语改用拼音文字的初步谈》,声明:"我决不主张径拼罗马字母作为我们拼音文字的字母,因为罗马字母不够汉语用的。我更不主张仅仅拼音,我主张必须造全不含混的拼音文字。"②这篇文字是针对吴稚晖先生"汉字决不能改用拼音文字的意见"而发,③而倾向于钱玄同先生的意见。④ 傅斯年对戏剧一目的革新也抱有兴趣,当胡适、欧阳予倩与北大学生张厚载作文讨论戏剧改良问题时,他对于戏剧改良,也从"旧剧的研究""改革旧剧所以必要""新剧能为现在社会所容受否""旧戏改良""新剧创造""评戏问题"⑤"编剧

---

① 傅斯年:《文学革新申义》,原载1918年1月15日《新青年》第4卷第1号。《傅斯年全集》第1卷,第3页。
② 傅斯年:《汉语改用拼音文字的初步谈》,原载1919年3月1日《新潮》第1卷第3号。《傅斯年全集》第1卷,第166页。
③ 吴稚晖:《致钱玄同先生论注音字母书》,原载1918年5月15日《新青年》第4卷第5号。
④ 钱玄同:《论注音字母》,原载1918年1月15日《新青年》第4卷第1号。
⑤ 傅斯年:《戏剧改良各面观》,原载1918年10月15日《新青年》第5卷第4号。《傅斯年全集》第1卷,第42—56页。

问题"①等方面,全面阐述了自己对戏剧改良的意见。张厚载为旧剧作极力辩护,傅斯年偏于"主张新剧"。他说:"我们固不能说,凡是遗传的都要不得;但是与其说历史的产品,所以可贵,毋宁说历史的产品,所以要改造。"②他认为:"中国美术与文学,最惯脱离人事,而寄情于自然界。故非独哲学多出世之想也,音乐画图,尤富超尘之观。""若夫文学更以流连光景,状况山川为高,与人事切合者尤少也。此为中国文学美术界中最大病根。所以使其至于今日,黯然寡色者,此病根为之厉也。"③由此入手,他要求文学、美术是入世的、平民化的,这正是"五四"新文学价值取向的共同特征。

傅斯年投身"文学革命"的激流,由章门后学变为新文学的排头兵,对于新文学运动的发展是极为有利的。"当时在北京大学师生中,文言文写得不通或不好而赞成新文学的很多,文言文写得很通很好而赞成新文学的很少。傅先生便是后一类中的一个。只有这一类人,才可以说真正能够懂得用白话文的意义和道理。"④傅斯年的转变,对引领北大学生起有样板的作用。

新文化运动作为一场个性解放运动,改变了一代青年的人生观。作为这一时代浪潮中的弄潮儿,傅斯年对这一问题的探

---

① 傅斯年:《再论戏剧改良》,原载1918年10月15日《新青年》第5卷第4号。《傅斯年全集》第1卷,第74—75页。
② 同上书,第72页。
③ 傅斯年:《中国文艺界之病根》,原载1919年2月1日《新潮》第1卷第2号。《傅斯年全集》第1卷,第148页。
④ 毛子水:《傅孟真先生传略》,收入《傅故校长哀挽录》,第2页。

讨表现了浓厚的热情,为此撰写了《人生问题发端》《万恶之原》《心气薄弱之中国人》《社会自知与终身之事业》《社会——群众》《社会的信条》《破坏》《一段疯话》《中国狗和中国人》等文章,展示了自己对解决人生、建设社会问题的看法。① 傅斯年认为:

> 中国社会形质极为奇异。西人观察者恒谓中国有群众而无社会,又谓中国社会为二千年前之初民宗法社会,不适于今日。寻其实际,此言是矣。盖中国人本无生活可言,更有何社会真义可说?②

这里的社会自然是指有机体组织的社会,而一盘散沙则不构成真实意义的社会。"中国一般的社会,有社会实质的绝少;大多数的社会,不过是群众罢了。凡名称其实的社会——有能力的社会,有机体的社会——总要有个细密的组织,健全的活动力。"③建设一个社会,最重要的是需要有"公信",傅斯年看出了这一点。"一般社会里,总有若干公共遵守的信条。这些信条,说他没用,他竟一文不值,说他有用,他竟有自然律的力量。"社会信条的功用是为了维持秩序,"发展公众的福利"。故

---

① 有关傅斯年五四时期的政治思想,参见欧阳哲生:《傅斯年政治思想片论》,载 2001 年 12 月《北大史学》第 8 辑。
② 傅斯年:《〈新潮〉发刊旨趣书》,原载 1919 年 1 月 1 日《新潮》第 1 卷第 1 号。《傅斯年全集》第 1 卷,第 80 页。
③ 傅斯年:《社会——群众》,原载 1919 年 2 月 1 日《新潮》第 1 卷第 2 号。《傅斯年全集》第 1 卷,第 151 页。

社会的信条"总当出于人情之自然","那些'戕贼人性以为仁义'的宗教、名教的规律,只可说是桎梏"①。在新旧价值观念转型的时期,"我们必须建设合理性的新信条,同时破除不适时的旧信条"②。

五四时期,迎新去旧业已大势所趋。在这种背景下,破坏蔚然成为社会流行的风潮。傅斯年认识到"破坏"的两面性:

> 中国是有历史文化的国家:在中国提倡新思想,新文艺,新道德,处处和旧有的冲突,实在有异常的困难,比不得在空无所有的国家,容易提倡。所以我们应当一方面从创造新思想,新文艺,新道德着手;一方应当发表破坏旧有的主义。

但只有破坏,并不是新文化运动的目标,傅斯年提请人们注意:"(1)长期的破坏,不见建设的事业,要渐渐丧失信用的。""(2)若把长期破坏的精神,留几分用在建设上,成就总比长期破坏多。""(3)发表破坏的议论,自然免不了攻击别人,但是必须照着'哀矜勿喜'的心理。"③这种把破与立相结合的观念对纠正破字当头、不破不立的偏颇不失为一种补救。

---

① 傅斯年:《社会的信条》,原载1919年2月1日《新潮》第1卷第2号。《傅斯年全集》第1卷,第154页。
② 同上书,第155页。
③ 傅斯年:《破坏》,原载1919年2月1日《新潮》第1卷第2号。《傅斯年全集》第1卷,第157页。

1918年6月15日《新青年》第4卷第6号出版"易卜生号"后,人生问题引起了热烈的讨论。傅斯年以为中国"现在最占势力的人生观念,和历史上最占势力的人生学说,多半不是就人生解释人生,总是拿'非人生'破坏人生。"他批评了传统的四种人生观:"达生观""出世观""物质主义"和"遗传的伦理观念"。在此基础上提出"为公众的福利自由发展个人"的人生观。"怎样能实行了这个人生观念?就是努力。"①他以《列子·汤问》篇中"愚公移山"的故事为例说明"努力为公"。"我们可以从这里透彻的悟到,人类的文化和福利,是一层一层堆积来的,群众是不灭的,不灭的群众力量,可以战胜一切自然界的。"②这一段话对认识傅斯年并熟读《新潮》的青年毛泽东应有影响,③1945年6月11日毛泽东发表的名篇——《愚公移山》,也发挥了这个寓意。④

在个性解放中,家庭是问题的核心。傅斯年认为旧社会的"万恶之原"是旧的腐败的家庭、旧的家庭制度,为了发展个性,

---

① 傅斯年:《人生问题发端》,原载1919年1月1日《新潮》第1卷第1号。《傅斯年全集》第1卷,第93页。
② 同上书,第93—94页。
③ 毛泽东曾在与美国记者埃德加·斯诺的谈话中,谈到他在北大当图书馆助理员时认识傅斯年,但傅不理会他。参见〔美〕埃德加·斯诺著、董乐山译:《西行漫记》,北京:三联书店,1979年12月版,第127页。其实傅斯年对毛泽东的评价很高,他将毛泽东所办的《湘江评论》与《每周评论》等刊相提并论,称它们"最有价值",参见傅斯年:《〈新潮〉之回顾与前瞻》,原载1919年10月《新潮》第2卷第1号。
④ 《愚公移山》,收入《毛泽东选集》第3卷,北京:人民出版社1991年版,第1101—1104页。

"独身主义是最高尚,最自由的生活"。为此必须破除"名教","名教本是罪人"。"只有力减家庭的负累,尽力发挥个性"①,才是新青年的出路,才可望"有点成就,做点事业"。傅斯年对旧家庭的这一强烈谴责,可能与他的切肤之痛相关,16岁时,由祖父和母亲包办,他与聊城县绅丁理臣之长女丁馥萃结婚,22年后这一旧式婚姻终以失败而结束。

学术是傅斯年的强项。如果说,在"文学革命"和个性解放中,他只是一位积极追随者的话,在学术方面,他已形成自己独立评判的倾向。这一时期他发表的学术文章就其内容和体裁来说,主要是书评和学术评论,这一特性表现得尤为突出。

傅斯年对中国传统学术作了总的清算。他认为中国学术有五大弊病:"一、中国学术,以学为单位者至少,以人为单位者转多,前者谓之科学,后者谓之家学;家学者,所以学人,非所以学学也。""二、中国学人,不认个性之存在,而以为人奴隶为其神圣之天职。""三、中国学人,不认时间之存在,不察形势之转移。""四、中国学人,每不解计学上分工原理(Division of Labour),'各思以其道易天下。'殊类学术,皆一群之中,所不可少,交相为用,不容相非。""五、中国学人,好谈致用,其结果乃至一无所用。""六、凡治学术,必有用以为学之器:学之得失,惟器之良劣足赖。""名家之学,中土绝少,魏晋以后,全无言者;

---

① 傅斯年:《万恶之原》,原载1919年1月1日《新潮》第1卷第1号。《傅斯年全集》第1卷,第107页。

即当晚周之世,名家当途,造诣所及,远不能比德于大秦,更无论于近世欧洲。中国学术思想界之沉沦,此其一大原因。""七、吾又见中国学术思想界中,实有一种无形而有形之空洞间架,到处应用。"在这里,第一、四条涉及学术上分科分工的问题,第二条所言学术个性与学术的创造性密切有关,第三、五、七条谈到学术功用的问题,第六条与学术上的知识论有关。傅斯年为当时中国学术界所开的这份病单,表明他已在真正思考中国学术的科学化问题。傅斯年当时已敏感地觉察到,中西学术之争也是一场生死之战。"中国与西人交通以来,中西学术,固交战矣;战争结果,西土学术胜,而中国学术败矣。"而上述之"基本误谬","造成中国思想界之所以为中国思想者也,亦所以区别中国思想界与西洋思想者也"[1]。

新文化运动的主流派以提倡文学革命和思想解放为职志,反对派则"以昌明中国固有之学术"[2]与之抗衡。由此产生的一个问题就是如何对待传统学术遗产的问题。毛子水率先提出:"用科学的精神去研究国故。"[3]但细读他的《国故和科学的精神》全文,他把"疏证"列为国故的长处,称赞章太炎以"重征""求是"的心习对国故作科学的处理,说明他仍未摆脱章太炎与国粹学派的窠臼。

---

[1] 傅斯年:《中国学术思想界之基本误谬》,原载1918年4月15日《新青年》第4卷第4号。《傅斯年全集》第1卷,第27—28页。
[2] 《国故月刊社成立会纪事》,载1919年1月28日《北京大学日刊》。
[3] 毛子水:《国故和科学的精神》,载1919年5月1日《新潮》第1卷第5号。

在为毛子水《国故和科学的精神》一文所附《识语》中，傅斯年首次表明了自己对"国故"处理的独特意见：一"整理国故"，"把我中国已往的学术、政治、社会等等做材料，研究出些有系统的事物来，不特有益于中国学问界，或者有补于'世界的'科学。中国是个很长的历史文化的民族，所以中华国故在'世界的'人类学、考古学、社会学、言语学等等的材料上，占个重要的部分。"二、"国故的研究是学术上的事，不是文学上的事；国故是材料不是主义。"三、"国粹不成一个名词（请问国而且粹的有几），实在不如国故妥协。至于保存国粹，尤其可笑。"四、"研究国故必须用科学的主义和方法，决不是'抱残守缺'的人所能办到的。"五、"研究国故好像和输入新知立于对待的地位，其实两件事的范围，分量需要，是一和百的比例。"①傅斯年的这些议论继毛子水的文章而发，既是对毛子水以科学精神处理国故态度的支持，又表明反对当时北大内部的《国故》派和在其背后所依托的国学大师——章太炎。他主张从世界科学的角度看待"整理国故"，反对把"国故"当成主义，当成保存国粹，这是他个人的卓识；而以科学的精神和方法来处理国故，"整理国故"的工作所占比重宜小，则反映了当时新文化阵营激进一方的立场。五四时期，围绕是否应"整理国故"，新文化阵营内部出现了分歧，以胡适为一方主张将"整理国故"列入建设

---

① 傅斯年：《毛子水〈国故和科学的精神〉识语》，原载1919年5月1日《新潮》第1卷第5号。《傅斯年全集》第1卷，第262—263页。

新文化的重要环节;而陈独秀、鲁迅等则反对当下即"整理国故"。在这一问题上,傅斯年似乎还在两者之间徘徊。

科学的发展离不开自由讨论、相互批评的气氛。在所写的一系列学术书评中,傅斯年表现出难得的科学的严谨和成熟。如对北大出版部刊印的马叙伦先生的著作——《庄子札记》,他毫不留情地直指:"先生书中,有自居创获之见,实则攘自他人,而不言所自来者。"①马先生是章太炎的弟子,胡适初到北大时讲"墨子哲学"不能与之匹,②傅斯年敢于直接批评马著,实在有挑战章门的意味。又如蒋维乔先生的《论理学讲义》,它是当时流行的一本教科书,蒋氏此书颇受日本同类著作影响,故傅斯年在书评结语说:"我写到这里,忽然觉得错了。他本是自日本陈书里翻译来的,我为何安在他身上!不仍旧是拿'著作者'待他吗?"③惟对"遗而不老"的王国维的新著《宋元戏曲史》予以高评,傅斯年以为"近年坊间刊刻各种文学史与文学评议之书,独王静庵《宋元戏曲史》最有价值"。王书之价值,一是"中国韵文,莫优于元剧明曲。然论次之者,皆不学之徒,未能评其文,疏其迹也,王君此书,前此别未有作者,当代亦莫之与京;所以

---

① 傅斯年:《马叙伦著〈庄子札记〉》,原载1919年1月1日《新潮》第1卷第1号。《傅斯年全集》第1卷,第116页。
② 参见毛以亨:《初到北大的胡适》,原载1962年5月24、28日《自由报》。此文影印件收入《胡适传记资料》第5册,台北:天一出版社,具体出版日期不详,第156页。毛氏回忆中提到胡适初到北大时是1916年,他的回忆有误,应是1917年9月。
③ 傅斯年:《蒋维乔著〈论理学讲义〉》,原载1919年1月1日《新朝》第1卷第1号。《傅斯年全集》第1卷,第119页。

托体者贵,因而其书贵也"。二是"王君治哲学,通外国语,平日论文,时有达旨"。"研治中国文学,而不解外国文学;撰述中国文学史,而未读外国文学史,将永无得真之一日……欲为近代科学的文学史,不可也。文学史有其职司,更具特殊之体制;若不能尽此职司,而从此体制,必为无意义之作。王君此作,固不可谓尽美无缺,然体裁总不差也。"① 这种审美情趣和文学史观与胡适在《归国杂感》中表彰王国维《宋元戏曲史》的观点如出一辙。② 他评介英国耶方斯(W. Stanley Jevons)的《科学原理》(The Principles of Science),一方面认定"此书为逻辑书中甚有价值之作","在此书中,有一绝大发明,则以演绎归纳,不为二物,不过一事之两面是也。此发明于知识论上极有价值,而培根、弥尔以难为要,重视归纳,轻视演绎之学说,一括破之矣"。一方面批评此书"文词芜滥,全无文学制裁"③。对该书长短的把握,基本准确。

评及当时中国译界的状况,傅斯年以为:"论到翻译的书籍,最好的还是几部从日本转贩进来的科学书,其次便是严译的几种,最下流的是小说。论到翻译的文词,最好的是直译的笔法,其次便是虽不直译,也还不大离宗的笔法,又其次便是严

---

① 傅斯年:《王国维著〈宋元戏曲史〉》,原载1919年1月1日《新潮》第1卷第1号。《傅斯年全集》第1卷,第111—113页。
② 胡适:《归国杂感》,《胡适文存》卷四。《胡适文集》第2册,北京:北京大学出版社,1998年11月版,第470页。
③ 傅斯年:《英国耶方斯之〈科学原理〉》,原载1919年1月1日《新潮》第1卷第1号。《傅斯年全集》第1卷,第123—124页。

译的子家八股合调,最下流的是林琴南和他的同调。"他着重批评了在译界最有影响也被视为最具权威的严复的译法:

> 严几道先生译的书中,《天演论》和《法意》最糟。假使赫胥黎和孟德斯鸠晚死几年,学会了中文,看看他原书的译文,定要在法庭起诉,不然,也要登报辩明。这都因为严先生不曾对于作者负责任。他只对于自己负责任。

一句话,傅斯年反对业已流行的意译和以文言翻译的方式。他主张"(一)译书人对于作者负责任。(二)译书人对于读者负责任"。他提出翻译的具体做法:"(1)用直译的笔法。""(2)用白话。""(3)第二等以下的著作,可用'提要'的方法,不必全译。"①在傅斯年的这些意见中,"直译"一条最值得注意,它对五四以后"直译"风气的形成,起了很大导引作用。

从傅斯年所发表的上述文章可以看出,他所表现出来的批判精神和创新锐气,并不让位于居于领导地位的北大新派教授。傅斯年以其特有的早熟和成熟,达到了时代思想的新高度,走到了新文化运动的前沿。胡适后来说:"孟真在学校中已经是一个力量。""他的早年思想是前进的。他在文学改革、新思想运动上是一个领导者,在二十几岁的时候就能指导出一条

---

① 傅斯年:《译书感言》,原载1919年3月1日《新潮》第1卷第3号。《傅斯年全集》第1卷,第189—190,193—194页。

正确的大路。"①"《新潮》杂志,在内容和见解两方面,都比他们的先生们办的《新青年》还成熟得多,内容也丰富得多,见解也成熟得多。"②傅斯年在新文化阵营中已经占有重要一席。

傅斯年的思想个性形成于五四新文化运动时期。正像这一运动张扬个性主义、鼓励独立思想一样,经历了这场运动风雨的洗礼的傅斯年也形成了自己特有的个性和思想"偏见"。这种个性无疑带有激烈的特征,而他的思想则常常显示出新文化的"偏见"。尽管傅斯年在这一时期受胡适的影响较大,但实际上他的个性和思想则较胡适激烈而无不过之。站在新文化的立场上,傅斯年最先明确反对"国粹",摆出了一副挑战在北大占主流地位的章门的姿态。在文字改革运动中,他发表的《汉语改用拼音文字的初步谈》一文,被钱玄同称为"实是'汉字革命军'的第一篇檄文"③,对"汉字改革"也表达了一种极其激烈的偏见:

(1) 汉字应当用拼音文字替代否?答:绝对的应当。

(2) 汉字能用拼音文字表达否?答:绝对的可能。

(3) 汉字能无须改造用别种方法补救否?答:绝对的

---

① 胡适:《傅孟真先生的思想》,《胡适作品集》第 25 册,台北:远流出版公司 1988 年 9 月版,第 56 页。

② 胡适:《中国文艺复兴运动》,《胡适作品集》第 25 册,台北:远流出版公司,1988 年 9 月 1 日版,第 179 页。

③ 钱玄同:《汉字革命》,原载 1923 年 3 月《国语月刊》第 1 卷第 7 期"汉字改革号"。

不可能。

（4）汉语的拼音文字如何制作？答：我有几条意见，详见下文。

（5）汉语的拼音字如何施行？答：先从制作拼音文字字典起。①

这一段话是一种典型的傅氏个性的表现。绝对而不迟疑，坚定而不可更改。一般人谈到"五四"时期的"汉字改革"偏激一方的代表人物，喜欢举钱玄同为例，孰不知傅斯年有更为激进、绝对的主张。

1919年冬，傅斯年赴欧洲留学。在1919年冬至1920年夏这段时间，他对自己在北大的生活与思想予以了反思，并经历了另一次思想转变。他总结《新潮》作风的特点时说：第一，"我们敢自信有点勇猛的精神"。第二，"我们是由于觉悟而结合的"。第三，"我们很有些孩子气。文词上有些很不磨练的话，同时觉着他是些最有真趣的话；思想上很有些不磨练的思想，同时觉着他是些最单纯可信的直觉"。随之产生的问题是："我们有点勇猛的精神，同时有个武断的毛病。""我们的结合是纯由知识的，所以我们的结合算是极自由的。所以我们所发的言论是极自由因而极不一致的；虽有统一的精神，而无一体的主张。""我们有孩子气，能以匠心经营的文艺品，繁复的错综的长

---

① 傅斯年：《汉语改用拼音文字的初步谈》，原载1919年3月1日《新潮》第1卷第3号。《傅斯年全集》第1卷，第160—161页。

篇研究,比较得不如自然成就的文艺品,简括有力的短篇批评,占胜些。我们要说便说,要止便止,虽则是自然些,有时也太觉随便。况且我们是学生,时间有限,所以经营不专,因而不深。"①最值得注意的是,这时他对政治表现了冷淡甚至厌恶的情绪:

> 我常想,专制之后,必然产成无治:中国既不是从贵族政治转来的,自然不能到贤人政治一个阶级。至于贤人政治之好不好,另是一个问题。所以在中国是断不能以政治改政治的,而对于政治关心,有时不免是极无效果、极笨的事。我们同社中有这见解的人很多。我虽心量褊狭,不过尚不至于对于一切政治上的事件,深恶痛绝!然而以个人的脾胃和见解的缘故,不特自己要以教书匠终其身,就是看见别人作良善的政治活动的,也屡起反感。②

这种对政治的"反感",与"五四"事件以前作为热血青年的那个傅斯年相比,多少有点异样,但确定以"教书匠终其身",是他终于找到了自我的定位。

傅斯年思想变化的另一显著之处,是从强调激烈的社会革命开始转变到强调改造自我:

---

① 傅斯年:《〈新潮〉之回顾与研究》,原载1919年10月《新潮》第2卷第1号。《傅斯年全集》第1卷,第293—294页。
② 同上书,第296页。

> 我这次往欧洲去奢望太多,一句话说,澄清思想中的纠缠,炼成一个可以自己信赖过的我。……
>
> 社会是个人造成的,所以改造社会的方法第一步是要改造自己。……
>
> 社会是生成的,不是无端创作的,所以为谋长久永安、不腐败的社会改善,当自改善个人独善,若忘了个人就是一时改的好了,久后恐不免发生复旧的运动。①

冷却政治热情,走向自我改造,傅斯年的这两个变化,铺垫了他一生选择学术事业的思想基础。

进入伦敦大学研究院后,傅斯年改换专业,选择研究心理及生理,兼治数学。② 1920 年 8 月 1 日他写信给胡适述及自己留学情形时,痛悔自己在北大的学习经历:"近中温习化学、物理学、数学,兴味很浓,回想在大学时六年,一误于预科一部,再误于文科国文门,言之可叹。""下半年所习科目半在理科,半在医科……哲学诸科概不曾选习。我想若不于自然或社会科学有一二种知道个大略,有些小根基,先去学哲学定无着落。"③傅斯年的兴趣转向心理学和自然科学。作为这一学术转型的产物,傅斯年留下了一部未发表的学术手稿——《心理分析导引》,看

---

① 傅斯年:《欧游途中随感录·(一)北京上海途中》,收入《傅斯年文物资料选辑》,台北:"中研院"史语所,1995 年 12 月版,第 35 页。又收入《傅斯年全集》第 1 卷,第 381—382 页。
② 参见罗家伦:《元气淋漓的傅孟真》。
③ 《傅斯年致胡适》,《胡适来往书信选》上册,香港:中华书局,1983 年 11 月版,第 106 页。

得出当时他在这方面真正是下了很大工夫。

在英留学二年,后期傅斯年对心理学的兴趣大减,以为对动物行为的研究不能运用到人身上,即使对他原来最感兴趣的集体心理学也失去信心,但他仍注意收集心理学书籍。① 1923年秋进入柏林大学哲学系,主修心理学,三年学习期间,他的学习兴趣曾有过几次转移,初仍以心理学为主,中间一度对数学、物理学感兴趣,后期转移到比较语言学、历史语言学方面,所下气力甚大。② 与此同时,陈寅恪亦在同一个系学习,主修梵文,与傅斯年过从甚密。与陈寅恪选课不多,选课手册留下一片空白不同,傅斯年当时选课门数较多且杂,除人类学(1924年夏季学期选修)、梵文入门(1925年至1926年秋季学期选修)、普通语言学(1926年夏季学期选修)三门课未见任课教师签字外,其他选课均有任课老师的签字。③ 在当时的留德学生中,傅斯年已是公认最刻苦、最被看好的学生,杨步伟以"宁国府大门前的一对石狮子"比喻陈寅恪和傅斯年的清白与刻苦。④ 俞大维私

---

① 参见王汎森、杜正胜编:《傅斯年文物资料选辑》,第41—42页。
② 王汎森:《思想史与生活史有交集吗?——读"傅斯年档案"》,对傅斯年在留学时期的几次转变叙述甚详,收入《中国近代思想与学术的系谱》,石家庄:河北教育出版社,2001年11月版,第312—313页。
③ 参见刘桂生:《陈寅恪、傅斯年留德学籍材料之劫余残件》,载《北大史学》第4辑,北京:北京大学出版社,1997年8月版。王汎森、杜正胜编:《傅斯年文物资料选辑》,第53页。又据德国海德堡大学汉学研究所施耐德博士(Dr Axel Schneider)与笔者交谈时,提到傅斯年、陈寅恪在柏林大学留学时的选课情况。
④ 杨步伟、赵元任:《忆寅恪》,原载1970年4月29日台北《清华校友通讯》第2期。又收入《陈寅恪印象》,上海:学林出版社,1997年12月版,第18页。

下对人说:"搞文史的当中出了个傅胖子,我们便永远没有出头之日子。"就是人们广为流传的有关傅斯年的两个典故。

在留欧期间,傅斯年穷于应付功课和生活,没有多少时间专注研究和写作,以致1926年9月5日在巴黎他与胡适见面时,给后者留下这样一个印象:"这几天与孟真谈,虽感觉愉快,然未免同时感觉失望。孟真颇颓放,远不如颉刚之勤。"①其实这一段正是傅斯年的学术思想急剧酝酿的时期,从他断断续续写作的《与顾颉刚论古史书》和给胡适的书信中可以看出,他对国内学术界的状况有一番新的反思,他虽称赞顾颉刚几年不见,"不料成就到这么大!"但在诸多学术问题上与国内师友的意见渐次有所不同,如有关孔子与六经,他与钱玄同的意见相左;关于周汉方术家的评论,他与胡适不同,他"不赞成适之先生把记载老子、孔子、墨子等等之书呼作哲学史。中国本没有所谓哲学"。他致信胡适,提出语言学在研究中国古代方术或思想史的重要地位;在自己的学术笔记中留下了有关中国古史的灵感纪录。这些迹象表明,他的学术境界正在达到一个新的水平,②他已不囿于胡适的哲学史范式、顾颉刚的"史学王国",他后来的研究兴趣和思考的问题,也已在这一段的书信中初露端倪。在国内的顾颉刚读到这封长信后颇感刺激,觉得信中有许多值

---

① 《胡适的日记》(手稿本)第五册,1926年9月5日,台北:远流出版公司,1989年5月4日版。此段日记后面被胡适所涂,疑其对傅斯年颇多微词。

② 有关傅斯年留德时期的学术思想发展,参见杜正胜:《无中生有的志业——傅斯年的史学革命与史语所的创立》,《新学术之路》上册,台北:中研院史语所,1998年10月版,第3—11页。

得讨论的意见,坚持要将它公开发表,以与学界共享。

> 兄给我的信,虽不自满(以弟看来,里面很有许多极精当的议论),但至少可以引起多少问题,引起多少人来商量或攻击,这便是一件好事情。何况登在报上,可以使得弟不能不作答,比了现在搁起来总是好得多呢。①

傅斯年的这段留学经历对其后来的学术思想发展及其成熟有着十分重要的意义。他潜心学习自然科学和心理学的经历,使他对科学精神和科学方法的体验自然更深,把握更准确;他学习语言学和多种语言的经历,使他对历史学和语言学的密切关系有了更深入的认识;欧洲是当时域外东方学(包括汉学)最为发达的地区,德、法尤为典范,身临其境,耳濡目染,自然对他的刺激较深,影响亦大,②这一切都成为他日后史学思想的资源和动力。③ 傅斯年能继国内的"整理国故"运动和顾颉刚倡导的"古史辨"之后再度崛起,与他身上的这些特质密切相关。

---

① 转引自顾潮:《历劫终教志不灰——我的父亲顾颉刚》,上海:华东师范大学出版社,1997年12月版,第121页。
② 傅斯年在德国留学期间,购置了大批西洋研究中国语言音韵方面的书,尤其是高本汉的著作。参见王汎森:《思想史与生活史有交集吗?——读"傅斯年档案"》,收入《中国近代思想与学术的系谱》,第313页。
③ 有关傅斯年受到西方史学思想的影响,参见周梁楷:《傅斯年和陈寅恪的历史观点——从西方学术背景所作的讨论》,载1996年11月《台大历史学报》第20期。

二、"要科学的东方学之正统在中国"

傅斯年的学术领导才干主要体现在他担任中央研究院历史语言研究所所长这一工作岗位(1928—1950年)上,史语所历年的工作报告表明他为该所的学术规划、人才聘请、资金筹措、图书购置付出了极大的心血,使史语所在短时间内迅速崛起,成为世界引人注目的研究中国历史、考古、语言的学术重镇。对于傅斯年主持史语所的工作,他的至友罗家伦有过这样一段评价:

> 他办历史语言研究所时所树立的标准很高,观念很近代化。他的主张是要办成一个有科学性而能在国际间的学术界站得住的研究所,绝对不是一个抱残守缺的机关。他对于外国研究中国学问的汉学家中最佩服的只有两个人,认为其余的许多都是洋骗子。一个是瑞典的高本汉(Karlgren),讲中国语音学的专家;一个是法国的伯希和(Peliot),讲中国唐史、中央亚细亚研究的专家。这两个人对于中国学问的科学性的造诣,给予了孟真很大的刺激。可是孟真办理历史语言研究所的成绩,反过来得了他们两人很

深的敬佩。①

杜维运先生也如是高度赞扬傅斯年领导史语所的成就：

> 自晚清迄今百年间的新史学，其创获辉煌成绩者，不是梁启超、何炳松所提出的新史学，而是傅孟真先生所实际领导的新史学。找出一个新方向，领导一个学术群体，共同从事史学研究，历久而不衰，在中国历史上，甚少前例。有之则自孟真先生领导中央研究院历史语言研究所始。这是中国史学史上的新猷，甚值珍视。②

提到傅斯年治理史语所，就不得不首先从1928年10月傅斯年在《国立中央研究院历史语言研究所集刊》创刊号上发表的《历史语言研究所工作之旨趣》（以下简称《旨趣》）一文谈起，这是他的就职宣言，也是他的治所大纲。对于这篇《旨趣》，吴相湘先生将它与胡适所撰北京大学《〈国学季刊〉发刊宣言》相提并论，称它们"为近五十年中国文化史研究的两大重要文献，亦为奠定中国现代历史学之两大柱石。而傅之号召比较胡适更具积极性"③。许冠三评述新史学90年所走过的路程时也

---

① 罗家伦：《元气淋漓的傅孟真》，原载1950年12月31日台北《"中央"日报》。
② 杜维运：《傅孟真与中国新史学》，载1995年12月1日台北《当代》第116期，第55页。
③ 吴相湘：《民国百人传》第1册，台北：传记文学出版社，1982年9月15日再版，第221页。

认为:"即令长达两百页的《性命古训辨证》不算'巨著',仅仅是《历史语言研究所工作之旨趣》一文,和准此而推行的现代研究事业,已足够令他名垂史林了。"①的确,这篇《旨趣》在中国历史学研究从传统向现代转型过程中,是一块高耸的里程碑。

在《旨趣》中,傅斯年开首即明确历史学的性质只是"史料学"。"历史学不是著史;著史每多多少少带点古世中世的意味,且每取伦理家的手段,作文章家的本事。近代的历史学只是史料学。"作为"史料学"的历史学有三项基本要求:一、"凡能直接研究材料,便进步。凡间接的研究前人所研究或前人所创造之系统,而不繁丰细密的参照所包含的事实,便退步"。二、"凡一种学问能扩张他研究的材料便进步,不能的便退步"。例如,西方汉学在挖掘材料方面有两个强项:一是研究四裔问题的"虏学",一是利用神祇崇拜、歌谣、民俗等材料。"西洋人做学问不是去读书,是动手动脚到处寻找新材料,随时扩大旧范围,所以这学问才有四方的发展,向上的增高。"三、"凡一种学问能扩充他作研究时应用的工具的,则进步,不能的,则退步"。这里的所谓"工具"不是仅指方法,而是包括各种技术手段、方法,"现代的历史学研究,已经成了一个各种科学的方法之汇集。地质、地理、考古、生物、气象、天文等学,无一不供给研究历史问题者之工具"。这三条对历史学的定性来说,其

---

① 许冠三:《新史学九十年》上册,香港:香港中文大学出版社,1986年版,第214页。

实并不是什么新要求,自古以来优秀的历史学家无不本此原则来要求自己,惟因傅斯年在提出这三条要求时注入了新的因素,表达得更为精当,才赋予了其应有的时代意义。

中国历史学源远流长,有其丰富的可资利用的历史遗产。以傅斯年的眼光来看,西汉的司马迁、北宋的欧阳修、司马光、明清之际的顾炎武、阎若璩都是使用直接材料,采用科学方法治史的优秀史学家。"而到了现在,除零零星星的几个例外以外,不特不因和西洋人接触,能够借用新工具,扩张新材料,反要坐看修元史修清史的做那样官样形式文章,又坐看章炳麟君一流人尸学问上的大权威。"所以傅斯年提出的三大宗旨,"第一条是保持亭林、百诗的遗训"。

20世纪20年代国内学术界曾经轰轰烈烈地开展"整理国故"运动。1923年1月,胡适作《〈国学季刊〉发刊宣言》时提出了三点要求:"第一,用历史的眼光来扩大国学研究的范围。第二,用系统的整理来部勒国学研究的资料。第三,用比较的研究来帮助国学的材料的整理与解释。"①随着北大的发起,南北响应,"整理国故"运动随之在全国范围内展开。但这一运动从一开始在其内外就有各种争议。一是有没有必要在现阶段以这种轰轰烈烈的大规模方式开展一场"整理国故"运动。二是采用什么方法来处理"国故",是采用现代科学的方法,还是仅仅

---

① 胡适:《〈国学季刊〉发刊宣言》,原载1923年1月《国学季刊》第1卷第1号。又收入欧阳哲主编:《胡适文集》第3册,北京:北京大学出版社,1998年11月版,第17页。

沿用传统朴学的家法。三是"整理国故"是否应该存有民族主义的历史态度,即是"同情的理解",还是此一研究与民族主义无关。四是研究的材料如何扩充,这里包括对地下文物材料的挖掘和利用,对外来材料的搜集和利用。胡适、傅斯年从一开始就表明了与章太炎派对"国故"的不同处理的立场,但因他们毕竟同意使用"国故"一词,甚至投入"整理国故",故实际成为这一运动的推动者。站在这一运动之外的陈独秀、鲁迅等人不仅反对以国粹主义的心态来"整理国故",而且对发起这样一场运动持保留甚至抵制的态度。①

最初热衷并推动"整理国故"运动的是胡适与北大的章门弟子。随着"整理国故"运动的进行,胡适与章门之间的裂缝也逐渐公开化,扬王(国维)抑章(太炎)的倾向在胡适这一边渐渐抬头。本来新文化阵营中的陈独秀、胡适等人在政治上与怀有清朝遗民情结的王国维是截然对立的,而与章太炎及其弟子相一致,这是他们最初在北大合作的政治基础。但王国维治学采用近代科学方法,重视异域成果的借鉴,将地下材料与书面材料相印证,重视开拓新的领域,这些都是对清代汉学的突破,在学术上为新学术的先锋,故得到新文化阵营的认同,胡适、傅斯年都极为推崇王国维。从"五四"时期胡、傅共同赞扬王国维的

---

① 参见陈独秀:《国学》,原载1924年2月1日《前锋》第3期,收入《陈独秀文章选编》中册,北京:三联书店,1984年6月版,第404页。鲁迅:《坟·未有天才之前》,《鲁迅全集》第1卷,北京:人民文学出版社,1982年版,第167页。

《宋元戏曲史》,到胡适拉王国维为《国学季刊》写稿、推荐王国维担任清华国学研究院导师,都反映了这一倾向。到20年代中后期,梁启超、胡适、陈寅恪、顾颉刚、鲁迅、郭沫若等人对他的成就都有一致的高评,在当时的所谓国学领域,王国维岌岌乎已成为取代章太炎最有影响的典范人物。① 正是在这样一种背景下,傅斯年才表现出了决裂的勇气,在《旨趣》中第一次公开批评章炳麟君(此前傅斯年称章太炎先生)"尸学问上的大权威","在文字学以外是个文人","不特自己不能用新材料,即是别人已经开头用了的新材料,他还抹杀着"。这里所说章太炎抹杀新材料是指章氏不承认甲骨文的价值,傅斯年与他的分歧正在于此。在前进的学术界,章已成为一个历史的存在。后来史语所最卓有成效的工作即是从田野考古工作开始。可以说,《旨趣》一文既是与章太炎一派的彻底决裂,也是对前此"整理国故"的超越。

针对国内学术界流行的各种主张和选择,傅斯年表明了新的抉择。(一)"我们反对'国故'一个观念。"这在五四时期原有反对"国粹"的立场上又向前迈进一步。"国故本来即是国粹,不过说来客气一点儿,而所谓国学院也恐怕是一个改良的存古学堂。原来'国学'、'中国学'等等名词,说来都甚不详,西洋人造了支那学'新诺逻辑'一个名词,本是和埃及脱逻辑亚

---

① 参见:《胡适的日记》1928年8月28日条,香港:中华书局,1985年9月版,第440页。在日记中,胡适称"章炳麟在学术上已半僵了","只有王国维最有希望"。

西里亚逻辑同等看的,难道我们自己也要如此看吗?"这里,傅斯年实际上批评了当时两种对待中国历史文化的态度,一种是国粹学派、北大国学门所倡导的"整理国故"运动、清华大学国学研究院,这些以"国"字命名的学派、学术运动和学术机构,他们把研究中国历史、民俗、语言据为己有,作为与西学相别甚至抗衡的"国学",对中国文化遗产在学术上已经世界化(准确地说是西方汉学化)这一现象视而不见或估计不足;另一种是西方人的所谓支那学"新诺逻辑",把中国研究变成了一门"虏学",或将中国文明看成是一种有待考古的死文明,这实是对中国文化历史研究的轻蔑。这就要求摆平中国文化在世界文化中的位置,理顺中西学术之间的关系,将中国历史学研究置于更广阔的视野。

(二)"我们反对疏通,我们只是要把材料整理好,则事实自然显明了。"

"疏证"是清代汉学的家法,五四时期,"国故的研究,大半的事情就是疏证"①。这一点不仅为时人视为"长处",也当作科学。1923年12月《学衡》派的大本营——东南大学公布了一份由顾实起草,国文系通过、提出的《国立东南大学国学院整理国学计划书》,这是一份规模宏大的整理国故计划。内中提出"以科学理董国故诚为今日之大利,而弊亦即可立见。盖今日

---

① 毛子水:《国故和科学的精神》,载1919年5月1日《新潮》第1卷第5号。

学子之大患,正在徒诵数册讲义,报章,杂志及奉某学术书为神圣,而未尝根本课读古书。即课读古书矣,亦以著有科学系统之色彩。狃于成见,信口开河。譬如戴西洋有色眼镜,视中国所有,无一不可变为西式,是其弊也"。进而提出"以国故理董国故"来弥补其不足。① 而"以国故整理国故"之法有三:疏证、校理、纂修。他们提出了一大批应该疏证的书目。胡适在总结清代学者的治学方法时,亦曾提出"大胆的假设,小心的求证"②。此方法为顾颉刚所崇信,在古史研究中曾产生了广泛的影响,"疑古"之风顿开,其流弊亦逐渐显露。鉴于此,傅斯年特别提出"反对疏通"。历史研究中对未知的历史常常存在许多因材料不够而产生的盲点,对此,有各种不同的处理办法。傅斯年择取"存而不补""证而不疏"的原则,这就要求破除清代汉学和"整理国故"中疏证的陋习。20 年代末胡适也醒悟到这一点。胡适从主张疑古,到放弃疑古,到主张对史料不足时悬而不断,实际上也是反对疏证,这在他就老子的年代问题,与梁启超、钱穆、冯友兰、顾颉刚等人辩论中表现得最为明显。③ 傅斯年第一次公开"反对疏证",实则为落实其以实证的科学方法研究历史的原则。

---

① 《国立东南大学国学院整理国学计划书》,载 1923 年 12 月《国学丛刊》第 1 卷第 4 期。
② 《清代学者的治学方法》,《胡适文存》卷二,收入《胡适文集》第 2 册,北京:北京大学出版社,1998 年 11 月版,第 302 页。
③ 有关胡适反对疏证的讨论,参见欧阳哲生:《胡适与道家》,载《道家文化研究》第 20 辑,北京:三联书店,2003 年 9 月版。

（三）"我们不做或者反对所谓普及那一行中的工作。"这是针对他的同事顾颉刚而发。史语所筹备时有筹备员三人：傅斯年、顾颉刚、杨振声。三人都是北大的同学。但在围绕办所方向时，傅与顾意见歧异。"傅氏在欧洲七年，甚欲步法国汉学之后尘，且与之争胜，故其旨在提高。"而顾"以为欲与人争胜，非一二人独特之钻研可成，必先培育一批人，积叠无数材料加以整理，然后此一二人者方有所凭借"①。两人在办所方针上产生分歧，这一段文字正是傅斯年重申自己的主张。不过，从史语所后来发展的状况看，实际上也吸收了顾颉刚的意见，从《国立中央研究院历史语言研究所工作报告第一期》和史语所注重对青年学者的吸收、培养，反映出傅斯年对这一意见的某些修正。

在《旨趣》结尾，傅斯年响亮地喊出了三句口号：

一、把些传统的或自造的"仁义礼智"和其他主观，同历史学和语言学混在一气的人，绝对不是我们的同志！二、要把历史学语言学建设得和生物学地质学等同样，乃是我们的同志！三、我们要科学的东方学之正统在中国！

这是傅斯年蕴积多年的心声，从这三句口号中我们可以体会到，傅斯年办所的宗旨就是要在中国建立科学的历史学、语言学，将这一领域的话语权力重新从西方汉学家那里夺回来。正

---

① 顾潮：《历劫终教志不灰——我的父亲顾颉刚》，上海：华东师范大学出版社，1997年12月版，第128页。顾潮：《顾颉刚年谱》，北京：中国社会科学出版社，1993年3月版，第152页。

因为如此,当他否定了国学、国故、国粹这类名词时,当他否定了借历史研究表现伦理判断和道德情感的传统做法时,他却张扬了另一种民族主义倾向,这就是以科学为本位的民族主义。从历史的发展来看,它是一种更高层次的文化民族主义。故看似处于两极中的思想,即一极是反对"国粹""国故"的说法,一极是张扬鲜明的民族主义思想,在这里得到了新的高度统一。这构成傅斯年富有特色的学术思想。

《旨趣》一文将中国历史学研究作为一门具有科学意义的学科的认识提高到一个新的水准。在古代中国,历史学家的研究活动或为"私坊",是一种相对"孤立的制作";或为"官修",反映的是朝廷的意志。20世纪以后,各种民间的、大学的学术机构应运而生,如北京大学研究所国学门、清华大学国学研究院,但它们的研究规模往往受到经费、图书设备、人力等各种因素的制约,学术资源得不到理想的整合。《旨趣》认识到"集众的工作渐渐的成一切工作的样式了",只有在"集众"的研究环境中,"才能大家互相补其所不能,互相引会,互相订正",才能形成"有规模的研究",才"不会流成'官书'的无聊"。这是寻求历史学研究真正科学化管理的开始。

《旨趣》虽在字面上只提到"保持亭林、百诗的遗训",以示与清代朴学的继承关系,但就其所表述的内容而言,处处显示了域外学术(特别是德国学术)的影响。历史语言"同列合称",这是"根据德国洪保尔德一派学者的理论,经过详细的考虑而决定的"①。历史学作为一门独立的科学,强调其"史料学"的性质,强调它对客观性的探求,强调它与自然科学的相通一面,这明显有着兰克学派的影响。② 德国史学具有浓厚的民族主义色彩,梁启超、黄节、陶成章、刘师培被其影响,③傅斯年的民族主义倾向,虽有"国粹"学派的遗传,但德国民族主义史学的影响应是其主要来源。赴欧留学以前,傅斯年不仅"绝不主张国家主义",且对"五四运动单是爱国运动"一说"不赞一词"。④

作为历史语言研究所的工作指南,《旨趣》一文并没有讨论时人感兴趣的学术与政治的关系。在当时的语境中,标榜学术独立、思想自由成为学界清流的时尚。胡适此时正与国民党当局展开人权论战,批评国民党的政策与新文化运动的方向背道而驰。陈寅恪也借作《清华大学王观堂先生纪念碑铭》,力挺王国维的"独立之精神,自由之思想",要求"脱心志于俗谛之桎梏",表现了对现实政治约束(即三民主义意识形态和党化教

---

① 朱家骅:《纪念史语所傅故所长孟真五十六岁诞辰特刊》序,收入《傅所长纪念特刊》,台北:"中研院"史语所,1951年3月版,第1页。
② 有关兰克学派史学倾向的研究,参见〔美〕J. W. 汤普森著,孙秉莹、谢德风译:《历史著作史》,北京:商务印书馆,1996年9月版,下卷第三分册,第228—279页,下卷第四分册,第602、608页。
③ 有关德国民族主义史学在中国的影响,参见鲍绍霖编:《西方史学的东方回响》,北京:社会科学文献出版社,2001年2月版,第254页。
④ 傅斯年:《中国狗和中国人》,原载1919年11月1日《新青年》第6卷第6号。《傅斯年全集》第1卷,第299页。

育)的强烈不满;①而在王国维弃世时,他视王氏为"文化神州",为中华文化"所化之人",极力推崇他"一死从容殉大伦"那一面,②突出了他与王国维共同的中国文化情怀。傅斯年在史语所几乎绝口不谈政治,据李济回忆:"他知道我们这些人不懂政治,他也从来不跟我们谈政治。"③他在《旨趣》中强调的主要是历史学科学化基础上的民族主义,因此这篇《旨趣》即可视为他治所工作之方针,也实为向西方汉学挑战的宣言书。作为国家的最高学术研究机关,傅斯年明确将史语所定位为一个纯粹的学术机关,而不希望其他因素浸染其间,故史语所在他领导的二十余年间,只有浓厚的学术气氛,所里同人除了专注于学术,基本上没有参与其他政治活动。

尽管如此,《旨趣》留待人们思考的问题也是明显的。一是历史学作为一门古老的学科,毕竟有一定的人文性,既然如此,文化依恋、民族情感、历史教化一类的因素就不可能排除,也不应完全排除。二是历史活动的主体是人,历史学研究的主要对象自然是人,以及人与人的关系——社会,如只是强调历史学方法的自然科学化、历史学与自然科学相通的一面,则很难概括

---

① 陈寅恪:《清华大学王观堂先生纪念碑铭》,收入《陈寅恪集·金明馆丛稿二编》,北京:三联书店,2001 年 7 月版,第 246 页。此处的"俗谛"指三民主义,参见陈寅恪:《对科学院的答复》,收入《陈寅恪集·讲义及杂稿》,北京:三联书店,2002 年 5 月版,第 463 页。

② 参见陈寅恪:《挽王静安先生》、《王观堂先生挽词并序》,收入《陈寅恪集·诗集》,北京:三联书店,2001 年 5 月版,第 11、12—17 页。

③ 李济:《创办史语所与支持安阳考古工作的贡献》,载 1976 年 1 月台北《传记文学》第 28 卷第 1 期。

历史研究方法的多层次性和复杂性,也很难深度地反映历史学作为一门研究人的社会活动性的历史规律的这一学科特性。这两大缺陷为其他分支的活动预留了空间,当傅斯年领导的史语所在继"整理国故"运动之后成为史学界的主流时,在他的旁边也活跃着两股力量:一股是以郭沫若为代表的马克思主义史学家群体的兴起,他们主要是运用马克思主义方法(也是近代社会科学方法之一种)研究社会历史;另一股是以章太炎、钱穆、柳诒徵等为代表的旧派群体,他们与传统史学继续保持密切的联系,反对将中国历史研究西(汉)学化,主张以同情的理解态度来认知本民族的历史文化。从某种意义上说,这两大支流填补了胡适、傅斯年为代表的正统派之不足。尽管如此,历史学研究毕竟因为傅斯年的大声疾呼和身体力行,终于走上了一条与西方接轨、对话的科学化道路。《旨趣》一文虽未像梁启超那样明白标榜"新史学",也未与时俱进喊出与政治革命相类似的"史学革命"的口号,但它毕竟从一个角度将中国史学真正引上了一条新的科学化道路。

20世纪上半期,中国历史学围绕自身的生存和发展,存在着两条路子之争。一条具有普遍主义的倾向,即强调史学研究的普遍性、普适性和客观性意义,它从梁启超提倡的"新史学"肇始,梁启超受到进化论的影响,将历史界说为"叙述进化之现象也","叙述人群进化之现象也","叙述人群进化之现象而求得其公理公例者也",视探讨历史进化规律为历史研究的宗旨。王国维继之,明确"学无新旧也,无中西也,无有用无用也"。将学术的可比性放大到前所未有的地步,至于"学"之分类可分为科学、史学、文学,"求事物变迁之迹,而明其因果者谓之史学"①。这实际上也是一种客观化的史学观。他本人的史学实践更是强调证据、注重材料的实证史学。另一条是以章太炎为灵魂的"国粹"派开创的路子,他们注重国家与学术的关系,注重史学阐明义理是非的功用,把史学研究与国家命运和引导社会风气联系在一起,对中国历史研究在世界范围内的科学可比性认识不足。傅斯年的《旨趣》一文,是普遍主义史学的进一步强化,它不仅强调了史学研究的客观性、实证性的(自然)科学方法,而且张扬了史学的非国别性和西方东方学(汉学)的学术正统意义。现代历史学研究只有在世界的视域里才能找到其自身的新的起点和立足点,《旨趣》一文实际上也就是引导中国学者找到介入全球化的一条路径,并对中国历史语言学发展的这一方向作了制度化的规定。

傅斯年的史学思想皆滥觞于此。结合他同期写作的《国立中央研究院历史语言研究所十七年度报告》,其指向近代科学的意向更为明显。

> 中央研究院设置之意义,本为发达近代科学,非为提倡所谓固有学术。故如以历史之学承固有之遗训,不欲新其

---

① 王国维:《国学丛刊·序》,原载1911年(清宣统三年)《国学丛刊》第一册。收入《观堂别集》卷四。

工具，益其观念，以成与各自然科学同列之事业，即不应于中央研究院中设置历史语言研究所，使之与天文、地质、物理、化学等同伦。①

他提出的史语所的主要具体工作为"甲、助成从事纯粹客观史学及语学之企业。乙、辅助能从事且已从事纯粹客观史学及语学之人。丙、择应举之合众工作次第举行之。丁、成就若干能使用近代西洋人所使用之工具之少年学者。戊、使本所为国内外治此两类科学者公有之刊布机关。己、发达历史语言两科之目录学及文籍检字学。"②这是一份在科学管理上更具现代性、更具操作性的研究计划了。

此后，傅斯年在《考古学的新方法》《史学方法导论》③《〈史料与史学〉发刊词》等文中所表达的意见大都是《旨趣》一文的发挥和细化。在《考古学的新方法》中，他批评中国考古学家"还是用旧法整理"，并对"疑古"与"信古"表示了新的态度，研究古史"完全怀疑，固然是不对的；完全相信，也是不对的。我们只要怀疑的有理，怀疑的有据，尽可以怀疑。相信的有理有据，也尽可以相信的。"可见他已跳出了单纯"信古""疑古"的

---

① 《国立中央研究院历史语言研究所十七年度报告》，收入《国立中央研究院十七年度总报告》。《傅斯年全集》第6卷，第9页。
② 《国立中央研究院历史语言研究所十七年度报告》，收入《国立中央研究院十七年度总报告》。《傅斯年全集》第6卷，第9—10页。
③ 《傅孟真先生集》（台大版）和《傅斯年全集》（联经版）在收入《史学方法导论》时，均说明"原书凡七讲，今仅存第四讲"，但从1995年12月《中国文化》第十二期所公布的傅斯年遗作《中西史学观点之变迁》一文看，此文极有可能是第二讲，或是第二讲的提纲。

俗套圈子。他向中国学界介绍了瑞典考古学家安特生(Anderson)"完全用近代西洋考古方法去研究"的路子和史语所进行的殷墟发掘工作。① 在《史学方法导论·史料论略》中,他受到德国兰克学派伯伦汉(Ernst Bernheim)《史学方法论》一书的影响,明确指出:"史学便是史料学。""史料学便是比较方法之应用。"他将史料分为八对关系,并对之进行了比较。一是"直接史料对间接史料",二是"官家的记载对民间的记载",三是"本国的记载对外国的记载",四是"近人的记载对远人的记载",五是"不经意的记载对经意的记载",六是"本事对旁涉",七是"直说与隐喻",八是"口说的史料对著文的史料",②形成了一个史料学比较方法系统,这比前此王国维提出的"二重证据法"在广度和深度上自然又大大拓展了。在《〈史料与史学〉发刊词》中,他再次述及史料与史学的关系,并提到德国兰克、莫母森这些主张客观史学的大家的名字。

  本所同人之治史学,不以空论为学问,亦不以"史观"为急图,乃纯就史料以探史实也。史料有之,则可因钩稽有此知识,史料所无,则不敢臆测,亦不敢比附成式。此在中国,固为司马光以至钱大昕之治史方法,在西洋,亦为软克、莫母森之著史立点。史学可为绝对客观者乎?此问题今姑

---

 ① 傅斯年:《考古学的新方法》,原载1930年12月《史学》第1期。《傅斯年全集》第3卷,第90页。
 ② 《史学方法导论·史料论略》,《傅斯年全集》第2卷,第309—351页。

不置答,然史料中可得之客观知识多矣。①
再次表明自己不可更改的"史学即史料学"的观点。②

以《旨趣》为约规的史语所形成了自己特有的风格,有人谓史语所为一学派,这样的归纳有门户壁垒之嫌。不过,史语所自成一格的特征是明显的,所里同人表达了对《旨趣》一文的高度认同。在处理史料上,他们本着"有一分材料出一分货"的要求,其研究注重挖掘新史料,利用新材料,在此基础上形成自己的研究成果,这就保证了学术研究的实证性。在研究技法上,他们往往是小题大做,做绣花针的功夫,从不做那些大而不当的研究,这就保证了学术研究的严密性。在研究态度上,他们既不像某些旧文人士子,把历史研究看作是维护"仁义礼智"的伦理判断,也不像某些新派学人把历史研究变成一种政治宣传活动,历史判断从属于其政治抉择,他们所取的只是一种纯然的客观的学术态度。在研究风气上,他们提倡一种严格、细致的科学精神,史语所集刊、专刊所发表的作品没有一篇不是精心制作、严格编审的。③ 傅斯年本人亦为这种精神的典范,他本人在德国留学,对德国人那种一丝不苟的工作精神体会甚深,

---

① 傅斯年:《〈史料与史学〉发刊词》,原载1945年11月《国立中央研究院历史语言研究所集刊》外编第二种《史料与史学》。《傅斯年全集》第3卷,第335页。
② 有关傅斯年的史学思想,参见李泉:《傅斯年与中国近代实证史学》,载1996年11月《台大历史学报》第20期。
③ 有关中研院史语所所内各刊的创办与发展,及其傅斯年与它们的关系,参看逯耀东:《傅斯年与〈历史语言研究所集刊〉》,载1996年11月《台大历史学报》第20期。

李济说他的品德中有"高度的责任心""极端的认真",①即是德国人这种不苟且的精神的体现,史语所同人受这种风气的熏陶,对自己的学术研究有着高度的责任感和使命感。

在傅斯年领导史语所的23年间,史语所同人大规模地发掘安阳殷墟、整理明清档案、开展方言调查,产生了像陈寅恪、赵元任、董作宾、李济、李方桂等一批国际知名学者,取得了举世瞩目的研究成就。"历史语言研究所的《集刊》和《分刊》,得到国际学术界很高的重视,这研究所的本身也取得了国际学术界很高的地位。这自然是经由许多学者协力造成的,可是孟真领导的力量是不可磨灭的。"②傅斯年本人虽没有留下煌煌巨制,但史语所本身就是他精心雕塑的一部学术精品,这样说并不为过。1951年董作宾先生在总结史语所前此的学术成就时说:"现在结算一下史语所二十三年的总成绩,可以说有赢余也有外欠。这笔账看去似乎是许多人的,事实上,是应该全记在孟真先生的名下。"③表达的也是这样一种看法。

---

① 李济:《值得青年们效法的傅孟真先生》,原载1951年1月1日台北《自由中国》第4卷第1期。
② 罗家伦:《元气淋漓的傅孟真》,原载1950年12月31日台北《"中央"日报》。
③ 董作宾:《历史语言研究所在学术上的贡献》,载1951年1月台北《大陆杂志》第2卷第1期。又收入〈傅故校长哀挽录〉,台北:台湾大学,1951年6月版,第64—69页。另外,李济:《傅孟真先生领导的历史语言研究所》,收入《感旧录》,台北:传记文学出版社,1985年9月第2版,对傅斯年领导史语所的工作亦有详细评述。

三、傅斯年的学术成就

傅斯年长期担任学术行政工作,又没有大部头的学术著作问世,故使人很容易忽略他的学术成就。著名宋史学者邓广铭先生说:

> 凡是真正了解傅先生的人都知道,他的学问渊博得很,成就是多方面的,影响是深远的;他对中国的历史学、考古学、语言学所作的贡献是很大的……可以说,中国没有个傅孟真,就没有二三十年代的安阳殷墟发掘;没有当初的殷墟发掘,今天的考古学就完全是另一个样子了。我们不能用著作多少来衡量一个人在学术上的贡献。即如傅先生关于中国古代史的文章,几乎每一篇都有其特殊的贡献,都具有开创性的意见和里程碑性的意义。①

这一评论旨在说明对傅斯年的学术成果不宜以多寡来衡估,而应以其在整个学科中所发挥的影响力来估价。诚如邓先生所说,即以傅斯年领导并大力推动的安阳殷墟发掘这一项工作所取得的成果和国际影响来说,其对中国历史研究的贡献,就足以奠定他在中国历史学、考古学中的地位。

---

① 邓广铭:《回忆我的老师傅斯年先生》,收入《傅斯年》,济南:山东人民出版社,1991年8月版,第8页。

傅斯年一生的学术成果主要完成于他回国后至抗战爆发这十年间。① 刚好这十年间中研院史语所的工作报告存留完备,傅斯年这十年的研究工作亦有迹可寻。史语所建立之初,傅斯年除负责全所事务性工作外,曾计划编著《〈诗经〉新论》。② 1929 年"除综核全所事务外",主要从事先秦史研究和明清内阁档案整理,已成论文六篇:《战国文籍中之篇式书体》(《集刊》第一本第二分)、《大东小东说》(集刊第二本第一分)、《论所谓五等爵》(《集刊》第二本第一分)、《姜原》(《集刊》第二本第一分)、《战国方术家言叙论》(上)(《集刊》第二本第二分)③、《新获卜辞写本后记》(安阳发掘报告第二期)。其研究势头可与同组的陈寅恪相埒。④ 原拟在《安阳发掘报告》第二期发表《史之起源》一文,⑤后未见刊。明清内阁大库档案一项整理工作,至 1929 年 9 月 20 日以后,"关于移运、堆存、购置各事,次第就绪,始由研究员傅斯年、编辑员徐中舒、督同书记及

---

① 李泉先生:"自 1926 年归国前后到 1940 年患高血压病之前的十五年间,是他学术研究的黄金时代。"参见李泉:《傅斯年学术思想评传》,北京:北京图书馆出版社,2000 年 1 月版,第 165 页。实际上,抗战以后,傅斯年的主要精力已被行政工作所消耗。

② 参见《国立中央研究院历史语言研究所十七年度报告》第六章"出版",《傅斯年全集》第 6 卷,第 28 页。此书未出版,《〈诗经〉讲义稿》应为此书的稿本。

③ 此文后未发表,稿本疑为未刊的《战国子家叙论》一文中的一部分。

④ 参见《国立中央研究院历史语言研究所十八年度报告》第二章"各组工作·第一组"部分,《傅斯年全集》第 6 卷,第 61 页。陈寅恪当年完成的论文为五篇。

⑤ 参见《历史语言研究所工作报告》,原载 1930 年 1 月《国立中央研究院院务月报》第 1 卷第 7 期。《傅斯年全集》第 6 卷,第 122 页。

工人二十一人,试行整理"①。1930年"为中国经典时代文籍的及历史的研究,间亦涉及明清史籍,曾撰《明成祖生母记疑》一文"②。1931年"为古代史及明清史之研究,除《民族与古代中国史》一书仍在撰述中外,成论文一篇:《明成祖生母记疑》(《集刊》第二本第三分)。此外又同研究员徐中舒、师范大学研究所研究员方壮猷共撰《东北史纲》一部,而由傅斯年编辑,已付印"③。其计划之下年度工作"除继续《民族与古代中国史》一书,续论秦汉间文化之问题外,并拟从事于周汉文籍之分析及明初史事之整理"④。1932年"为古代史及明清史之研究,著有《民族与古代中国史》一书,已将完成。又撰《东北史纲》第一卷《古代之东北》,已于本年度出版"⑤。其下年度工作计划为"除续论秦汉间文化之问题外,并拟从事于周汉文籍之分析,及明初史事之整理"⑥。出版一项提到《民族与古代中国史》正在编录中。1933年工作报告中未提傅斯年的研究,仅在出版一项

---

① 《历史语言研究所概况事务报告》,载1929年9月《国立中央研究院院务月报》第1卷第4期。《傅斯年全集》第6卷,第51页。
② 参见《国立中央研究院历史语言研究所十九年度报告》第四章"研究之经过·(甲)第一组"部分,《傅斯年全集》第6卷,第188—189页。
③ 参见《国立中央研究院历史语言研究所二十年度报告》第四章"各组工作·第一组"部分,《傅斯年全集》第6卷,第290页。
④ 参见《国立中央研究院历史语言研究所二十年度报告》第六章"下年度研究计划·(甲)第一组"部分,《傅斯年全集》第6卷,第301页。
⑤ 参见《国立中央研究院历史语言研究所二十一年度报告》"(四)工作之经过"第一组部分,《傅斯年全集》第6卷,第381页。
⑥ 参见《国立中央研究院历史语言研究所二十一年度报告》"(五)下年度工作计划大纲"第一组部分,《傅斯年全集》第6卷,第389页。

提到发表《周东封与殷遗民》(《集刊》第四本第三分),编录中者有《民族与古代中国史》。①1934年研究工作一项仍未提傅斯年,"整理工作"述及整理明清档案"自本年度起,由研究员陈寅恪、傅斯年、徐中舒重新组织一《明清史料》编刊委员会,以陈寅恪为主席,审查史料之编定与刊行"②。1935年"除兼任所长总理全所事务外,仍继续为古代史之研究及古文籍之校订,成《谁是〈齐物论〉之作者?》论文一篇。又搜集历来关于性命之古训,约五六万言,已于本所讲论会中公开讨论,俟整理后即可发表"③。1936年工作报告未记,从这年出版的《国立中央研究院历史语言研究所集刊》和《明清史料》上可以看到,傅斯年发表了《跋〈明成祖生母问题汇证〉并答朱希祖先生》(《集刊》第六本第一分)、《说广陵之曲江》(《集刊》第六本第一分)、《谁是〈齐物论〉之作者?》(《集刊》第六本第四分)、《跋陈槃君〈春秋公矢鱼于棠说〉》(《集刊》第七本第二分)、《〈明清史料〉复刊志》(《明清史料》乙编第一种)。另据《性命古训辨证》一书的自序交代,"是年夏开始试写","至是年之尾大体乃具"。从上面所述可见,傅斯年这时期的治史范围主要是先秦史、明清史、东北史和哲学史。完成的著作有《东北史纲》(第一卷)和《性

---

① 参见《国立中央研究院历史语言研究所二十二年度报告》"(五)出版",《傅斯年全集》第6卷,第437页。

② 参见《国立中央研究院历史语言研究所二十三年度报告》"(三)各组工作"第一组部分。《傅斯年全集》第6卷,第455页。

③ 参见《国立中央研究院历史语言研究所二十四年度总报告》"(三)各组工作"第一组部分,《傅斯年全集》第6卷,第489页。

命古训辨证》，原拟定出版的《民族与古代中国史》一书只发表了系列研究论文，而计划中编录的《〈诗经〉新论》一书并没有刊行。实际上，在傅斯年的计划中，还有几个项目，如《明书三十志》《赤符论》《民国北府纪》等，已有纲目，①因行政工作过忙，而未能动手进行。

傅斯年的学术成就主要表现在两个专题上，一是上古史研究，这方面的力作即是《民族与古代中国史》的系列研究论文，一是哲学史研究，这方面的代表作是《性命古训辨证》。傅斯年本人非常重视这两部作品，1947年，中央研究院办理第一届院士选举，作为候选人之一，他提出的代表作即为《夷夏东西说》和《性命古训辨证》。他在简介中说："一、《性命古训辨证》，此书虽若小题而牵连甚多。其上卷统计先秦西汉一切有关性命之字义，其结论见第十章。本章中提出一主要之问题，即汉字在上古可能随语法而异其音读也。以语言学之立点，解决哲学史之问题，是为本卷之特点，在中国尚为初创。其中泛论儒墨诸家之言性与天道，引起不少哲学史上之新问题，富于刺激性。其地理及进化的观点，自为不易之论。其下卷乃将宋学之位置重新估定。二、《夷夏东西说》，此文论远古中国东西文化之不同，极富新义。国内批评者如徐炳昶、王献唐诸氏，国外批评者

---

① 参见王汎森：《思想史与生活史有交集吗？——读"傅斯年档案"》"未完成的几件著述计划"一节，收入《中国近代思想与学术的系谱》，第314—331页。

如 Owen Latimore，皆以为定论。"①有的学者在比较傅斯年这两项成果后得出结论说："以傅先生之才华，治史学有余，治哲学则有所不宜。"②语中之意，则以为《性命古训辨证》不如《民族与古代中国史》这一组文章的价值。下面我们对傅斯年的学术成就分别加以述评：

《民族与古代中国史》系列研究。民国初年，民族史在上古史研究中"最有成绩"③。刘师培在《偃姓即嬴姓说》中证明熊盈偃嬴依为一姓的分化；王国维依据甲骨文和书面材料论证了殷以前的帝王宅京皆在东方，只有周独崛起于西土；徐中舒的《从古书中推测之殷周民族》一文说明"殷周非同种民族"④。傅斯年在他们的基础上，又将此研究向前推进了一大步。陈槃先生忆及傅斯年上古史的研究情况时说：

> 孟真先生曾拟作《古代中国与民族》一书，遗稿已成大半，尚未整理。这是一个伟大的著作，差不多牵涉到全部中国的古代历史，所以孟真先生对于古代中国历史的材料搜集也特别多。并且他也随时有宝贵的意见。这一类的材料

---

① 傅乐成：《傅孟真先生年谱》，收入《傅斯年全集》第 7 册，台北：联经出版事业公司，1980 年 9 月版，第 300 页。

② 杨向奎：《史语所第一任所长傅斯年老师》，收入《新学术之路》上册，台北："中研院"史语所，1998 年 10 月版，第 84 页。

③ 顾颉刚：《当代中国史学》，沈阳：辽宁教育出版社，1998 年 3 月版，第 120 页。

④ 同上书，第 120 页。

在《集刊》中发表过的,例如《周颂说》(附论鲁南两地与诗书之来源)、《大东小东说》、《姜原》、《周东封与殷遗民》、《夷夏东西说》,都是属于这一个范围以内的著作。①

除了陈先生所提上述五篇之外,何兹全先生还提到了《论所谓五等爵》一篇,也应归入该书。② 如从内容上看,他在同期写作的《〈新获卜辞写本后记〉跋》与此主题亦相关。这七篇作品构成一个系列,确是上古史研究的上乘之作。著名考古学家张光直先生对傅斯年的上古史研究作了高度评价,他说:

> 傅先生是一个历史天才,是无疑的;他的《夷夏东西说》一篇文章奠定他的天才地位是有余的。这篇文章以前,中国古史毫无系统可言。傅先生说自东汉以来的中国史,常分南北,但在三代与三代以前,中国的政治舞台,在河、济、淮流域,地理形势只有东西之分,而文化亦分为东西两个系统。自傅先生夷夏东西说出现之后,新的考古资料全都是东西相对的:仰韶——大汶口,河南龙山——山东龙山,二里头(夏)——商,周——商、夷。傅先生的天才不是表现在华北古史被他的系统预料到了,而是表现在他的东

---

① 陈槃:《傅孟真先生与近二十年来中国历史学的发展》,收入《傅故校长哀挽录》,第69—72页。
② 参见何兹全:《民族与古代中国史·前言》,收入《民族与古代中国史》,石家庄:河北教育出版社,2002年8月版。傅斯年在《夷夏东西说》文中使用《民族与古代中国史》书名,在《周东封与殷遗民》中又用《古代中国与民族》书名,何先生认为此为同一书的异名。

西系统成为一个解释整个中国大陆古史的一把总钥匙。①

何兹全先生在谈到傅斯年未完成的《民族与古代中国史》一书的系列文章时也表示:"就这五篇已发表的篇章来看,篇篇都有精意,篇篇都有创见——独到的见解,篇篇都是有突破性、创始性的第一流的好文章。就这一本未完成的书之已完成的几篇文章,已足以使傅斯年坐上二十世纪中国史学大师的宝座,享有大师荣誉。"②

中国哲学研究。傅斯年对哲学研究素有浓厚兴趣。早在学生年代,就作有《对于中国今日谈哲学者之感念》一文,表达了对哲学深切的理解,他以为:"哲学不是离开科学而存在的哲学;是一切科学的总积。""哲学也不是抽象的学问,他的性质也是具体的。""哲学是一个大假定(Hypothesis)——一群假定的集合。""历来的哲学家有两种趋向:一、以知识为前提;二、以人生为前提。"他比较倾向于后一类,"一切的科学都是应生物学上的自然要求而出;一切的知识都是满足人生的手段(Means);一切的行为,都是发挥人生的动机。"③其对哲学的理解明显受到了胡适及其实验主义思想的影响,而与具有玄学意

---

① 张光直:《傅斯年、董作宾先生百岁纪念专刊》序,收入韩复智主编:《傅斯年、董作宾先生百岁纪念专刊》,台北:中国上古秦汉学会,1995年12月10日版,第2页。

② 何兹全:《民族与古代中国史》前言,收入《民族与古代中国史》,石家庄:河北教育出版社,2002年8月版,第4页。

③ 傅斯年:《对于中国今日谈哲学者之感念》,载1919年5月1日《新潮》第1卷第5号。《傅斯年全集》第1卷,第240—244页。

味的另一系哲学家张君劢等人产生了分野。他投书蔡元培先生《论哲学门隶属文科之流弊》，列举了中西哲学之歧异："中国人之研治哲学者，恒以历史为材料，西洋人则恒以自然科学为材料。考之哲学历史，凡自然科学作一大进步时，即哲学发一异彩之日。"①鉴于哲学与自然科学的密切关系，他主张哲学应入理科。

归国后傅斯年系统研究先秦诸子思想，这方面他正式发表的论文只有《战国文籍中之篇式书体——一个短记》，另留有经人整理的书稿——《战国子家叙论》。这两文实构成一个系统，其主题是发挥他个人的一个看法："哲学乃语言之副产品"，"汉语实非哲学的语言"，"战国诸子亦非哲学家"。这是他早在留德时期就已酝酿的观点。② 为此，他讨论了诸子与职业的关系，儒与诸子的关系，墨家反对儒家，《老子》一书的宗旨，齐秦两派政论，所谓"杂家"诸问题，其中提到胡适的《诸子不出于王官论》一文"其论甚公直，而或者不尽揣得其情"。"谓之不尽揣得其情者，盖诸子之出实有一个物质的凭藉，以为此物质的凭藉即是王官者误，若忽略此凭藉，亦不能贯澈也。"③由此不难看出，傅斯年写作此著的本意已欲在胡适的《中国哲学史大纲》之外，另寻一条探讨先秦思想史的路子，这一想法终在后来完成

---

① 傅斯年：《傅君斯年致校长函：论哲学门隶属文科之流弊》，载1918年10月8日《北京大学日刊》。《傅斯年全集》第1卷，第37页。
② 参见傅斯年：《与顾颉刚论古史书》，载1918年1月《中山大学语言历史研究所周刊》第2集第13、14期。《傅斯年全集》第1卷，第459页。
③ 傅斯年：《战国子家叙论》"二、论战国子家除墨子外皆出于职业"，《傅斯年全集》第2卷，第255页。

的《性命古训辨证》中得以实现。

《性命古训辨证》是从1936年夏"试写",至1938年2月定稿交付出版。它在中国首开"以语言学的观点解释一个思想史的问题"的实例,全书分三卷,上卷"大体以先秦遗文中'生'、'性'、'令'、'命'诸字之统计为限,并分析其含义";中卷"疏论晚周儒家之性命说";下卷论"汉代性之二元说"和理学之地位。顾颉刚先生在总结专题的哲学史研究成果时,将《性命古训辨证》与郭沫若的《先秦天道观之进展》并列,称两书"均用最新的方法,以甲骨文金文典籍为材料,而叙述先秦时代的中国哲学。二书取径全同,其成就可谓突过前人"①。陈荣捷先生在回顾清末民国这一段儒家的没落与价值重估过程时,又将傅斯年的《性命古训辨证》与胡适的《说儒》并列,称他俩的研究"显示了一种客观与建设性研究的趋势",这种趋势中的一个重要发现便是"孔子真正宗教地位之发现"②。"胡适的理论完全来自大家所熟悉的文学之中,而傅的研究则是以新近发现的甲骨文为依据。他的《性命古训辨证》是公认当时那十年以来很杰出的汉学作品。"③"傅的诠释是相当可信的,因为他同时拥有文学的证据与历史的事实。他的结论大体上和胡适的结论是一致的;也就是说,孔子既非只是一个旧宗教的传袭者,亦非一个新

---

① 顾颉刚:《当代中国史学》,沈阳:辽宁教育出版社,1998年3月版,第79页。
② 陈荣捷著,廖世德译:《现代中国的宗教趋势》(*Religion Trends in Modern China*),台北:文殊出版社,1987年11月版,第29页。
③ 陈荣捷著,廖世德译:《现代中国的宗教趋势》,第31页。

宗教的创立者。"①胡适曾在台大版《傅孟真先生集》出版后,两度去信希望杨联陞写一书评,②杨联陞回复胡适,陈荣捷的《现代中国的宗教趋势》(Religion Trends in Modern China)"对傅孟真先生《性命古训辨证》大旨已有介绍"③。胡适可能后来看到了陈的上述评论,但意见颇有保留,他给杨联陞的信对此有所流露:

> 《性命古训辨证》一书,我今夜读一遍,颇不满意,其下篇尤'潦草',则自序中已言之。实则上中两篇也只够一短文。当时在战祸中,他又太忙,故此书颇不能使人满意。④

有了胡适这一段话,杨联陞的评论自然就更不好作了。

中国古代文学史研究。傅斯年留下了两部未刊的讲义稿——《中国古代文学史讲义》和《〈诗经〉讲义稿》。

早在五四时期,傅斯年就提出了中国古代文学史分期四期说:"一、上古。自商末至战国末叶。二、中古。自秦始皇统一至初唐之末。三、近古。自盛唐之始至明中叶。四、近代。自

---

① 陈荣捷著,廖世德译:《现代中国的宗教趋势》,第33页。
② 《胡适致杨联陞》(1953年5月28日、6月13日),收入胡适纪念馆编:《论学谈诗二十年——胡适、杨联陞往来书札》,台北:联经出版事业公司,1998年3月版,第154、155页。
③ 《杨联陞致胡适》(1953年6月19日),收入《论学谈诗二十年——胡适、杨联陞往来书札》,第161页。
④ 《胡适致杨联陞》(1953年9月5日),收入《论学谈诗二十年——胡适、杨联陞往来书札》,第194页。

明宏嘉而后至今。"①此说实为针对刘师培的《中国中古文学史讲义》而发,刘当时在北大讲授"中古文学史"一课,其所谓"中古"大体是自"建安"至唐一段。②

傅斯年在中山大学任教时,开设了"尚书""古代文学史""陶渊明诗""心理学"等课程,③为此他动手写作《中国古代文学史讲义》。现留存的《中国古代文学史讲义》稿本,原拟"起于殷周之际,下到西汉哀平王莽时。别有补讲若干篇,略述八代时新的方面,和唐代古今文学之转移关键"④。现在整理出来的稿子,比原来的"拟目"内容要少得多。据1930年8月30日傅斯年给胡适的信说:"这次回来大用功,完全不出门,下午睡觉,彻夜用功(读书,收材料),这样下去,文学史明年有了,《赤符论》后年也有了。"⑤傅斯年本是有意要写一部中国文学史。后来他在北大兼课时,在国文系亦上过"中国古代文学史"一课,其内容与他在中山大学的"拟目及其说明"大致相同。即"(1)自殷周至汉末文籍之考订及分解;(2)同期中诗文各体之演进;(3)同期中文学与政治社会之相互影响;(4)同期中

---

① 傅斯年:《中国文学史分期之研究》,原载1919年1月1日《新潮》第1卷第1号。《傅斯年全集》第1卷,第140页。
② 刘师培:《中国中古文学史讲义》,北京:北京大学出版部,1919年版。
③ 钟贡勋:《孟真先生在中山大学时期的一点补充》,载1976年3月台北《传记文学》第28卷第3期。
④ 傅斯年:《中国古代文学史讲义·拟目及说明》,《傅斯年全集》第2卷,第5页。
⑤ 傅斯年:《致胡适》1930年8月30日,《傅斯年全集》第7卷,第89页。

文学在后代之影响"①。对于傅斯年留下的这部未完成的《中国古代文学史讲义》，胡适以为有其思想的价值：

> 这是一部了不得的著作。我们知道，凡是一个大的思想家，往往撒出许多种子；有些种子掉在石头上被人踏碎了，有些种子撒在肥沃的泥土上，有了生命，就发生了力量。……他说：中国一切文学都是从民间来的，同时每一种文学都经过一种生、老、病、死的状态。从民间起来的时候是'生'，然后像人的一生一样，由壮年而老年而死亡。这个观念，影响我个人很大。说到这个观念，我们常常想起孟真贡献最大的就是他的思想。中国文学无论是小说、词、曲、诗，都是来自民间，慢慢的才跑到上层，影响到士大夫阶级。但到了士大夫手上以后，就慢慢的老了、死了。这个观念，曾经在他的《中国文学史》撒下许多有价值的种子。我相信这些种子将来还可以继续在中国文学史方面发生影响。②

胡适自己在《白话文学史》中也强调表现这种"一切新文学的来源都在民间"③的见解，看来这是他俩那时的共识。

对于《诗经》的研究，傅斯年用力较早。早在1919年4月，

---

① 《民国二十三年度国立北京大学一览》，第217、222页。
② 胡适：《傅孟真先生的思想》。
③ 胡适：《白话文学史·自序》，《胡适文集》第8册，北京：北京大学出版社，1998年11月版，第147页。

他在《新潮》上就发表了《宋朱熹的〈诗经集传〉和〈诗序辩〉》一篇书评。这篇文章首次从文学的角度考察《诗经》的价值,提出孔子删诗的标准"只靠着文学上的价值",打破以往学者"都说他是孔子删定的《经》,其中'有道在焉',决不是玩物丧志的"习惯说法。《诗经》给人启示的"教训"是"真实""朴素无饰""体裁简当"和"音节的自然调和"。他推重朱熹的《诗经集传》和《诗序辩》两书,主要是其能"拿诗的本文讲诗的本文,不拿反背诗本文的诗序讲诗的本文";"很能阙疑,不把不相干的事实牵合去";"敢说明某某是淫奔诗"①。这都是颇具见地的看法,它是新文学史观在《诗经》这一领域的个案体现。

五四以后,儒学意识形态基本解构。作为经学的《诗经》理所当然也受到了冲击,代之而起的是从文学、史学、语言学、民俗学等角度研究《诗经》。傅斯年所作的《〈诗经〉讲义稿》反映了时代的这一变化。他回顾了自西汉至明代的《诗》学发展史,在此基础上提出研究《诗经》的新态度:"一、欣赏他的文学;二、拿他当一堆极有价值的历史材料去整理;三、拿他当一部极有价值的古代言语学材料书。"并以此态度对《诗》的三个部分(周颂、大小雅、国风)从时代、文辞、文体等方面作了细致的考察。傅斯年原打算写成一部《〈诗经〉新论》,惜未成定本。即使如此,现在留下的这部《〈诗经〉讲义稿》在五四以后的《诗

---

① 傅斯年:《宋朱熹的〈诗经集传〉和〈诗序辩〉》,载1919年4月1日《新潮》第1卷第4号。《傅斯年全集》第1卷,第226页。

经》学史上仍有其重要的文献价值。

明清史研究。傅斯年在明清史研究方面曾有过相当的积累和准备,对推动明清史研究也发挥了相当重要的作用,这一点近来已有学者给予论证。①

1928年9月,傅斯年就任史语所所长伊始,即提出要收买天津李盛铎所藏的明清档案。此前盛传李盛铎欲将此批档案卖给日本"满铁公司",闻此消息,傅斯年于1928年9月11日立即给蔡元培先生去信,希望以中研院名义买下这批档案。此事得到蔡先生的支持,经马叔平先生与李接洽,最后中研院以两万元购得。1929年5月史语所由广州迁至北平后,正式接收了这批档案,并将其存于历史博物馆午门西翼楼为堆存整理之所。此批档案的购得不仅抢救了祖国的历史遗产,而且为明清史研究提供了最重要的原始材料。1929年9月底,由傅斯年与徐中舒设计,招雇书记六人,工人十九人,共二十五人开始整理。1930年10月减至十一人,1932年年终又减至三人,最后只留一人负责保管。② 在这一过程中,傅斯年是明清大内档案整理的主要领导者。

傅斯年介入明清史研究的另一项工作是擘划明清史料整理。1930年9月,史语所发刊《明清史料》,该刊之详名应为

---

① 参见李泉:《傅斯年与"大内档案"之收藏整理》,收入《傅斯年》,济南:山东人民出版社,1991年8月版。王戎笙:《傅斯年与明清档案》,收入1996年11月《台大历史学报》第20辑。

② 李光涛:《明清档案》,收入《傅故所长纪念特刊》,台北:"中研院"史语所,1951年3月版,第21—25页。

"国立中央研究院历史语言研究所编刊明清内阁大库残余档案",此工作由傅斯年亲自主持并推动,具体工作则由李光涛等负责。傅斯年在《〈明清史料〉发刊例言》中对工作方法、工作范围做了详细说明。"此刊之史料,大致在明清之交。盖启祯以前之档案不存,雍乾以后之政事移至军机处也。"该刊第六条规定"明清两代公文程式,宜别编一书,影印成之,不以入此"。第七条说明"此刊题奏,书,启,揭帖,示,谕等名,皆各件固有者,编印时所表题目,仅在各件原名上加衔名,人名,凡与内容方面,概不涉及,以免冗繁"①。每本百页,每编十册。自乙编以后,编辑方针稍有调整,"初以为凡既刊入清代官书之文件宜不编入。然如此律之既久,亦觉其终不能实行,盖清代官书至多,为一疏一移而遍检之,所收获者不值劳费"。"本所所藏此项档案,以关于清'三法司'者为最多。此本非狭义之史料,故甲编与乙编中皆未采入。然此项文件实法律史社会史之绝好资料,应付编印,以资流传。"②到1948年,《明清史料》已出甲乙丙丁四编,共四十册。史语所迁台后,又续出了戊、己、庚、辛、壬、癸六编,凡六十册。《明清史料》的出版对推动明清史的研究,无疑起了重要作用。傅斯年推动的另一项明清史料整理工作是《明实录》的整理,据劳榦回忆:"历史语言研究所曾经有系统的

---

① 傅斯年:《〈明清史料〉发刊例言》,原载1930年9月《明清史料》甲编第一册。《傅斯年全集》第3卷,第86—87页。

② 傅斯年:《〈明清史料〉复刊志》,原载1936年6月《明清史料》乙编第一册。《傅斯年全集》第3卷,第280—281页。

整理《明实录》。《明实录》的整理是孟真先生首先注意到的,搜集了七种本子来校,并且经过故李晋华先生的用心整理,大致已经有头绪了,因为经费问题,尚未付印。"①此书1963年开始陆续出版,至1967年完竣。

在整理《明实录》的过程中,傅斯年"对于明史曾经下过很深的功力",他发表了《明成祖生母记疑》一文,推论成祖生于碽妃,养于高后,此文在学术界引起了热烈讨论,朱希祖发表了对傅文的不同意见,②吴晗、李晋华则基本附和傅斯年的观点。③为此,傅斯年又以《跋〈明成祖生母问题汇证〉并答朱希祖先生》一文作了回应。④李光涛有关明史的若干论文亦经他指导,"孟真先生对于明清史事,如明太祖的生平,明代后妃的教育与储嗣文化标准问题,孝钦皇后与清季变法问题都曾经很详细的对同人说过"⑤。在目前史语所保存的"傅斯年档案"中,还存留一份傅斯年手书的《明书三十志》的目录,这是他约郑天挺合作

---

① 劳幹:《傅孟真先生与近二十年来中国历史学的发展》,收入《傅故校长哀挽录》,台北:台湾大学,1951年6月版,第71页。
② 朱希祖:《明成祖生母记疑辩》,载1933年10月15日《国立中山大学文史学研究所月刊》第2卷第1期。
③ 吴晗:《明成祖生母考》,载1935年7月《清华学报》第10卷第3期。李晋华:《明懿文太子生母考》《明成祖生母问题汇证》,两文均载1936年《国立中央研究院历史语言研究所集刊》第六本第一分。
④ 傅斯年:《跋〈明成祖生母问题汇证〉并答朱希祖先生》,载1936年《国立中央研究院历史语言研究所集刊》第六本第一分。《傅斯年全集》第3卷,第249—256页。
⑤ 劳幹:《傅孟真先生与近二十年来中国历史学的发展》,收入《傅故校长哀挽录》,第71页,台北:台湾大学,1951年6月版。

的计划。① 郑天挺先生晚年对此事亦有回忆,傅斯年主持北大文科研究所时,"对研究明史有兴趣",1939年夏,"在一次闲谈中,傅说要纂辑《明编年》及《明通典》,我说想别撰《明会要》,而毛子水教授劝我编辑《续资治通鉴》续集。过了几天,傅又来找我,劝一起搞个东西,不叫《明通典》和《明会要》,而叫《明书》。遂共同拟二十四目。后来傅斯年又将二十四目增为三十目"②。原计划五年完成,后来因为战争紧迫,事务冗杂,傅斯年迁往重庆,计划搁浅。傅档中还留有一封吴晗给傅斯年的信,内中拟有他欲写的《朱元璋传》的目录,请傅指正。③ 傅斯年在明史方面的素养,得到行内人士的推重。

东北史研究。1932年10月傅斯年出版了《东北史纲》第一卷。此套书原计划由傅斯年(古代之东北)、方壮猷(隋至元末之东北)、徐中舒(明清之东北)、萧一山(清代东北之官制及移民)、蒋廷黻(东北之外交)五人合作编写,其中仅第一卷(上古至隋以前)出书。④ 这部书的宗旨意在批驳日本学者矢野仁一所散布的"满蒙在历史上非中国领土"论,以历史证明日本占领东北,成立伪"满洲国"之非法。故开首即明确"依国法及国际

---

① 参见王汎森:《思想史与生活史有交集吗?——读"傅斯年档案"》,收入《中国近代思想与学术的系谱》,第315—316页。
② 郑天挺:《郑天挺自传》,收入《郑天挺学记》,北京:三联书店,1991年4月版,第392页。
③ 王汎森、杜正胜编:《傅斯年文物资料选辑》,第226—227页。
④ 此套书除出版《东北史纲》第一卷外,第二、三、四卷未出版,第五卷《东北之外交》执笔者为蒋廷黻,其中上篇《最近三百年东北外患史——从顺治到咸丰》发表在1932年12月《清华学报》第8卷第1期。

公法之意义"和"依民族自决之义","东北之为中国,其意义正如日月经天者尔!""历史之谈,本不相干。然而即就历史以论,渤海三面皆是中土文化发祥地。辽东一带,永为中国之郡县;白山黑水,久为中国之藩封。永乐奠定东北,直括今俄领东海滨阿穆尔省。满洲本大明之臣仆,原在职贡之域,亦即属国之人。就此二三千年之历史看,东北之为中国,与江苏、福建之为中国又无二致也。"①全书分五章:第一章"渤海岸及其联属内地上文化之黎明",第二章"燕秦汉与东北",第三章"两汉魏晋之东北郡县",第四章"两汉魏晋之东北属部",第五章"汉晋间东北之大事"。② 此书出版后,曾引起了邵循正、缪凤林等人的评论,邵文相对持平,谓:"傅书重要结论颇多,有甚精审者,有材料未充者,间亦有可商者。"③而缪文语意刻薄,④称"傅君所著,虽仅寥寥数十页,其缺漏纰缪,殆突破任何出版史籍之纪录也"⑤。缪文出此恶语,实为当时南(高)北(大)两大学派冲突、

---

① 傅斯年:《东北史纲》,北平:中研院史语所,1932年10月初版,第1—2页。

② 据缪凤林文,第三章"汉至隋东北诸郡县沿革表"为余逊作,此说仍有待考证。参见缪凤林:《评傅斯年君〈东北史纲〉卷首》,载1933年6月12日《大公报·"文学副刊"》。

③ 邵循正:《评傅斯年〈东北史纲〉第一卷〈古代之东北〉》,载1933年5月1日《大公报·文学副刊》。

④ 缪凤林:《评傅斯年君〈东北史纲〉卷首》,载1933年6月12日、6月19日、6月26日、7月3日、7月31日、8月28日、9月4日、9月25日《大公报·文学副刊》。

⑤ 缪凤林:《评傅斯年君〈东北史纲〉卷首》,载1933年6月12日《大公报·文学副刊》。

对立的又一例证。在缪文发表前夕,胡适曾有《评柳诒徵编著〈中国文化史〉》一文问世,其中有"柳先生是一位不曾学过近代史学训练的人,所以他对于史料的估价,材料的整理,都不很谨严"数语,①这是胡适对《学衡》派数年来各种批评和围攻的唯一一次回击。缪凤林作为柳诒徵的学生,起身批评傅文,自然有为乃师报复之意;身兼《大公报·文学副刊》主编的吴宓连篇累牍地刊登缪文,明显寓有声援之意。从历史的关系看,柳诒徵为鼓吹国粹主义的晚清名宿缪荃孙的学生,胡、傅与柳、缪之间的冲突实在是20年代以来以护旧著称的南京高等师范学校(1922年并入东南大学)与以求新扬名的北京大学两大营垒之间斗争的继续。然细读胡文,虽不乏义气用词,仍不失为一篇有足够分量的学术评论。而缪文恶语相讥,完全失去了学术的平和态度。尤其是在有关东北史这样一个有关国家、民族尊严,当时尚属敏感的问题上,如此发难,实在是令亲者痛、仇者快的不当之举。对缪文傅斯年初拟作回复,后终放弃未作答,实以沉默作为更有力的回应。刊登缪文的《大公报·文学副刊》不久迅即停刊,其中原因应与它的办刊倾向招致各方面不

---

① 胡适:《评柳诒徵编著〈中国文化史〉》,原载1933年6月《清华学报》第8卷第2期。《胡适文集》第10册,北京:北京大学出版社,1998年11月版,第770页。

满有关。① 顾颉刚作《当代中国史学》时,提请人们注意"日人为了侵略我国东北,对于我国东北边疆史地的研究,近年来真是不遗余力"②,出版《东北史纲》自应视为一项紧迫的政治需要。而《东北史纲》作为东北地方史研究的开山之作,③对唤起中国学者赶快进入这一领域不啻有警钟的作用。至于《东北史纲》一书的著作权,后来又有种种猜疑和误传,④其实民国二十一年度史语所工作报告早已载明为傅斯年所作。

《史记》研究。1919 年 1 月傅斯年发表了书评《清梁玉绳著〈史记志疑〉》,对清代梁玉绳所著《史记志疑》,他的评断是"中国人之通病,在乎信所不当信,此书独能疑所不当疑"。受今文学派"怀疑"风气的影响,他还是以为"疑古"胜于"信古","若《史记志疑》者原非创造之才,独此过疑之精神,诚哉不可没也。姚际恒《古今伪书考》一书,不伪者亦伪之;然较之伪者亦不伪之,度量相越,不可以道里计其短长也"。因为"学术之用,始于疑而终于信,不疑无以见信"。所以他还是肯定"是书之长,在

---

① 1934 年 1 月 1 日《大公报·文学副刊》宣布该刊停刊。此前,1933 年 7 月《学衡》出完第 79 期后亦停刊。两刊均为吴宓主编,停刊原因,吴学昭认为:《学衡》主要是"经费问题",《大公报·文学副刊》"大概是为了适应新文化运动蓬勃发展的形势",参见吴学昭:《吴宓与陈寅恪》,北京:清华大学出版社,1992 年 12 月版,第 79 页。

② 顾颉刚:《当代中国史学》,沈阳:辽宁教育出版社,1998 年 3 月版,第 90 页。

③ 参见李治亭主编:《东北通史》前言,郑州:中州古籍出版社,2003 年 1 月版,第 1 页。

④ 参见王汎森:《思想史与生活史有交集吗?——读"傅斯年档案"》,《中国近代思想与学术的系谱》,第 327—329 页。

于敢于疑古,详于辩证。其短则浮词充盈,有甚无谓者。又见其细不见其大,能逐条疑之,不能括全体为言"①。对此书的优长与缺陷甚为明晰。文末他赞扬崔适的《〈史记〉探源》"视此进一等矣",这篇书评明显留有今文学派影响的痕迹,这大概是傅斯年听完崔适一课后的心得。②

傅斯年后来所作《〈史记〉研究》对《史记》本身有进一步的探讨,他指出《史记》不是一部容易研究的书,其理由有三:一、司马迁作《史记》百三十篇,"本未必已写定本",后经无数次转改,"现在竟成古籍中最紊乱者"。二、司马迁所据引各书,"无不成问题者","今只有互校互订,以长时间,略寻出若干端绪"。三、整理《史记》"需用若干专门知识","不仅辨章史事,考订章句而已"③。他以为司马迁"非古史学乃今史学家"④。《史记》之卓越处在于"整齐殊国纪年","作为八书","疑疑亦信"。⑤ 傅斯年的这些观点,为人们重新研究《史记》指明了新的路径。1948 年史语所购到宋刊本《史记》,他据此本作《北宋刊南宋补刊十行本〈史记集解〉跋》;又因为中央图书馆

---

① 傅斯年:《清梁玉绳著〈史记志疑〉》,原载 1919 年 1 月 1 日《新潮》第 1 卷第 1 号。《傅斯年全集》第 1 卷,第 120—122 页。
② 崔适在北大讲课,发讲义稿《〈史记〉探源》。参见顾潮:《顾颉刚年谱》,北京:中国社会科学出版社,1993 年 3 月版,第 41—42 页。
③ 傅斯年:《史记研究·史记研究参考品类》,《傅斯年全集》第 2 卷,第 356 页。
④ 傅斯年:《史记研究·论司马子长非古史学家乃今史学家》,《傅斯年全集》第 2 卷,第 370 页。
⑤ 傅斯年:《史记研究·论太史公书之卓越》,《傅斯年全集》第 2 卷,第 368 页。

所藏的《后汉书》与此相关,复作《〈后汉书〉残本跋》一文,对两种版本作了细致的考订。

傅斯年读书有"博而寡约"的倾向,其治学涉及面亦广。他涉猎的学科,文、史、哲均有;跨越的时段,以上古、秦汉、明清三段为强,尤其是在上古史研究领域,他在新材料的占有和学术素养方面的积累,均占有优势,其成果处于该领域的领先地位。惜因繁忙的行政工作和时局的动荡不定,傅斯年的学术研究工作时间受到极大的限制,拟定的学术计划常常只能暂时搁置。他的很多设想,未能形成最终成果,现有的著作,刊行的仅为其中一部分,许多尚是手稿、残稿、讲稿,给后人留下了很多的遗憾。加上天不假年,壮年中折,他个人的学术研究成了一项未竟的遗业,提及这一点,李济沉痛地说,傅斯年的个人风格颇类似于法国启蒙运动的大师伏尔泰,两人"在反对愚昧一点,的确相像。最可惜的是伏尔台竟活到八十四岁,把他要写的都写完了,但孟真只活到五十四岁就死了。他满肚子的学问,满肚子的见解,正在成熟的时候,正在开始写的时候,忽然死去,真是最可伤心的事,不可补偿的损失"①。因学人生命的夭折而出现的顿挫,这样的现象曾经出现在王国维、徐志摩、刘半农、丁文江等人身上。当傅斯年猝逝时,台港学界震惊不已,陷入巨大的悲痛之中。身在内地的陈寅恪亦赋诗悼傅,以傅青主、"海外

---

① 罗家伦:《元气淋漓的傅孟真》。

王"喻之,①足见傅斯年在这位史坛大师心中的分量之重!②

四、傅斯年的教育理念

傅斯年一生未离学校,除早期在北大读书和欧洲留学的13年外,归国后他与教育的关系有五段:第一段是在中山大学任教(1926年12月—1928年10月),担任文科主任和中文、历史两系主任。第二段是在北京大学国文、历史两系任兼职教授(1929—1936年初),第三段是在抗战期间担任西南联大历史系教授、北大文科研究所所长(1938—1945年),并一度兼任西南联大校务委员。第四段是代理北大校长(1945年8月—1946年8月),第五段是任台大校长(1949—1950年)。从傅斯年在中山、北大、西南联大、台大四校的任职中,可以看出他在教育岗位上有一个显著的特点:即在特殊时期接受重要职责,其中在中大文科主任、北大代理校长、台大校长任上,他充分展现了个人的行政才干,获得了各方面的高度评价。即使在北大兼任教授,虽未出任重要行政职务,但他实际参与校务,且在用人、筹款方面协助校长蒋梦麟,而在抗日御敌方面则为北平知识界

---

① 陈寅恪:《〈霜红龛集〉望海诗云"一灯续日月不寐照烦恼不生不死间如何为怀抱"感题其后》,《陈寅恪集·诗集》,北京:三联书店,2001年5月版,第74页。
② 有关傅斯年与陈寅恪的关系,参见王汎森:《傅斯年与陈寅恪》,收入《中国近代思想与学术的系谱》,石家庄:河北教育出版社,2001年11月版,第385—394页。

的中坚人物之一。① 可以这么说,民国期间大学的几次重大变迁,都有傅斯年活动的身影。②

南京国民政府时期的教育部长和著名大学校长可分三种类型:一是知识领袖型,如蔡元培、胡适,因其在知识界的特殊声望,获得高位,但于管理校务往往取"无为而治",以德服人,傅斯年曾戏称蔡、胡两人的办事能力"真不敢恭维"。③ 二是学者官僚型,如朱家骅、蒋梦麟、罗家伦,他们有留学的经历,更有与国民党的密切关系,国民党的党性色彩比较浓厚。三是职业干练型,以张伯苓、梅贻琦、傅斯年最为典型,他们的党派色彩相对淡薄,抱定教育救国的宗旨,以教育为职守,属于比较纯粹的教育家。由于大学在其运作过程中与政府的关系密不可分,傅斯年与国民政府自然保持了密切的合作关系,其他几位大学校长也大体如此。

傅斯年的谈论教育主要在两个时段:一是在20世纪30年代,一是在生命的最后五年,即1946年至1950年这一段。前一段面临教育重建的任务,因而他的教育思想充满改革的色彩;后一段随着国民党政权的垮台,近代教育也渐告落幕,故他着

---

① 蒋梦麟:《忆孟真》,原载1950年12月30日台北《"中央"日报》。
② 有关傅斯年在中山大学、北京大学、台湾大学的情况,参看李泉:《傅斯年在中山大学》,收入《傅斯年》,济南:山东人民出版社,1991年8月版。欧阳哲生:《傅斯年与北京大学》,载1996年9月20日《北京大学学报》(哲学社会科学版)第5期。李东华:《勋绩尽瘁,死而后已——傅斯年先生在台大》,载1996年11月《台大历史学报》第20期。
③ 蒋梦麟:《忆孟真》,原载1950年12月30日台北《"中央"日报》。

重于对中国近代新教育的反思。在清末民国时期,许多教育家抱着救国强国的目的,把教育看成是一项兴国的事业去孜孜追求,傅斯年亦是如此。他们的教育活动虽有种种的限制(特别是政治的限制),但在理念上的确还有更大更高的关怀,这就是教育关系到民族命运的兴衰,教育是国家的百年大计。正如在学术上傅斯年有其民族主义的深切关怀一样,在教育方面他也是竭尽心力为国服务。

1930年代是南京国民政府着手教育改革的一个历史时期。由于长期的战乱和政局动荡,中国教育受到了极大的摧残,北方大学遭遇尤惨。面对这样一种情势,知识界围绕振兴教育在《独立评论》等刊展开了热烈讨论,傅斯年是其中活跃的一员,他发表的有关文章有:《教育崩溃之原因》《教育改革中几个具体事件》《教育崩溃的一个责任问题——答邱椿先生》《改革高等教育中几个问题》《再谈几件教育问题》《大学研究院设置之讨论》《青年失业问题》《论学校读经》《中学军训感言》等,就改革教育(特别是高等教育)提出了自己的意见。

对于教育的现状,傅斯年以为已"呈露崩溃的形势",产生教育崩溃的原因:一是"学校教育仍不脱士大夫教育的意味";二是"政治之不安定";三是"一切的封建势力,部落思想,工具主义,都乘机充分发挥";四是哥伦比亚大学教师学院的中国留学生给中国教育界带来的美国模式不适应国情;五是"青年人之要求,因社会之矛盾而愈不得满足"①。这其中的一、二、三条不难理解,惟对推广美国教育模式的微词引起了来自哥大教师学院的邱椿、杨亮功的商榷,②这反映了当时教育界内部留欧派与留美派两大系统之间的矛盾,傅斯年显然是站在留欧派这一边。③ 傅斯年解释说,哥大"教师学院的中国毕业生确曾在中国民七、八年以来的教育学界占一个绝大的势力,而其成绩我们似乎不敢恭维"。"这般教育学家高谈测验、教学、行政、心理等等,似乎花哨的很,而于教科究竟应该怎么样,学生的知识如何取得,如何应用,很少听到他们的议论,尤其少见他们的设

---

① 傅斯年:《教育崩溃之原因》,原载1932年7月17日《独立评论》第9号。《傅斯年全集》第5卷,第5—10页。后在《教育崩溃的一个责任问题——答邱椿先生》,原载1932年7月31日《独立评论》第11号,傅斯年表示第四、五条不构成原因。参见《傅斯年全集》第5卷,第16页。

② 邱椿:《通信:教育崩溃的一个责任问题》,原载1932年7月31日《独立评论》第11号。杨亮功:《读了孟真先生〈再谈几件教育问题〉以后》,原载1932年10月16日《独立评论》第22号。

③ 关于傅斯年教育思想的来源以及当时留欧派与留美派之间的矛盾情形,傅本人曾在其言谈中多次涉及。参见《大学研究院设置之讨论》,原载1934年6月24日《独立评论》第106号,《傅斯年全集》第5卷,第36页,对大学研究院情形,他说:"美国情形我所知甚少","英德情形是我所见,法国情形是我所闻"。关于留欧与留美两大派的斗争,参见《台湾大学选课制度之商榷》,原载1949年8月15日《台湾大学校刊》第37期,《傅斯年全集》第5卷,第84页。关于傅斯年的教育思想来源,参见《台湾大学与学术研究》,载1949年10月24日《台大校刊》第41期附送,《傅斯年全集》第5卷,第95页。《中国学校制度之批评》,载1950年12月15日、12月31日《大陆杂志》第1卷第11、12期,《傅斯年全集》第5卷,第194页。傅明白交待,"对于大学的观念,百分之八九十是德国型,所以民国十五年回来以后,一切思路以欧洲开明主义时代以后的理想为理想"。

施。"① 也就是说,哥大教师学院毕业的中国留学生推广美国教育模式未能对改变中国的教育现状产生预期的成效,这是他的不满意之处。

傅斯年提出教育改革的途径为:(一)"全国的教育,自国民教育至学术教育,要以职业之训练为中心"。(二)"全国的教育要有一个系统的布置",不能放任自流。(三)"教育如无相当的独立,是办不好的"。保障教育独立的办法包括:应当确保教育经费独立,严格审定校长教员教授的资格,设立视学监督、考核地方教育业绩。(四)中国教育的腐败是上自教育部起,故改革也要自上而下。(五)教育当局要为有才学的穷学生统筹安排。② 这些意见最引人注目的是对教育部的批评和要求教育独立。以此为思路,傅斯年设想教育改革必须自上而下。

> 平情而论,教育至有今日之败坏,还不都是历年来中央及地方上教育当局(校长在内)的责任,还是怨不到学生身上的。果然教育部能建设的像个样子,而对于大学校长、教育厅长之人选慎重将事,中国教育未必即无办法。所谓教育部建设的像个样子者,须得有认识,有方针,有技能。③

---

① 傅斯年:《通信:教育崩溃的一个责任问题》,原载1932年7月31日《独立评论》第11号。《傅斯年全集》第5卷,第16—17页。

② 傅斯年:《教育改革中几个具体事件》,原载1932年7月24日《独立评论》第10号。《傅斯年全集》第5卷,第11—15页。

③ 傅斯年:《再谈几件教育问题》,原载1932年10月20日《独立评论》第20号。《傅斯年全集》第5卷,第35页。

具体到高等教育,傅斯年以为高等教育为学术教育,传统的高等教育"只有国子监及各地书院","国子监只是一个官僚养成所",书院尚有"自由讲学"或"作些专门学问"的可能。清末教育改革将书院关门,在傅斯年看来,这是"当时的失策","书院可存,而书院中之科目不可存"。民初至30年代,中国大学虽有发展,"仍然不是一个欧洲的大学","今之大学制度仍不能发展学术,而足以误青年,病国家"①。基于此,傅斯年提出高等教育的改革:第一,"大学教育不能置之一般之教育系统中,而应有其独立之意义"。第二,"大学之构造,要以讲座为小细胞,研究室(或研究所)为大细胞,而不应请上些教员,一无附着,如散沙一般"。第三,"大学以教授之胜任与否为兴亡所系,故大学教授之资格及保障皆须明白规定,严切执行"。② 把大学独立,大学的学术化和大学教授资格考核的制度化作为现有大学改革的重点。当教育部公布了《大学研究院暂行组织章程》后,各校也纷纷上马设立研究院,对是否应办理研究院,傅斯年表达了审慎的保留,其理由是:"一、大学之有研究组织是欧洲大陆上创始的风气,而英国是很后些时,受大陆的影响而变成的。""二、大学中之研究院,与独设之研究院,如中央研究院等,及其同样的研究机构如地质调查所等,就处境论,各有其不便处。大学之研究院有不及专作研究院机构之便当处甚多。"

---

① 傅斯年:《改革高等教育中几个问题》,原载1932年8月28日《独立评论》第14号。《傅斯年全集》第5卷,第23—24页。
② 同上书,第25—27页。

三、"目下大学多不甚需要一个大学本科以上的阶级。若必设研究院,当以训练本科高级学生为主,至少此一事与招收之研究生应同等的重视。"①看得出来,傅斯年并不主张盲目扩张大学,他的高等教育改革思路是将欧洲的经验与中国的高等教育现状相结合。

在 30 年代,与教育相关的一个问题是尊孔读经,它在知识界引起了广泛的讨论。1934 年 7 月国民党第四届中央执行委员会第 128 次会议通过《先师孔子诞辰纪念办法》,规定 8 月 27 日为"孔子诞辰纪念日";这一天各地政要纷纷出面搞所谓孔诞纪念的"大典"活动,尊孔祀孔,提倡读经;章太炎也以国学大师的身份,从 1935 年 4 月起在苏州章氏星期讲演会上大讲"论读经有利而无弊"②。针对这样一股复古思潮,新文化运动的主要代表如蔡元培、胡适、鲁迅等挺身而出,撰文反对读经。蔡元培认为:"经书里面,有许多不合于现代事实的话,在古人们处他们的时代,不能怪他,若用以教现代的儿童,就不相宜了。""所以我认为小学生读经,是有害的,中学生读整部的经,也是有害的。"③胡适指出自古以来:"孔子是年年祭的,《论语》、《孝经》、《大学》是村学儿童人人读的,还有士大夫讲理学的风气哩!究

---

① 傅斯年:《大学研究院设置之讨论》,原载 1934 年 6 月 24 日《独立评论》第 106 号。《傅斯年全集》第 5 卷,第 36—39 页。
② 章太炎:《论读经有利而无弊》,载 1935 年 6 月 15、16 日天津《大公报》。
③ 蔡元培:《关于读经问题》,原载 1935 年 5 月《教育杂志》第 25 卷第 5 号。《蔡元培全集》第 6 卷,北京:中华书局,1988 年 8 月版,第 527 页。

竟那每年'洙水桥前,大成殿上,多士济济,肃穆趋跄'。曾何补于当时的惨酷的社会,贪污的政治?"①鲁迅提到现代中国的三个军阀袁世凯、孙传芳、张宗昌"都把孔夫子当作砖头用,但是时代不同了,所以都明明白白的失败了"②。从当时的历史背景看,这实际上为新文化运动的主流派同反对派以及国民党官方意识形态之间在如何处理儒学问题上的一场斗争,它是五四新文化运动的继续。傅斯年站在新文化运动主将们这一边,也发表了《论学校读经》一文,详列了反对读经的理由:从历史上看,一、"中国历史上的伟大朝代都不是靠经术得天下、造国家的,而一经提倡经术之后,国力每每衰落的"。二、"当年的经学,大部是用作门面装点的,词章家猎其典话,策论家壮其排场,作举业的人用作进身的敲门砖"。三、"汉朝的经学是汉朝的哲学,'以春秋折狱','以三百篇当谏书'。哪里是《春秋》《三百篇》之所有的事?汉朝的儒生自有其哲学"。从现实生活看,第一、"现在中小学的儿童,非求身体健全发育不可,所以星期及假日是不能减的,每日功课是不能过多的"。读经徒增加功课时间,于学生身心无益。第二、"经过明末以来朴学之进步,我们今日应该充分感觉六经之难读。汉儒之师说既不可恃,宋儒的臆想又不可凭,在今日只有妄人才敢说诗书全能了解,有声

---

① 胡适:《写在孔子诞辰纪念之后》,原载1934年9月9日《独立评论》第117号。《胡适文集》第5册,第409页。
② 鲁迅:《且介亭杂文二集·在现代中国的孔夫子》。《鲁迅全集》第6卷,北京:人民文学出版社,1982年版,第317页。

音、文字、训诂训练的人是深知'多见阙疑'、'不知为不知'之重要性的"。所以一方面"中小学课程中'排不下'这门功课",一方面也"教不成"他。① 傅斯年的这篇文章在当时激起了回响,胡适作《我们今日还不配读经》对他的意见大表赞同,也认为"在今日妄谈读经,或提倡中小学读经,都是无知之谈,不值得通人的一笑"②。

考察30年代傅斯年的教育思想,他的重点是在大学教育体制,尤其是围绕大学独立、大学的学术化而展开。他反对中国盲目照搬美国的教育模式,而又比较倾向于欧洲普鲁士、法国的教育制度;他不满于中国教育行政当局的无能,希望对之进行切实的整顿和改革,"把教育部建设成一个有技术能力的官厅";他倡导教育独立,要求确保教育经费的独立和对学校校长、教育厅厅长任命的严格审核;他注重对中国教育现状的体察,强调按照中国教育的实情制定政策。这些都是他在设想各项政策时所持行的基本原则。大体来说,他的基本思路,如要求教育独立,反对读经,与蔡元培、胡适基本一致;至于具体的改革政策,如大学研究院的设置不宜单立一层次,中小学课程的设置要少而精等意见,则属于个性化的条陈建议,其中有些意见也并不成熟。

---

① 傅斯年:《论学校读经》,原载1935年4月7日《大公报》。《傅斯年全集》第5卷,第44—47页。

② 胡适:《我们今日还不配读经》,原载1935年4月14日《独立评论》第146号。《胡适文集》第5册,第443页。

当时知识界还发生过一场争论,这就是中西医之争,它虽与教育无关,但也是中西文化论战的一个重要内容,傅斯年是这场论争中的一个主角。在西医向中国输入的过程中,曾经围绕中西医的优劣,近代中国学界、医界有过一番激烈的辩驳。许多新派人物普遍抱有一种排斥传统中医的倾向,有过学医经历的孙中山、鲁迅贬斥中医即是典型的例子,傅斯年也是如此。他发表了《所谓"国医"》《再论所谓"国医"》《答刘学濬"我对于西医及所谓国医的见解"》等文章,对中医表现了极大的偏见,自称"我是宁死不请教中医的,因为我觉得若不如此便对不住我所受的教育"①。这样的话很难说出于理智,或具有科学的成分。它是新文化运动反传统、反国粹这一倾向在医学领域的极端表现,它反映了新文化运动偏激和不成熟的一面。以今天人们认识中医的水准来衡估,它可以说不仅是一种偏见,且极其错误。但它出自笃信科学的傅斯年之口,在当时具有很大的影响力。据左舜生回忆:

> 有一问题,原与政治无直接关系,与抗战更是风马牛不相及,可是每次参政会开会,几乎总要大闹一场,照例又闹不出结果,便是中西医之争。袒中医者,以孔庚为首领;袒西医者,以傅斯年为巨擘;彼此各执一辞,咻咻不已,一定要

---

① 傅斯年:《所谓"国医"》,原载1934年8月26日《独立评论》第115号。《傅斯年全集》第5卷,第434页。

吵得面红耳赤,才以不了了之。我细想,像这样一个问题,何以会提到一个研讨政治军事的机构里面来辩论呢?我假定的答案是这样的:所谓中西医之争,确乎不是一个简单的问题,而是由于中西思想根柢上有了绝对不同的差别,乃形成两种绝对不同的医病方法,辩论者表面上是在争西医,实际上却是各自在拥护自己思想上的立脚点,所以才争得那样起劲。……现在我回想他们两位在当时参政会的声音笑貌,觉得他们都是很认真而极可爱的人物。①

罗家伦在回忆中也提起这一件事,②这是新文化派在反传统路线上走向极端的一个例证。虽因时间的推移,它的影响力早已完全消失,但其中蕴藏的教训,仍值得人们吸取和总结。

抗战胜利后,百废待兴,然国共两党的内争打破了人们对和平的期待,将中国重新引向了战争的漩涡。本来新教育为抗战的爱国主义精神提供了重要资源,在抗战两周年之际,傅斯年即充分肯定这一点:

> 这里所谓新教育,专自清季以来之新制而言,尤其着重在五四以来之开明运动,近几年中之民族主义教育。在今天,回想我们在小学时代——前清光绪末年——真正是两个世界了。现在的青年,以考上空军学校炮兵学校为荣,尤

---

① 左舜生:《近世十年见闻杂记》,台北:中国青年党中央党部印行,1984年7月,第82页。
② 罗家伦:《元气淋漓的傅孟真》。

其是在好家庭中之青年,有此志愿;至于一般"老百姓",爱国心之发动,更可以看出时代的转变。诚然受新教育者尚有不少的人去做汉奸,可见在教育上还要努力。但是,以百分比例算去,可见目下的局面出在二十年前,或十年前,汉奸要多好些倍。①

抗战时爱国青年颠沛流离,内战中整个教育又毁于战火,这场惨局不能不使教育界的人士痛惜。傅斯年晚年一方面承受心血管病的煎熬,一方面担负沉重的行政工作。在即将卸任北大代理校长时,他深感有必要对学校大加整顿,在《漫谈办学》一文中表达了这种焦虑。"现在全国学校在病态中,是无可讳言的。造成这个苦境的因素,当然原因不一,有的属于政治,有的属于经济,有的属于时代的动荡,但也有不少由于教育行政和学校当局的措施。诚然,在政治不上轨道,经济濒于崩溃的情况中,办学是很不容易的,但这并不能作为学校当局不努力,不尽责任的理由。"为此,他特别呼吁:"政府应尽政府的责任","学校当局应尽学校当局的责任","学校必有合理的纪律","学校必有良好的学风"②。但随着内战的进行,傅斯年的这些想法不仅没有实现,教育的境况反而越来越坏。

1949年1月傅斯年走马上任台大校长。他一方面应对繁

---

① 傅斯年:《抗战两年之回顾》,载1939年7月《今日评论》第2卷第3期。《傅斯年全集》第4卷,第218页。
② 傅斯年:《漫谈办学》,原载1946年8月4日北平《经世日报》。《傅斯年全集》第5卷,第64—65页。

忙的学校行政工作,力图在当时混乱、动荡的时局中为台大师生谋求一片清净的学术教育园地;一方面反思近代中国新教育走过的路程,总结在中国建立现代教育制度的历史经验。国民党在大陆的失败,有人将之归罪于教育。对此,傅斯年不同意这种看法:

> 教育确不曾弄好,教育界的人也未曾尽其最大之责任,这话是对的。若说一切祸害都出于教育界,是不能服人之心的。教育影响政治,远不如政治影响教育,历史告诉我们如此。①

"事实和理想"的矛盾刺激他的思想,他原打算系统总结自己的高等教育思想,写作一册《大学理想》的书,终因事忙和猝然去世而只留下几篇文章。傅斯年在台大期间发表的研究教育的这组文章,如《几个教育的理想》《一个问题——中国的学校制度》《中国学校制度之批评》,加上一批讨论台大体制改革的文章,是他生命最后两年的文字,故也可以视为他积一生教育经验的心血之作。

傅斯年晚年办教育的理想境界是"平淡无奇的教育""性品教育的初步""公平"。他以老子"善用兵者,无赫赫之名;善治国者,无赫赫之名"来说明办学的常规之道。这显然是基于他

---

① 傅斯年:《中国学校制度之批评》,原载 1950 年 12 月 15 日《大陆杂志》第 1 卷第 11 期。《傅斯年全集》第 5 卷,第 190 页。

在大陆的经验教训,由于他个人的显赫声名,无论做什么事都是轰轰烈烈,因此也招来不少的嫉妒、攻讦,弄得他疲于奔命,精疲力竭。傅斯年晚年倾向于低调做实事,故开首即以"平淡无奇的教育"来表明自己的办学之道。他对性品教育的理解反映了他对中西德育思想的贯通:

> 教育的一个大目的,当要是陶冶学生的性品。所谓性品,……为一个人对人对物的态度。上等的性品,是对人对物,能立其诚,这本是中国儒家的道理,但西洋的正统哲学,从苏格拉底到现在的非唯物史观、非极权论者,总多少站在这个立场上。……
>
> 我在台湾大学对于学生的性品教育,只说了一句"讲道"的话,就是"不扯谎"。因为这是性品教育的发轫。这一项做不到,以后都做不到。这一项我确实说了又说,我以为扯谎是最不可恕的。科学家扯谎,不会有真的发现;政治家扯谎,必然有极大的害处;教育家扯谎,最无法教育人。……凡是作学问的人,必然从不扯谎作起。我的"谆谆然命之",只有这一项。
>
> 我所以重视这一道理,因为做学问是为求真理的,一旦扯谎,还向哪里,用什么方法求真理去?没有智慧的诚实(Intellectual honesty),学问无从进步,至于做人,是必须有互信的,一旦互相诈欺起来,还有什么办法?将来学成了社会上的人物,无论是哪种职业,包括政治在内,必须从立信

做起。①

由于长期的社会动荡使得学校也变得风雨飘摇,故傅斯年强调学校需要法治的重要性,这是因为"学校没有法治,不能上轨道"。而法治的第一要义是公平。"公平的第一义,是凡同样的人在一切法律或规则上平等。"②正是从这一理念出发,他在台大大力推行管理、教学、后勤各项制度的建设。

中国近代学校之设,始于晚清的同文馆和南北洋的各种学堂,"全是为吸收欧洲物质文明的";"庚子以后,始普立近代学校制度",师法日本的教育制度;"自1911年起,改起来,一步一步,到十年而大改。这些改动,可以一句话归纳,就是说,受美国影响,学习美国"③。对于到1949年为止中国教育所走过的这段照抄外来教育制度的过程,傅斯年语重心长地批评道:

> 是抄袭的,而不可说是模仿的,因为模仿要用深心,抄袭则随随便便。只可说是杂糅的,而不可说是偏见的,因为杂糅是莫名其妙中的产品,偏见尚有自己的逻辑。只可说是幻想的,而不可说是主观的,因为幻想只是凭兴之所至,主观还可自成一系,并模仿,偏见,主观还有些谈不到,便是

---

① 傅斯年:《几个教育的理想》,原载1950年2月6日《台大校刊》第56期。《傅斯年全集》第5卷,第131页。
② 同上书,第132页。
③ 傅斯年:《中国学校制度之批评》,原载1950年12月15日《大陆杂志》第1卷第11期。《傅斯年全集》第5卷,第187—188页。

中国学校制度。①

"学校制度既是累积的地层,而不是深思善改的结果"。往往是一个旧的问题未解决,新的问题又接踵而来。针对教育中所积存的层层弊病,他提出了五大改革原则②:(1)由"层层过渡的教育","应改为每种学校都自身有一目的"。(2)由"游民教育","改为能力教育"。(3)由"资格教育","改为求学教育"。(4)由"阶级教育","改为机会均等教育"。(5)由幻想"改为现实教育"。其中对"机会均等教育"的要求反映了傅斯年一贯的平民主义思想。由于家道中衰,傅斯年一生极为同情、关切下层劳苦大众的疾苦。"五四"时期,他根据自己走访、调查济南以西以北的农民所得情况,写作了调查报告《山东底一部分的农民状况大略记》。③ 1934年,为失业青年谋求出路,他发表《青年失业问题》一文,提出解决这一问题的四条办法:即"严格澄清公务人员";改进考试政策;鼓励学生"反乡间去";在量的方面缩小大专学校规模,提高办学质量。④ 傅斯年坚决反对大学教育的"贵族化"倾向,他说:"中国教育还有一个功能,就是制造'高等华人'。'高等华人'就是外国人。一个人和社会的

---

① 傅斯年:《中国学校制度之批评》,原载1950年12月15日《大陆杂志》第1卷第11期。《傅斯年全集》第5卷,第190页。
② 傅斯年:《一个问题——中国的学校制度》,原载1950年11月29日台北《中央日报》。《傅斯年全集》第5卷,第181—184页。
③ 傅斯年:《山东底一部分的农民状况大略记》,原载1920年1月1日《新青年》第7卷第2号。《傅斯年全集》第1卷,第361—372页。
④ 傅斯年:《青年失业问题》,原载1934年9月30日《大公报》星期论文。《傅斯年全集》第5卷,第96—97页。

下层脱了节,大众所感觉、所苦痛的,自己不能亲身了解,便成了'外国人'。"其后果是形成所谓"游民教育"。即受教育者或"因无能力而游",或因"不甘居下"而游。① 晚年他还郑重提出:"国民教育必须做到宪法上的要求,凡是适龄儿童,除非因残废疾病,必须受到国民教育,这是国家在教育上第一件当努力的。在台湾省,初中四年,也应于十年内变为义务教育。"②他的这一建议在台湾受到重视,得以落实。

围绕贯彻上述改革原则,傅斯年提出了一整套改革方案,包括:一、正名。即将各级学校之名统一厘定。最低一级是"国民学校";其上是初级中学,改称通科学校,学制四年;再上是高级中学,或附于大学改称预备学校,或与初中联合一起称为书院;这是普通教育系列。初级职业学校改称术科学校,高级职业学校改称艺科学校,专科学校一仍其旧,这是职业教育系列。大学本是学院之集合体,"故改称联合学院亦无不可",这是高等教育系列。二、"每一种学校都有他自身的目的,这就是说,他在每一种学业,便得到了在那一种学校的智力与训练,便自成一个阶级。"为能落实这一方案,他又提出必须理顺五个方面的关系:(1)计划教育与自由发展。(2)理解与现实。(3)传统与改革。(4)技能与通材。(5)教堂与商场。为搞好教学,傅

---

① 傅斯年:《中国学校制度之批评》,原载1950年12月15、31日《大陆杂志》第1卷第11、12期。《傅斯年全集》第5卷,第194页。
② 傅斯年:《中国学校制度之批评》,原载1950年12月31日《大陆杂志》第1卷第12期。《傅斯年全集》第5卷,第196页。

斯年还特别提出要加强编译大、中、小学的教科书的建设和学风建设。"如欲改革学校制度，不可不有新风气。若风气不改，一切事无从改，不止教育而已。"①

傅斯年晚年对大学意义的理解越来越明晰，从大学目的看，"办大学为的是学术，为的是青年，为的是中国和世界的文化，这中间不包括工具主义，所以大学才有他的自尊性。这中间是专求真理，不包括利用大学作为人挤人的工具"②。为此，他还特别对作为中国的台湾大学与光复前的日本的台北帝国大学加以区别，"台湾省既然回到祖国的怀抱，则台湾大学应该以寻求真理为目的，以人类尊严为人格，以扩充知识、利用天然、增厚民生为工作目标。所以这个大学在物质上虽然是二十多年了，在精神上却只有四年"③。为鼓励、鞭策台大师生，傅斯年提出以"敦品、励学、爱国、爱人"八字作为治校方针。从大学职能看，（一）"大学万万不可糅杂职业学校的用意"；（二）"大学以学术为本位，专科是以应用为本位"；（三）"大学的教学必然与专科学校大不同"；（四）"大学的资格除在大学或研究机关外，不应优于专科"。他对大学的学术与教育之间的关系也有了明确的定位：

---

① 傅斯年：《中国学校制度之批评》，原载1950年12月31日《大陆杂志》第1卷第12期。《傅斯年全集》第5卷，第220页。
② 傅斯年：《"国立"台湾大学第四次校庆演说词》，原载1949年11月21日《台大校刊》第45期。《傅斯年全集》第5卷，第123页。
③ 同上书，第124页。

> 大学是学术机关,他的教育的作用,是从学术的立点出发,不是掉转过来,他的学术的作用是从教育的立点出发。换句话说,大学是以学术为中心,而用这中心发挥教育的力量,不是以教育为中心,而从这中心发挥学术的力量。①

如何总结近代中国教育制度的利弊得失,这是一个重大课题。傅斯年在对近代中国教育照搬外国模式造成的失误所作深刻检讨的基础上,结合中国传统教育思想和西方近代教育思想(主要是欧洲大陆的教育理论),结合中国教育现状的实际,对中国教育结构及其教育制度作了新的设计。傅斯年晚年倾注的主题是教育制度本身的建设,他强调诚品教育、学术教育、能力教育、公平教育、国民教育,这些都属于教育的常规问题,这反映了他本人对教育走上正常轨道的渴望。在中国处于新的转折关头的历史时刻,这样的思考不仅难能可贵,且极其必要。傅斯年晚年所作的思考,可以说开启了对这一问题的探讨。限于当时的环境和他自身的条件(主要是身体和精力),他的思考只能说是初步的,但它毕竟具有建设性的意义。今天我们研读他留下的这些遗作,对我们回顾、总结百余年来中国新教育的历史经验,应能得到不少的启示。

傅斯年任台大校长不足两年,他以"没有看法,只有做法"来表示自己低调做实事的决心,②处变不惊,乱中求治,在他的

---

① 傅斯年:《台湾大学选课制度之商榷》,原载1949年8月15日《台大校刊》第37期。《傅斯年全集》第5卷,第84页。

② 程沧波:《记孟真》,《傅故校长哀挽录》,第49页。

领导下,台大很快成为台岛凝聚知识界力量的一个新的中心。据他自述:"第一学期应付学潮,第二学期整理教务,第三学期清查内务,不查则已,一查则事多矣! 报上所载,特少数耳。以教育之职务而作此非教育之事,思之痛心,诚不可谓为努力,然果有效否? 不可知也。思之黯然!"①繁忙的工作对他本已虚弱的身体造成了严重的损害,以至倒在这一工作岗位上。傅斯年去世后,台大师生为继承傅斯年的遗志,以他所题"敦品、励学、爱国、爱人"为校训,铸"傅钟",修"傅园",编辑、出版《傅故校长哀挽录》《傅孟真先生集》,表达台大人对傅斯年的深切怀念。傅斯年在台大的时间虽短,但他那努力奋进的拼搏精神给台大师生留下的深刻印象,绝非前后任何一届校长所能比。诚如有的论者所指出:"台大校史上,孟真先生虽非创校校长,但在常规及制度之设立上,恐无人能出其右。"②傅斯年是真正的台大之父!

五、傅斯年著作的整理、出版

傅斯年在其生前仅有两部著作出版单行本,一本是《东北史纲》第一卷,一本是《性命古训辨证》。其他著述,如在中山大

---

① 傅斯年致张其昀信,具体日期不详,时间应在1950年下半年。转引自那廉君:《傅孟真先生轶事》,原载1969年12月台北《传记文学》第15卷第16期。

② 李东华:《勋绩尽瘁,死而后已——傅斯年先生在台大》,载1996年11月《台大历史学报》第20期,第136页。该文对傅斯年在台大的制度建设和校务处理,有详细讨论,本文不赘。

学、北京大学教学的讲义稿生前并未整理出版;所写论文、序跋、书评则以单篇的形式见诸各种报纸、期刊,其中学术论文大都发表在《国立中央研究院历史语言学研究所集刊》和所内刊物上。

傅斯年著作的系统整理和出版是在其去世以后。大规模的整理出版先后有三次,均在台北进行。第一次是1952年12月台湾大学出版的《傅孟真先生集》(6册),由胡适作序,分上、中、下三编,上编(第1册)所收之文,自傅斯年在北京大学读书时代起,迄于欧洲留学归国止;中编(第2—4册)所收皆学术性质论著,包括学术论文、专著、讲义稿;下编(第5—6册)所收为时论及杂著。编辑凡例称,"《东北史纲》一书,因非先生一人手笔,兹未收入。"①但实际出于其他原因,应收而未收者还有,如上编应收之《社会革命——俄国式的革命》、下编应收之《宋子文的失败》《论豪门资本之必须铲除》等。至于漏收者则更多。诚如编者所称,傅先生"平生为文,往往随手抛置,不自珍惜,故搜集匪易"②。

第二次是1967年1月台北文星书店出版的《傅斯年选集》(10册)。说是选集,但较前此出版的《傅孟真先生集》增收了43篇。文星书店倒闭后,文星版的《傅斯年选集》版权,嗣转归传记文学社所有。

---

① 《傅孟真先生集》编辑凡例,《傅孟真先生集》第1册,台北:台湾大学,1952年12月版,第1页。
② 同上。

第三次是1980年9月台北联经出版事业公司出版的《傅斯年全集》(7册),由傅斯年遗孀俞大綵作序,各册内容如次:第一册收《中国古代文学史讲义》《〈诗经〉讲义稿》。第二册收《史学方法导论》《〈史记〉研究》《战国子家叙论》《性命古训辨证》四种。第三册收学术论文、序跋。第四册为文史评论集。第五册为政治评论集。第六册收有关教育之论文。第七册收杂文、书信。书后附有俞大綵的《忆孟真》、傅乐成的《傅孟真先生年谱》和陈槃所作的后记。此版不仅较《傅斯年选集》在篇幅上有新的扩充,新收文字9篇;而且在编校质量上亦有很大改进,校改原《傅孟真先生集》所存误排、脱落达700余字。

此外,1995年底,为纪念傅斯年诞辰一百周年,王汎森先生、杜正胜先生编辑的《傅斯年文物资料选辑》,由台北"中研院"史语所出版。此书主要分两部分:第一部分为生平文物资料选,收集傅斯年本人的照片和相关文物的图片。第二部分为友人致傅斯年的书信影印件,共三十八件。据编者《前言》称,现存"中研院"史语所的"傅斯年先生档案",约五千多件,分五箱保存在台北"中研院"史语所,内中傅斯年的部分来往书信及其遗稿已整理出版。

大陆自20世纪90年代以来,陆续出版傅斯年的著作。1996年2月天津人民出版社出版《傅斯年选集》,收录傅斯年文字近30万字。同年8月河北教育出版社出版《中国现代学术经典丛书·傅斯年卷》,篇幅与前书差不多,只是前书选文包括学术、教育、时论诸项,此书仅收学术类著述。2002年8月河北教育出版社出版了傅斯年著《民族与古代中国史》,选目实与《中国现代学术经典丛书·傅斯年卷》基本雷同。此外,各种丛书中刊收的傅斯年著作有:1997年辽宁教育出版社出版的"新世纪万有文库"中的《史料论略及其他》,同年上海学林出版社出版的《人生问题发端》,1998年浙江人民出版社出版的《出入史门》,2001年中国青年出版社出版的《傅斯年学术文化随笔》。这四种均为编者所编的傅斯年著作,篇幅约十余万字不等。

此次出版的《傅斯年全集》按内容和体裁计分7卷。各卷依次为:第1卷早年文存(1918—1926年),第2卷学术专著,第3卷学术论文,第4卷时评政论,第5卷教育、文化、医学、人物、诗歌,第6卷工作报告,第7卷书信(后附年谱简编)。在台北联经版基础上,此次所收文内容又有较大篇幅的新的扩充,新增内容包括:第1卷新收傅斯年早年文章11篇,篇目为:《致蔡元培:论哲学门隶属文科之流弊》《社会革命——俄国式的革命》《新生活是大家都有一份的》《讨论"的"字的用法》《再申我对于"的"字用法的意见》《时代与曙光与危机》《欧游途中随感录·(一)北京上海道中》《青年的两件事业》《美感与人生》《留英纪行》《要留学英国的人最先要知道的事》。第2卷增收《东北史纲》(第1卷)。第3卷新增学术论文六篇,篇目为:《〈语言历史研究所周刊〉发刊词》《致〈史学杂志〉编辑先生函》《中西史学观点之变迁》《戏论》《向达〈论敦煌千佛洞的管理研究以及其他连带的几个问题〉一文案语》《论李习之在儒学性论发展中之地位》。第4卷新增在国民参政会提案、政论、谈话22篇,篇目为:《关于九国公约会议之意见》《请政府加重救济难民案》(1938年)、《英美对日採取经济报复之希望》《政治之机构化》《在参政会提案》(1939年)、《拟请政府制定〈公务员回避法〉案》《在国民参政会第三次大会关于财政的提问》《在国民参政会第三次大会关于内政的提问》《在国民参政会第三次大会关于经济的提问》《请严禁邪教,以免动摇抗战心理案》《为鲁省去岁迭遭水旱风雹蝗螂之害灾情惨重,民不聊生,拟请政府迅拨巨款从事赈济案》《鲁省灾情惨重拟请中央加拨巨款迅放急赈并实施根本救济办法以拒灾黎而固国本案理由》《在国民参政会第三届第三次大会的口头询问》《关于财政问题在国民参政会的质询》《彻查中央银行中央信托局历年积弊严加整顿惩罚罪人以重国家之要务而肃官常提案》《谈北大不聘伪教职员》(1945处11月27日)、《关于"一二·一"惨案的谈话》(1945年12月7日)、《对〈世界日报〉记者谈:不用伪北大人员,要替青年找第一流教授》(1945年12月8日)、《我们对于雅尔达秘密协定的抗议》《谈北大复校》(1946年5月21日)、《宋子文的失败》《论豪门资本之必须铲除》。第5卷新增课程纲要、试题、传记、题词、诗歌10篇,篇目为:《史学方法导论课程纲要》《中国古代文学史课程纲要》《中国上古史单题研究课程纲要》《汉魏史择题研究课程纲要》《追忆王光祈先生》《段绳武先生传》《为子傅仁轨书文天祥〈正气歌〉、〈衣带赞〉诸诗题跋》《为子傅仁轨纪念册题词》《悲歌》《赠张紫树》;台大校长布告、启事则全为此次新收。第6卷所收工作报告全为此次新收。第7卷增收书信达二百余封,函目不赘。这些信函的原始出处主要来自中国社会科学院近代史研究所、南京中国第二历史档案馆和台北"中研院"史语所。它们有的已发表在海内外报纸杂志上,有的则尚未公开,经挖掘出来首次利用。

傅斯年的著作在海内外已有各种版本行世,此次整理、编辑《傅斯年全集》采取以原始发表版本为底本,以联经版《傅斯年全集》为参校的办法,在编校上又有许多新的改进。我们期待,这套新的《傅斯年全集》的出版,能为海内外学人进一步了解傅斯年先生一生志业及其理想提供便利。

2003年8月25日于北京海淀蓝旗营

(原载2004年1、2月台北《传记文学》2004年第84卷第1、2期,收入欧阳哲生主编:《傅斯年全集》第1卷,长沙:湖南教育出版社,2003年9月版)

贰　傅斯年政治思想片论

傅斯年不是政治家,但在民国的政治生活中却有几次非同寻常的表现,如担任"五四"学生游行总指挥,炮轰孔祥熙、宋子文,在二战后处理东北问题上率先与苏俄抗辩,这样的大动作绝非一般政客所能为,或所敢为,傅历来以敢言力谏震撼政坛,时人有"傅大炮"之誉。傅斯年也非政治思想家,他对政治所发表的议论,很难说构成一个缜密、系统的思想体系,在中国现代政治思想史上,我们可以找到胡适的位置,但却找不到专论他的章节,我想这样的处理也不是没有道理。傅斯年有自己的政治抉择,有自己的政治主张,也有自己对政治特有的感觉和把握,他与政治关系之密切及对政治把握之纯熟,决不可以一介书生等闲视之。傅斯年与政治的这种特殊而微妙的关系,成为我们理解他个人风貌的一个重要侧面。

有趣的是,对傅斯年与政治的关系,鲜见有人专文论及。胡适、傅乐成、王世杰在论及傅斯年时曾有零星的涉及。① 大陆唯一的一本传记《傅斯年：大气磅礴的一代学人》在某些章节亦有评述。② 总的来说，这仍是一个欠缺系统讨论的问题。造成这一情形的原因有三：一是傅斯年毕竟是一个学者，论者也许不愿将他与政治的关系过地渲染；二是如接触这一问题，无疑将触及一些敏感、忌讳且可能引发政党争议的问题；三是一些有关的档案资料仍未公开，主要是涉及傅斯年与国民党上层关系的材料，故我们很难知道其中的内幕和细节。

尽管如此，在1980年台北联经出版公司出版的《傅斯年全集》(7册)中，我们可以看到，其中第5册所收是傅斯年的时评政论，而在书信一册，亦有不少与政治相关。就笔者所见而言，这也不是傅斯年政论的全部，此书所未收者可分两种情形：一类是有意未收，如《社会革命——俄国式的革命》③、《论豪门资本之必须铲除》《宋子文的失败》④，一类是漏收，如傅斯年在国民参政会上的质询发言和提案等。所有这些成集或分散的材

---

① 参见胡适：《傅孟真先生的思想》，收入《胡适作品集》第25册，台北：远流出版公司，1986年版。傅乐成：《傅孟真先生的民族思想》，载1963年5、6月台北《传记文学》第2卷第5、6期。王世杰：《傅(孟真)先生在政治上的二三事》，载1976年1月台北《传记文学》第28卷第1期。

② 参见岳玉玺、李泉、马亮宽：《傅斯年：大气磅礴的一代学人》，"二、新文化运动的弄潮儿""六、书生报国""八、浊世清流"等节，天津：天津人民出版社，1994年3月版。

③ 作者按：编者有意不收此文，大致原因可能有二：一是作者赞扬了俄国十月革命，这一态度虽与后来相背，但编者有为尊者讳之意；二是出版政治环境的限制。

④ 作者按：此二文之未收，可能是顾及对宋家和国民党上层的影响。

料,多少能为我们研究傅斯年的政治思想提供一些线索。

傅斯年与政治关系密切者可分为三个时期:一是五四时期,二是30年代至抗战时期,三是抗战后至其去世,每个时期他议政参政的内容大不相同。应当说明,我这里所讨论的傅斯年的政治思想,因篇幅所限,仍不过是截取他重要的片断。为凸显傅斯年的个性,在此又以胡适为比较对象作一辅线,以显现两者之异,其中并不寓含褒贬之意,只是想说明,这对被人们常常并联在一起的两个人物,其实在政治上是多么的不同。

一、"五四式的激情"

1919年1月1日《新潮》创刊,这是北大学生社团新潮社的社刊,其作者队伍以社员为主。傅斯年作为新潮社的发起者和主要骨干,是该刊不具名的主编。在该刊,他发表了大量的文章,其内容大致可分为两类:一类是文化学术方面的,一类是有关社会问题和时事的评论。后一类文章的篇目有:《万恶之原》《社会革命——俄国式的革命》《去兵》《心气薄弱之中国人》《自知与终身事业》《社会——群众》《社会的信条》《破坏》《朝鲜独立运动中之新教训》《一段疯话》《中国狗和中国人》等。这些文章很难说表达了一致的思想,有些观念可能是相互矛盾的,但基本上是新文化运动这一浪潮激荡、冲刺的结晶,是青年傅斯年"五四式激情"的表现,构成"五四"运动这一特殊情境的一种现象。

这里所说的"五四式的激情"有其特定的含义。首先,对国家、民族、社会和人类有强烈的使命感和责任心,所谓"吾曹不出如苍生何"。知识分子对自我在社会政治、文化教育甚至整个国家生活中的地位和角色有强烈的主导意识,这是五四那一代人的角色定位。中国传统士人即有干政的传统,东汉的太学生运动、明朝的东林党人、戊戌变法时期的维新派,都曾挺身而出,对国家政治生活产生重大影响。五四运动与前此不同的地方在于,前者仍摆不脱君权的影响,将改革的希望最终寄托在君主一身,而五四时代的知识分子则已具备了自我的主体意识和独立意识。① 其次,对文化思想、社会问题、家庭婚恋、人生教育等问题有着广泛的兴趣,对这些问题的解决抱有探索的勇气,并表现出"借思想、文化以解决问题的方法"的倾向。② 再次,这是一个激情喷发的时代。由于政治制度完成了从帝制向共和制的转变,特别是袁世凯倒台以后,新闻出版的自由在制度上获得了更大的空间,新的报刊、社团如雨后春笋般的出现,借助这些新的媒介,人们大胆放言,抒发自己对新制度、新社会的理想,表现了一种强烈的去旧迎新的革命精神,并往往具有

---

① 关于五四运动与中国历代学生运动的关系,参见唐君毅:《一千八百年来的中国学生运动之历史发展》,收入周阳山编:《五四与中国》,台北:时报文化出版企业有限公司,1990 年 11 月 10 日版,第 691—697 页。

② 参见林毓生:《五四时代的激烈反传统思想与中国自由主义的前途》,收入《中国传统的创造性转化》,北京:三联书店,1996 年 3 月版,第 180—191 页。

浪漫、理想、甚至空想的色彩。① 最后,对社会政治、国家大事的论断以民族利益为最高利益,具有超党派的色彩;对中国问题的观察视域能突破本国的界限,从全球的高度加以思考、透视。作为主流的抉择,现代化是方向,而欧美先进国家则是现代化的样板,对于反思资本主义的弊病的新兴社会主义思潮亦有浓厚的兴趣。

这样一种"五四式的激情"在青年傅斯年身上有典型的反映。在《〈新潮〉发刊旨趣书》中,他就提出《新潮》的四大责任,期望青年

> 去遗传的科举思想,进于现世的科学思想;去主观的武断思想,进于客观的怀疑思想;为未来社会之人,不为现在社会之人;造成战胜社会之人格,不为社会所战胜之人格。

表现了一种张扬个性、领导时代潮流的志趣。他以热烈拥抱的姿态去接受各种外来的新思潮,"今外中国于世界思想潮流,直不啻自绝于人世"②。他的内在世界简直成了各种外来新思潮的跑马场,举凡易卜生的健全的个人主义、尼采的超人哲学、实际主义(即实用主义)的人生观、无政府主义、实证主义等等;在

---

① 关于五四时代的浪漫精神,参见李欧梵:《五四文人的浪漫精神》,收入周阳山编:《五四与中国》,台北:时报文化出版企业有限公司,1990年11月版,第295—315页。
② 傅斯年:《〈新潮〉发刊旨趣书》,原载1919年1月1日《新潮》第1卷第1号。《傅斯年全集》第1卷,长沙:湖南教育出版社,2003年9月版,第79页。

他的文章中随处可见。① 有一些思想虽稚嫩,但却有其片面的深刻一面,如在《万恶之原》中,他认定旧的家庭制度是破坏个性的"最大势力"。② 在《去兵》中,他对现实世界充满"兵"的现象予以抨击,指责其与政治的、社会的、教育的新潮相冲突,要求"把兵变成农工,把兵营变成工厂。把破坏的效用变成建设的效用"③。在《心气薄弱之中国人》中将中国人没有主义,看成是心气薄弱的根本原因。④ 在《社会——群众》中,论定"中国人有群众无社会,并且欢喜群众的生活,不欢喜社会的生活"⑤,在《社会的信条》中,发出"我们必须建设合理性的新信条,同时破除不适时的旧信条"⑥。这些文字都反映他要求变革现实的社会政治、要求振兴中华民族的强烈愿望。

从傅斯年五四时期发表的文字中,我们还可以看出他的许多新思想得自于北大新派教授的指引,其中胡适、陈独秀、李大钊是最重要的三位。胡适是《新潮》的顾问,也是傅斯年在文章

---

① 关于傅斯年接受外来思想的影响,参见岳玉玺、李泉、马亮宽:《傅斯年:大气磅礴的一代学人》"二、新文化运动的弄潮儿"3、4节,天津:天津人民出版社,1994年3月版,第65—90页。
② 傅斯年:《万恶之原》,原载1919年1月1日《新潮》第1卷第1号。《傅斯年全集》第1卷,第105页。
③ 傅斯年:《去兵》,原载1919年1月1日《新潮》第1卷第1号。《傅斯年全集》第1卷,第100页。
④ 傅斯年:《心气薄弱之中国人》,原载1919年1月1日《新潮》第1卷第1号。《傅斯年全集》第1卷,第146页。
⑤ 傅斯年:《社会——群众》,原载1919年1月1日《新潮》第1卷第2号。《傅斯年全集》第1卷,第152页。
⑥ 傅斯年:《社会的信条》,原载1919年1月1日《新潮》第1卷第2号。《傅斯年全集》第1卷,第155页。

中唯一两次点名提及的一个人物,①看得出他的"去兵"思想与胡适所讲的"解决武力"是异曲同工。②他将"中国狗"与"中国人"相提并论,指称二者都"太不专心","把它的使命丢开了。所以教不成材"③。傅斯年的这个比喻,使人们联想起胡适当时的另一句名言——"中国不亡是无天理"④。胡适这句话"不是要人消极,是要人反省;不是要人灰心,是要人起信心;发下大弘誓来忏悔,来替祖宗忏悔,替我们自己忏悔;要发愿造新因来替代旧日种下的恶因"⑤。从这两个实例可以看出,傅受胡的影响主要表现在两个方面:一是反对武力,一是改造国民性。

在《新潮》中,傅斯年的文章中还有另一种倾向,这就是社会革命的思想。在《社会革命——俄国式的革命》一文中,傅斯年对俄国革命充满了希望,他这样说道:"一年以来,我对于俄国的现状绝不抱悲观。我以为这是现代应当有的事情。将来无穷的希望,都靠着他做引子。"⑥"从此法国式的革命——政治革命——大半成了过往的事;俄国式的革命——社会革命——要

---

① 一篇是《去兵》,一篇是《中国狗和中国人》。
② 参见胡适:《武力解决与解决武力》,原载1918年12月15日《新青年》第5卷第6期。《胡适文集》第12卷,第711—713页,北京:北京大学出版社,1998年11月版。
③ 《中国狗和中国人》,原载1919年11月1日《新青年》第6卷第6号。《傅斯年全集》第1卷,第298页。
④ 参见《信心与反省》,《胡适文集》第5册,北京:北京大学出版社,1998年11月版,第389页。
⑤ 胡适:《信心与反省》,《胡适文集》第5册,第389页。
⑥ 傅斯年:《社会革命——俄国式的革命》,原载1919年1月1日《新潮》第1卷第1号。《傅斯年全集》第1卷,第109页。

到处散布了。"①在《〈新潮〉之回顾与前瞻》一文中,傅又说道:"近两年里,为着昏乱政治的反响,种下了一个根本大改造的萌芽。现在仿佛像前清末年,革命运动、立宪运动的时代一个样,酝酿些时,中国或又有一种的平民运动。"②傅斯年虽未引证这些观点出自何处,但看得出来,他是受到陈独秀、李大钊的影响。

从傅斯年五四时期的言论看,他的政治思想与同时期许多充满激情的青年知识分子一样尚未定型。一般来说,现代中国知识分子的思想形成有两种可能的途径:一条是出国留学或考察,通过对欧美、日本等先进国家的实地观察,找到中国社会政治的样板,从而确立起自己的政治信仰,此一类人以胡适、瞿秋白为代表,胡适可以说是"美国经验"的受惠者,他终身对美国式的自由主义价值观念都深信不疑;瞿秋白则是受到"苏俄革命"震撼并走上共产主义道路的代表,他们俩虽选择的模式迥异,但其思想定型之与其留洋经历有关并无二致。一条是在改造中国社会政治的实践中不断思考和探索,最终确立自己的政治信念。毛泽东是这一类人的一个代表人物。五四时期的傅斯年尚不具备这样的条件,接受、消化新思想、新主义还来不及,遑论自我确立一种坚定的政治思想信念。对此,他自己亦有所体认,正是带着对世事茫茫的凋怅,傅斯年走向欧洲求学,在前

---

① 傅斯年:《社会革命——俄国式的革命》,原载 1919 年 1 月 1 日《新潮》第 1 卷第 1 号。《傅斯年全集》第 1 卷,第 110 页。
② 《傅斯年全集》第 1 卷,第 295 页。

往英国途中他如是写道：

> 一个不曾走过许多地方，一个不曾知道各地方社会情状的人，原来没有作游记，而且把游记发表出来的资格。一个只学了"哑子英语"并且没有同欧洲人交际的人，在欧游途中，更没发表游记的资格。……我这次往欧洲去奢望甚多，一句话说，澄清思想中的纠缠，炼成一个可以信赖过的我。①

这是在经历了一个轰轰烈烈的伟大运动以后的自我反省，也是重新寻找出路的一个新的起点。

二、民族主义与正统意识

1919年秋至1926年冬，傅斯年怀着满腔希冀在欧洲留学，现有的材料看不出他在这段时期对政治有很大的兴趣，这一点与胡适截然不同。胡适在美留学时，生活富有保障，是一个积极参与美国社会政治生活，与美国社会打成一片的留学生。但令傅斯年困窘的是，生活本身就是一件艰难的事，他为筹措学

---

① 傅斯年：《欧游道中随感录》，收入王汎森、杜正胜编：《傅斯年文物资料选辑》，台北："中研院"史语所，1995年12月版，第35页。

费和生活费用,常常向周围的朋友求助,过着十分寒伧的日子;①而于学业,基本上是呆在学院里忙于应付功课的书呆子,杨步伟借用当时留德中国学生的一个形象说法:傅与陈寅恪是"宁国府大门前的一对石狮子"②。回国后两人的选择也有很大不同:胡适因陈独秀之荐登上了中国最高学府——北京大学,而傅斯年却投身于革命势力的中心——中山大学。

有一种说法,傅斯年在广州时加入了国民党。③ 这种说法目前仍缺乏更多的证据支持。不过,傅之进入俨然是国民党的党校——中山大学,并被委以重任,当然是与得到国民党的信任有关。④ 南京国民政府成立之初,北大派的知识分子如朱家骅、蒋梦麟、罗家伦等一批人随蔡元培进入政府或教育、学术机关,成为行政管理阶层人员,傅斯年也可以说是其中的一员。与朱、蒋、罗等人相对浓厚的党人色彩不同,傅斯年全身心投入专业学术机构——中研院史语所的筹组工作。故我们现在找不到一篇傅斯年在20年代后期发表的时评政论。

---

① 参见罗久芳:《傅斯年留学时期的九封信》,载台北1998年3月1日《当代》第127期。杨步伟、赵元任:《忆寅恪》,原载1970年4月29日《清华校友通讯》第2期。

② 杨步伟、赵元任:《忆寅恪》,原载1970年4月29日《清华校友通讯》第2期。

③ 据何思源先生回忆,何思源(仙槎)将国民党证交给傅斯年,此说现只有孤证,暂备一说。参见何兹全:《忆傅孟真师》,载1992年2月台北《传记文学》第60卷第2期。

④ 据朱家骅回忆,傅斯年进入中山大学,系由他推荐,并与戴季陶、顾孟余商量决定。参见朱家骅:《悼亡友傅孟真先生》,收入《傅故校长哀挽录》,台北:台湾大学,1951年版,第39页。

傅斯年打破沉默,发表自己对时事的意见,是在1932年《独立评论》创刊以后。作为该刊主要作者之一,他自然不能回避自己的言论责任。抗战以前,在《独立评论》和其他两家不具官方色彩的报刊——《大公报·星期论文》《国闻周报》,傅斯年发表了一批时评政论文章,成为傅斯年议政的第二个兴奋期。有的论者将署名"孟真"发表在《文化建设月刊》上的一组文章误归在傅斯年的名下,①其实只要将这些文章的内容与同时期傅斯年发表的文章做一对比,就不难发现前者的文章观点与傅斯年大相径庭,这位"孟真"系中统人员,②据说当时傅斯年曾刊登过启事加以说明。

傅斯年在这一时期发表的时事政论有一个鲜明的特征,就是表现了强烈的民族主义情绪,这与三四十年代中国所面临的尖锐的民族矛盾有关。说到傅斯年的民族主义思想,人们会俯首即拾一些有趣的例子:傅斯年的先祖傅以渐是清朝入关后第一次会试(1646年)的状元,在顺治一朝曾官至大学士之位,素有"开代文章第一家"之称,对于祖宗的这一"荣耀",傅斯年不以为荣,反以为耻,以为这失去民族气节的"光荣"不足挂齿。他为儿子取名仁轨,其意取自中国第一个能在朝鲜对日本兵打

---

① 王汎森、杜正胜编:《傅斯年文物资料选辑》附录二《著述年表》,台北:"中研院"史语所,1995年12月版,第245页。
② 关于另一个"孟真",可参见孟真(万大鋐):《中统与我》,载1992年9月台北《传记文学》第61卷第3期。

歼灭战的唐朝人刘仁轨。①1933年5月,中日签订《塘沽协定》,傅斯年极表反对。6月4日,胡适在《独立评论》发表《保全华北的重要》一文,认为当局一时无力收复失地,赞成华北停战。②傅斯年接阅此文大怒,要求退出独立评论社,胡适为此非常伤感,嗣经丁文江寄长信劝解,傅才打消退社原意。③这些故事都形象地说明傅斯年在关系到国家、民族生死存亡这一大是大非问题上,素以民族大义为重,而不顾及私人情面。

傅斯年的民族主义思想有着多重的表现。史语所建所之初,他就发出"我们要科学的东方学之正统在中国"④的号召,这与胡适主张在学术研究中摒弃、排除民族主义的态度异趣。罗家伦回忆,瑞典的高本汉、法国的伯希和两位西方汉学家"对于中国学问的科学性的造诣,给予了孟真很大的刺激"⑤,成为他鞭策自己、严格治所的一个重要动力。1931年"九一八"事变以后,日寇侵占东北,扶植溥仪成立伪"满洲国",日本学者矢野仁一在《外交时报》(第412号)上撰文称"满蒙藏在历史上并

---

① 参见罗家伦:《元气淋漓的傅孟真》,原载1950年12月31日台北《"中央"日报》。
② 胡适:《保全华北的重要》,原载1933年6月4日《独立评论》第52、53合刊。《胡适文集》第11册,第345—350页。
③ 参见吴相湘:《傅斯年学行并茂》,收入《民国百人传》第一册,台北:传记文学社,1982年2月第2版,第224页。
④ 傅斯年:《历史语言研究所工作之旨趣》,载民国十七年十月《国立中央研究院历史语言研究所工作集刊》第一本第一分。《傅斯年全集》第3卷,第12页。
⑤ 罗家伦:《元气淋漓的傅孟真》,原载1950年12月31日台北《"中央"日报》。

非中国领土"，气焰十分嚣张。傅斯年忧愤交加，组织同人编写《东北史纲》，亲自撰写第一卷，"这部书用民族学、语言学的眼光和旧籍的史地知识，来证明东北原本是我们中国的郡县；我们的文化、种族和这一块地方有着不可分离的关系"①。此书很快在1932年10月出版。又经李济译成英文，送交国际联盟李顿调查团，该团的报告书基本上接受了书中的这一观点。冀察事变发生后，日本支持一些汉奸在华北闹"自治"，亲日的北平市市长萧振瀛在北平教育界的招待会上一席谈话，俨然是为日本招降，"只有适之先生和孟真挺身而起，当面教训萧振瀛一顿，表示坚决反对的态度，誓死不屈的精神"②。在当时北平教育界中，蒋梦麟、胡适和傅斯年在稳定人心、撑持时局方面，的确发挥了核心作用。

傅斯年十分关注中日关系的演变和日寇侵华的步伐，20世纪30年代以后，他在这方面发表了十余篇文章。如果说胡适这时期把写作时评政论作为"日课"，几乎每周都发表与时事有关的评论或演讲；傅斯年的时事评论文章并不为多，他是行多于言。但如细究他的文章内容，每篇都有其独立的旨意所在，都是讨论最紧要的问题。一般人认为傅斯年的民族主义情感继承了中国士大夫讲究民族气节的传统，我想在这一层意义上，还

---

① 陈槃：《怀故恩师傅孟真先生有述》，原载1963年3月台湾《新时代》第3卷第3期。收入王富仁、石兴泽编：《谔谔之士——名人笔下的傅斯年、傅斯年笔下的名人》，上海：东方出版中心，1999年7月版，第55—56页。

② 罗家伦：《元气淋漓的傅孟真》，载1950年12月31日台北《"中央"日报》。

应加上文化上的"华夷之辨"的影响,当然这里的"夷"系指日本,傅斯年在他三四十年代论及中日问题的文章中,对日本的习惯用语是"倭贼""倭奴""倭寇",对投靠日本侵略者的溥仪、汪精卫、罗振玉之流,则贬之为"溥逆""汪贼""罗振玉老贼",他的态度之鲜明,以致他从不愿意采用比较中性的一些名词来称呼对方,表现了一种在文化上轻蔑敌方的倾向。陈之迈称当时文人中有三人最懂军事,即张季鸾、丁文江、傅斯年。① 此话并非虚言。读一遍《地利与胜利》《抗战两年之回顾》《我替倭奴占了一卦》等文,可见他对中日战局之分析独具心得;而他在《战后建都问题》一文中力主抗战胜利后还都北平之分析,②应当说也是极具远见的看法。

傅斯年的民族主义思想还反映在战后对文化汉奸的处置上。当时国民政府派沈兼士、陈雪屏先期到北平处理接收教育机构的事宜,他们在处理伪北大教职员时态度相对和缓,沈兼士、陈雪屏甚至具文上呈国民政府南京高等法院为周作人说情。③ 傅斯年的态度比较强硬,他两次声明坚定表示北大决不延聘任何"伪北大"教职人员,④引发了一些担任过伪教职人员

---

① 陈之迈:《关于傅孟真先生的几件事》,载 1976 年 3 月台北《传记文学》第 28 卷第 3 期。
② 傅斯年:《战后建都问题》,原载 1943 年 11 月 29 日重庆《大公报》。《傅斯年全集》第 4 卷,第 244—252 页。
③ 见《沈兼士等为周作人案呈国民政府首都高等法院文》,收入《胡适来往书信选》下册,香港:中华书局,1983 年 11 月版,第 613—615 页。
④ 《傅斯年谈话北大不聘伪教职员》,载 1945 年 11 月 28 日《大公报》。《作个不折不扣榜样,确保干干净净声誉》,载 1945 年 12 月 7 日《申报》。

的不满。周作人后来著回忆录,对傅仍耿耿于怀,所忆北大旧人中,惟对傅斯年恶语讥评,极尽挖苦之能事,①实不足为据。虽说抗战胜利,傅斯年当时在这一问题上因坚守原则,颇承受了不少来自各方面的压力,"伪北大"的教职员、学生滋事相扰,朋友们说情,他丝毫不更移自己的立场。笔者最近发现了两封大约在1945年11月傅斯年给沈兼士、朱家骅的电报,与当时处理"伪北大"学生问题有关,现抄录如下:

> 沈特派员兼士转朱教育部长铁密,今日报载中央社稿,伪校学生甄审办法有动,无任惶骇,欲取得北大学籍之学生,无论来自何方,均勿由北大行考试,教部不能以伪校之成绩强来分发。究竟如何办,祈示!发,乞慎重。傅斯年。②

> 沈兼士先生转朱部长:郑毅生兄等来信,知伪北大学生多所要求,弟意处理伪北大应与伪中大同,不宜迁就,必求一致。部令必须贯彻,部中对彼等宜多劝导,解释多种办法,皆为结束伪局,重视学业之故。若彼等期正式入北大,先闹风潮而有所得,以后学风不可复回,于是北大真亡矣!弟日抵渝,并闻。傅斯年叩。戌。③

---

① 周作人:《新潮的泡沫》,载1950年6月14日《亦报》,署名鹤生;《傅斯年》,载1951年1月13日《亦报》,署名鹤生。
② 《致沈兼士、朱家骅》(电),《傅斯年全集》第7卷,第298页。
③ 同上注,第298—299页。

看得出他在处理"伪北大"的学生遣留问题时,也是讲究原则,并不像一些论者所想象的那样比较宽容。1948年3月9日在回答征询有关中央研究院院士候选人名单意见时,傅斯年仍提请有关人员注意这一问题。"闻上次会,对于曾在伪校教书,或曾任伪职者不列入,(据夏君信)今此名单上,显尚有之(如医学或不止一人)。此事究应如何决定,斯年不贡献意见,但须一致,未可厚此薄彼也。此事敢请细细考虑。"①足见傅斯年对于这一问题的考量之重视。

傅斯年的民族主义思想构成其整个政治思想的底色,究其形成,主要有三个来源:一是传统思想的滋养,在对待传统文化资源这一方面,与经过新文化洗礼的同时代人一样,傅斯年有过极其激烈的言辞,他对"中医"之不当批评,即是最明显的一例。② 但他对千百年来经过提炼、升华,且为一代又一代优秀士人传承和弘扬的优良传统,如讲究气节,节操,他是认同的。故臧否历史人物,他每以此作为论列之标准。诸葛亮、文天祥、谢枋得、顾炎武、王夫之这些人物正是在这一点上被傅称赞备至。③ 二是受章太炎的"排满反清"思想的影响。人们都知道,

---

① 《傅斯年致朱家骅、翁文灏、胡适、萨本栋、李济》1948年3月9日,南京二档:三九三—135。收入《傅斯年全集》第7卷,第346页。

② 傅斯年:《所谓"国医"》,原载1934年3月5日《大公报》;《再论所谓"国医"》,原载1934年8月26日、9月16日《独立评论》第一一五、一一八号。两文均收入《傅斯年全集》第5卷,第431—447页。

③ 关于傅斯年对历史人物的评价,参见傅乐成:《傅孟真先生的民族思想》"一、历史人物的评价",载1963年5月台北《传记文学》第2卷第5期。

早年在北大读书时,傅斯年曾受到章太炎弟子黄侃的赏识,并被作为传人来培养,后因胡适的到来,傅斯年转投胡的"文学革命"旗下,成为北大国文系学生中主张白话文最烈的一个代表,有人甚至怀疑他的动机。其实傅在民族思想这一方面,仍保留了章门的影响,他之不满于先祖投靠满清,即表明他仍有强烈的排满思想,这可以说是章太炎的遗风所在。30年代,日本帝国主义扶持傀儡溥仪建立"满洲国",自然更激发起傅斯年的历史记忆。他称溥仪为"溥逆",称罗振玉为"老贼",可以说是这种历史记忆的承传。三是外来民族主义的影响。傅斯年20年代在德国留过学,德国是一个民族主义情绪比较强烈的国度,生活在此地,不能不受此地民风民俗的熏染。在中国近代留学生史上,留学生往往因留学国度不一,其思想风貌差别很大。美国人轻松、幽默,法国人富有浪漫、理想的情调,英国人保守而具绅士风度,德国人严肃而务实,日本人的武士道精神,多少会在留学生的思想世界中刻留痕迹。这就是何以去英、德留学的傅斯年与去美国留学的胡适思想性格有所不同的原因之一。留美的胡适早年深受美国思想界的世界主义、和平主义的影响。对此,他在晚年的口述自传中有明白的交代。① 傅斯年留学德国时,正是德国民族主义潜滋暗长之时,可以说他完全与世界主义、和平主义这一套"美国经验"无缘。

---

① 参见唐德刚译注:《胡适口述自传》"第四章 青年期的政治训练",台北:传记文学出版社,1986年第2版。

细加分析，傅斯年的民族主义思想，其实还遗留着正统的观念和大汉族主义的思想。他褒扬对汉室尽忠的诸葛亮，为宋朝赴义的文天祥、谢枋得，为大明守节的黄道周、顾炎武、王夫之，贬责逢迎满人、"献谀东胡"的黄宗羲，不齿投靠满清的钱谦益和自己的先祖傅以渐，可以说都是其正统观念在历史领域的体现，①这一点他和另一位史学名家陈寅恪实在并无区别。在中华民族遭受外敌凌辱之时，两人都有着共同的文化遗民情结和历史正统遗绪。只不过，傅斯年在面临现实政治抉择时，他的正统观念继续发生作用，对国民政府尽职尽忠，做蒋介石的"诤友"，以报其知遇之恩；而陈寅恪则充满了对这个政权的厌恶，多了一重名士情节，表现出对当局的极端冷漠。②傅斯年虽然亦有名士情节，但他更多的表现在对豪门资本的抗衡上，故傅斯年与国民党（国民政府）的关系是有着"诤"与"抗"的两面表现。

在处理国内民族问题时，傅斯年明显倒向民族融合的政策。1935年12月，日寇进逼华北，唆使汉奸煽动"华北自治"，在此危急形势下，傅斯年发表了《中华民族是整个的》一文，明确表

---

① 参见傅乐成：《傅斯年先生的民族思想》，载1963年5、6月台北《传记文学》第2卷第5、6期。

② 有关陈寅恪对国民党当局及蒋介石的态度，参见其1940年所作《庚辰暮春重庆夜宴归作》一诗，收入《陈寅恪集·诗集》，北京：三联书店，2001年5月版，第30页。另见邓广铭：《在纪念陈寅恪教授国际学术讨论会闭幕式上的发言》，收入《邓广铭学术文化随笔》，北京：中国青年出版社，1998年4月版，第213—215页。

示：" 我们中华民族，说一句话，写一种字，据同一的文化，行同一伦理，俨然是一个家族。也有凭附在这个民族上的少数民族，但我们中华民族自古有一种美德，便是无歧视小民族的偏见，而有四海一家之风度。"①敦请"负责当局，应以国家民族的立场，把背叛国家的败类，从严防范，尽法惩治！"②为处理好国内民族关系问题，傅斯年与顾颉刚、费孝通还有过一番讨论，他主张谨慎地使用"边疆""民族"这两个名词，力陈"中华民族是一个"的大义。③ 为此，他还留有一部未完成的遗稿——《中国民族革命史》，认定历史上的中国民族有四大特点："一、中国民族者，不以侵略人为是，而亦不甘侵略之民族也。""二、中国民族者，虽亦偶为人灭其国，却永不能为人灭其民族意识，纵经数百年，一旦得环境之迁易，必起而解脱羁绊也。""三、中国民族者，永不忘其失地者也。""四、中国民族，虽有时以政治紊乱故，顿呈虚弱之象，然一旦政治有方，领导得人，可由极弱变为极强。""识此四义，以瞻望将来，则我民族之人，但能同心协成，竭力自奋，将来之光明，必有不减于汉唐之盛举也。"④对中华民族的前途充满了信心。

---

① 傅斯年:《中华民族是整个的》，原载1935年12月15日《独立评论》第181号。《傅斯年全集》第4卷，第125页。
② 同上书，第127页。
③ 1939年傅斯年致顾颉刚信，参见傅乐成:《傅斯年先生的民族思想》，原载1963年5、6月台北《传记文学》第2卷第5、6期。
④ 傅斯年:《中国民族革命史》(未完稿)，转引自傅乐成:《傅斯年先生的民族思想》，原载1963年5、6月台北《传记文学》第2卷第5、6期。

在国内政治方面,傅斯年表现了一种偏袒主流政治的立场。这里不妨举三个例证:其一,在《独立评论》讨论国内政治时,傅斯年发表的《中国现在要有政府》一文,提出"此时中国政治若离了国民党便没有了政府"①,对当时独立评论社同人中所表达的民主、宪政诉求未置一词。四十年代他发表的有关五四的两篇文章,即:《"五四"偶谈》《"五四"二十五年》②,主要也是讨论科学,而对民主可谓一笔带过。之所以在这一时期傅斯年避谈民主,显然表明他与游离于国民党之外的自由主义者有一定思想距离。其二,西安事变发生后,他破例在官方报纸《中央日报》上发表的《论张贼叛变》《讨贼中之大路》两文和后来发表的《西安事变之教训》一文③,明确反对张学良的"兵谏",以为张"自坠长城",更是表达了一种维护中央政府权威的声音。抗战以后,他与蒋介石能够建立比较密切的个人关系,甚至直接上书弹劾孔祥熙,并获信任,与他在这一事变中的表态应有一定关系。其三,在这一时期,傅斯年从未参加任何政治异议活动,他与蔡元培、胡适两人关系虽密,但他却既未卷入胡适领导的人权论战,也未参加蔡先生领导的中国民权保障同盟。当

---

① 傅斯年:《中国现在要有政府》,原载1932年6月9日《独立评论》第5号。《傅斯年全集》第4卷,第12页。
② 傅斯年:《"五四"偶谈》,载1943年5月4日重庆《中央日报》;《"五四"二十五年》,载1944年5月4日重庆《大公报·星期论文》。
③ 傅斯年:《论张贼叛变》,原载1936年12月16日《中央日报》;《讨贼中之大路》,原载1936年12月21日《中央日报》;《西安事变之教训》,原载1937年2月《国闻周报》第14卷第7期;三文均收入《傅斯年全集》第5册,台北:联经出版事业公司,1980年9月初版。

时,中央研究院的一些重要骨干,如杨杏佛、林语堂,甚至胡适、李济等也加入了这一组织,但傅斯年没有参与这些活动。傅斯年做出这一抉择,一方面表明他与国民党的主流派有一定关系,至少是持合作的态度;一方面也说明他更多的将注意力放在民族矛盾上,因而对国内政派纷争持谨慎乃至回避的态度。

三、民主社会主义的抉择

20世纪中国知识分子都面临"主义"选择的困扰,深切关怀政治的傅斯年自不例外。关于傅斯年的思想定位,一直有不同说法。罗家伦说:"孟真反对唯物史观,可是他主张经济平等,消除贫富界限。他自称为主张自由社会主义的人。他不曾有任何经济学说和制度的系统,不过他这种经济平等的观念是很对的。"① 程沧波说:"如果胡适之是一个'保守的自由主义者',那末,傅孟真是一'急进的保守主义者'Radical Conservation。""去年(作者按:指1950年)在台北,有一个下午我们大辩论资本主义与社会主义,他口口声声是赞成社会主义,但他骨子里是一个自由主义,自由主义与社会主义终有一天会调和而混合的。"② 陶希圣回忆,40年代末,他在南京会见傅斯年,傅对他

---

① 罗家伦:《元气淋漓的傅孟真》,载1950年12月30日台北《"中央"日报》。
② 程沧波:《记傅孟真》,原载台北《新闻天地》第156号;又见王富仁、石兴泽编:《谔谔之士——名人笔下的傅斯年、傅斯年笔下的名人》,上海:东方出版中心,1999年7月版,第88、91页。

说:"适之是自由主义者,我是自由社会主义者。"①何兹全先生回忆说,40年代,他与傅斯年谈到国家前途时,"傅先生说:'我的理想是民主＋社会主义'"②。而吴相湘先生则认定:"论者有谓胡适乃'保守的自由主义者'(Conservative Liberal),傅斯年为'急进的自由主义者'(Radical Liberal)。可谓允当。"③从上述论者的看法可以见出,大家都以为傅斯年与胡适的政治理念有所区别,这种区别主要表现在傅斯年思想里包含了社会主义因素。

傅斯年明确表达他的政治理念是在抗战即将结束时发表的两篇时评中。一篇是为悼念美国总统罗斯福逝世而发表的《罗斯福与新自由主义》一文,在这篇文章中,傅斯年从罗斯福"新政"引申出新自由主义这一话题,他对罗斯福的政绩作了评论:

> 他就任美国大总统时,正值空前的商业不景气,他推行"新政"——其中实在含有温和而有效的社会主义成分——安定了民生,更继续不断的创造些有利大众的制法……在他的伟大贡献中最伟大的是什么?各人的重点不同,答案

---

① 陶希圣:《傅孟真先生》,原载1950年12月23日台北《"中央"日报》;又见王富仁、石兴泽编:《谔谔之士——名人笔下的傅斯年、傅斯年笔下的名人》,上海:东方出版中心,1999年7月版,第65页。

② 参见何兹全:《忆傅孟真师》,原载1992年2月台北《传记文学》第60卷第2期。又见《谔谔之士——名人笔下的傅斯年、傅斯年笔下的名人》,上海:东方出版中心,1999年7月版,第198页。

③ 吴相湘:《傅斯年学行并茂》,收入《民国人物传》第1册,台北:传记文学出版社,1982年10月第2版,第221页。

必不一致,我的答案是,他给自由主义一个新动向,新生命,并且以事实指证明白,这个改造的、积极的新自由主义有领导世界和平与人类进步的资格。

所谓"新自由主义"之"新"的含义在哪里呢?

美国的政治传统,本是自由主义,不待说,但传统的自由主义到今天太多保守性,例如"财产自由",竟是其他一切自由的障碍。罗斯福总统在第一第二两任总统时推行的一切社会立法,即所谓"新政"者,虽不揭社会主义之名,也并不是强烈性的社会主义,却是一个运用常识适合国情的对资本主义现状之严重修正案,其中实在包涵着不少温和的社会主义成分。

这一成分则是"免于匮乏的自由",在傅看来:

人类的要求是自由与平等,而促成这两事者是物质的和精神的进步。百多年来,自由主义虽为人们造成了法律的平等,却帮助资本主义更形成了经济的不平等,这是极可恨的。没有经济的平等,其他的平等是假的,自由也每不是真的。但是,如果只问平等,不管自由,那种平等久而久之也要演出新型的不平等来,而且没有自由的生活是不值得生活的,因为没有自由便没有进步了,所以自由与平等不可偏废,不可偏重,不可以一时的方便,取一舍一。利用物质的进步(即科学与经济)和精神的进步(即人之相爱心而非相恨心),以促成人类之自由平等,这是新自由主义的使命。"①

在这里,傅斯年明确提出了自由主义应该接受社会主义"经济平等"的概念。

另一篇文章是《评英国大选》。在他看来,战后英国工党在大选的胜利表明"英国人民之决心倾向温和的社会主义是毫无可疑了"②。保守党因仅仅抄袭一战后路易·乔治混合政府的老调,为英国选民所抛弃;工党"却拿出了一个明晰的、具体的社会经济方案,这方案比罗故总统的新政更多好几倍的含了社会主义,例如矿产国有,钢铁国有,内地交通国有,土地国管,银行国管,物资继续实行管制分配制等等,毫不含糊的是一个温和社会主义制度。工党的社会主义,是不革命性的,因为工党是个宪政党,不是革命党而且其本身最大力量出自工团(Trade Unions),在各种社会主义中最富保守性,这是使英国工党永不会与英国共产党合作的,虽然后者屡次要求入党"③。傅斯年认为,这种试验曾在欧洲西北部的小国颇有成功,然在像英国这样的一等大国实行,是历史上的第一次,故"这个选举是有世界

---

① 傅斯年:《罗斯福与新自由主义》,原载 1945 年 4 月 29 日重庆《大公报》。《傅斯年全集》第 4 卷,第 289—294 页。
② 《评英国大选》,原载 1945 年 7 月 30 日《大公报·星期论文》。《傅斯年全集》第 4 卷,第 295 页。
③ 《评英国大选》,《傅斯年全集》第 4 卷,第 297 页。

意义的"。从这个事件,傅斯年联想到中国,"就理论言,国父中山先生之民生主义,实在是温和的,合于中国现状的社会主义。中英国情不同,他们当前要解决的问题是工业,我们要解决的问题是农民,问题虽不同,而其为温和的社会主义的方案则同"①。他把温和的社会主义,亦即英国工党式的社会主义看作是社会主义的样板,以区别于苏联模式。

> 我平生的理想国,是社会主义与自由并发达的国土,有社会主义而无自由,我住不下去,有自由而无社会主义,我也不要住。所以我极其希望英美能作成一个新榜样,即自由与社会主义之融合,所以我才对此大选发生兴趣。②

从傅斯年对罗斯福新政和英国大选的赞扬中,我们可以看出他思想的一个明显倾向,就是自由主义和社会主义的融合,也就是政治自由与经济平等的结合。这与他在文化上鲜明的思想个性似有不同。在当时一般人看来,资本主义的优长是自由,而社会主义的优越则在平等,能获得这两者之长,是一种至为理想的境界。傅斯年所期于战后中国的也就是这样一种制度的建构。

为什么要选择这样一种发展模式?这一方面与傅对苏俄的

---

① 《评英国大选》,《傅斯年全集》第 4 卷,第 298 页。
② 同上书,第 299 页。

看法有关。从民族利益出发,他无法容忍苏联对中国继续实行其帝俄时代的沙文主义强权政策,尤其是对战后苏联力图攫取东北的特殊权益极为愤慨,为此,他曾发表《中国要和东北共存亡》《我们对于雅尔达秘密协定的抗议》(与人联名发表)等文,明确反对苏联在中国东北恢复其帝俄时代的特权,傅可以说是战后一马当先的反苏斗士。因此,在中外关系处理方面,他显然与胡适一样属于亲英美派的代表。另一方面,傅斯年并不看好资本主义经济因自由竞争而出现的贫富两极分化现象,他评价美国的罗斯福新政和英国工党赢得大选的历史意义,赞扬其中所包含的社会主义因素,其用意即在于此。对于中国的现状,他对官僚资本膨胀更是深恶痛绝,坚决要求铲除"豪门资本"。

抨击中国官僚资本的总代表宋子文,是傅斯年战后在政治上引人注目的大手笔。抗战时期,他曾以无党派人士参加国民参政会。作为一名参政员,傅斯年积极提出条陈建议,如《请政府加重救济难民之工作案》①《拟请政府制定〈公务员回避法〉案》②《请严禁邪教,以免摇动抗战心理案》③《彻查中央信托局

---

① 《国民参政会第一次大会纪录》,国民参政会秘书处编印,1938年9月,第63、204—205页。
② 《国民参政会第三次大会纪录》,国民参政会秘书处编印,1939年4月,第64—65页。
③ 《国民参政会第五次大会纪录》,国民参政会秘书处编印,1940年8月,第81—82页。

历年积弊,严加整顿,惩罚罪人,以重国家之要务而肃官常(场)案》①等。更令人瞩目的是,他以一介书生的身份竟敢挺身而出,揭露孔祥熙贪污腐败、损公肥私,引起政坛震动,并把孔最终拉下台。② 这可以说是他在政坛留下的光辉一章。抗战以后,官僚资本迅速膨胀,引起了各方面的注意,为此傅斯年又撰写《论豪门资本之必须铲除》《宋子文的失败》《这个样子的宋子文非走开不可》三文,对官僚资本的代表宋子文首先发难。他说:"'官僚资本'一个名词是抗战时候的产物,还是我的朋友某教授造的,当时的中心对象是孔祥熙,现在大家注意宋子文多些了,但也决不当忘了孔祥熙。"他对"官僚资本"从三个层面进行了分析:"第一,国家资本。国家资本的发达是走上计划经济、民生主义、温性的社会主义必由之路,所以如果办得好,我是百分的赞成。这些年国家资本相当发达,但内容和表面大不相同。""英国现在工党所行的社会主义政纲,好多我们已经实行了,例如铁路、银行、主要工业之国有,我们都作了,然而结果不特愈弄得去社会主义愈远,而且去任何有效政体、像样社会也愈远,其故皆在人事,不在国家资本之基础观念上。""第二,官僚资本。官僚资本在中国真发达极了,上自权门,下至稍稍得意稍能经营的公务员,为数实在不少,这几乎包括中国的资

---

① 《国民参政会第四届第一次大会纪录》,国民参政会秘书处编印,1946年1月,第183—184页。

② 关于傅斯年揭露孔祥熙一案,参见杨天石:《傅斯年攻倒孔祥熙》,载《百年潮》1997年第3期。

本阶级及上等布尔乔亚。""第三,权门资本。权门资本本是官僚资本之一类,然而其大无比……一方面可以吸收、利用、支配国家资本,一方面可以吸取、保护(因保护而受益)次于他的官僚资本。为所欲为,愈受愈大。"在傅看来,"豪门资本这样发达,中国几无国家的形象"①。傅斯年的文章在《观察》《世纪评论》发表后,各地报章纷纷转载,举国瞩目。在各方面的一片反对声中,宋子文被迫辞去行政院院长一职。过去人们形容自由主义者与国民党的关系时,有一个习惯说法——"小骂大帮忙"。就傅斯年来说,帮忙之心的确有之,但大骂也未解其恨。

在如何处理与国民党或国民政府的关系上,傅斯年也有他个人的看法,从他对胡适参政的意见中可以看出他的态度。1937年"八一三"事变后,蒋介石欲请胡适赴欧美作外交宣传工作,先请王世杰出面做胡适的工作,"谈了两三晚",胡适"未肯应允";再由傅斯年劝说,胡适才松了口。② 1938年7月,蒋介石又三次电请胡适做驻美大使,③胡适此时在犹疑之中,他写信给傅斯年似是征求傅的意见:"我自己受'逼上梁山',你们当有所知,何以都不电告你们的意见,万不得已,我只得牺牲一两

---

① 《论豪门资本之必须铲除》,原载1947年3月1日《观察》第2卷第1期。《傅斯年全集》第4卷,第331—335页。

② 参见王世杰:《傅先生在政治上的二三事》,载1976年1月台北《传记文学》第28卷第1期。

③ 参见《致江冬秀》1938年9月24日,《胡适书信集》中册,北京:北京大学出版社,1995年9月版,第757页。

年的学术生涯,勉力为之,至战事一了,仍回到学校去。"①显然,傅是了解此事内情且力主胡适担任大使之人。他之劝服胡适出任外交工作,则是以抗战这一最高利益为原则。

无独有偶,1947年1月15日,蒋介石约请傅斯年吃饭,谈及请胡适出面任国府委员兼考试院院长。两人"谈了许久",傅"反复陈说其不便"②。胡适回信也同意傅斯年的意见:"我因为很愿意帮国家政府的忙,所以不愿意加入政府。"

> 我在野,——我们在野,——是国家的、政府的一种力量,对外国,对国内,都可以帮政府的忙,支持他,替他说公平话,给他做面子。若做了国府委员,或做了一院院长,或做了一部部长……结果是毁了我三十年养成的独立地位,而完全不能有所作为,结果连我们说公平话的地位也取消了。——用一句通行的话,"成了政府的尾巴"!③

胡适写在信上的这段话,虽有做秀的成分,但大体反映了胡适的心迹则不误。当时,蒋介石要胡适出任国府委员,其意是为其声誉大跌的国民政府"撑面子",以挽回其颓势,这一点在他

---

① 《致傅斯年》1938年7月30日,《胡适书信集》中册,第752页。
② 《傅斯年致胡适》1947年2月4日,《胡适来往书信选》下册,第170—172页。
③ 《胡适致傅斯年》(稿)1947年2月6日,《胡适来往书信选》下册,第175页。

与傅斯年的第二次谈话中清楚地道明。① 蒋在托傅斯年、王世杰出面转达其意,没有产生效应,似感到傅在其中"打岔"②,故转为自己亲自出马,3月5日亲笔写了一封信托何思源面交胡适,"尚望体念时局之艰难,务请惠予谅察"③,读了这封信后,胡适心有所动,他3月23日写信给傅斯年,说明自己"近两个月中",已辞谢了六次,但据3月18日蒋的口气,"怕是逃不了的了",胡适也看出蒋之所以执意如此,"其实仍是对付国外为多",即出于应对美国人的压力,以"中国自由主义者"来点缀其政府。④ 而傅则看穿了蒋的心计,函电交加,力主胡不要出任,以为这是"大粪堆上插一朵花"⑤。在傅斯年的力劝之下,胡适再致电蒋介石,坚称"北大此时尚在风雨飘摇之中,决不许适离开,道义上适亦不愿离开北大。万一命下之日,学校人心解体,不但北大蒙受其害,亦甚非国家之福"⑥。随即胡适又托汤用彤、饶毓泰、郑天挺致电朱家骅,帮助其说服蒋。⑦ 蒋在此情形

---

① 《傅斯年与胡适》1947年2月20日,《胡适来往书信选》下册,第176页。
② 《傅斯年致胡适》1947年4月7日,《胡适来往书信选》下册,第198页。
③ 《蒋介石致胡适》1947年3月5日,《胡适来往书信选》下册,第181—182页。
④ 《胡适致傅斯年》1947年3月23日,收入王汎森:《史语所藏胡适与傅斯年来往函札》,收入《胡适研究丛刊》第三辑,北京:中国青年出版社,1998年版,第351—354页。
⑤ 《傅斯年致胡适》1947年3月28日,《胡适来往书信选》下册,第192页。
⑥ 《胡适致蒋介石》(电稿),《胡适来往书信选》下册,第194页。
⑦ 参见《胡适致傅斯年》(电稿,附汤用彤、饶毓泰、郑天挺致朱家骅),《胡适来往书信选》下册,第195页。

下,只好暂示"既承尊示,容当再加考虑"①。由于朱家骅的坚持,而傅斯年又说胡"在政府并不能发生政治作用,反失去社会上的道德作用"②。蒋介石最后放弃了这一打算,4月19日他回电胡适:"此次尊重兄意,不克延致,殊为耿耿。若有两全之道,则必借重以慰群望也。"③此事到此才告一段落。

在处理这一事情时,尽管傅斯年将自己定位于自由主义者,但我们还是可以看到他与胡适的微妙差别。傅是看穿了蒋介石"不讲法治"的真面目④和对"政府决心改革政治之诚意"的疑虑,⑤故其抱定了不入政府的决心,并希望藉此形成压力,促成蒋介石在政治上改革,而"现在改革政治之起码诚意,是没收孔宋家产"⑥。这是他自恃与蒋介石八、九年经历,"知之深矣"的经验。而胡适不这么看,他明确表示"至于政治情形,我总觉得我在海外九年,看事理比较国内朋友似稍客观,故对蒋公,对国民党,都比一般朋友的看法比较宽恕。我并不否认你的'经验'主义,但我因为没有这九年经验,故带保留一点冷静的见解。

---

① 《蒋介石致胡适》(电)1947年4月19日,《胡适来往书信选》下册,第195页。
② 《傅斯年致胡适》1947年4月7日,《胡适来往书信选》下册,第197—198页。
③ 《蒋介石致胡适》(电)1947年4月19日,《胡适来往书信选》下册,第198页。
④ 参见《傅斯年致胡适》1947年4月7日,《胡适来往书信选》下册,第197—198页。
⑤ 参见《傅斯年致胡适》1947年3月28日,《胡适来往书信选》下册,第192页。
⑥ 参见同上。

老兄主观太强,故不能 share 我的看法。试举一例,如老兄主张'现在改革政治之起码诚意是没收孔宋财产'。我的 Anglo-Saxon 训练决不容许我作此见解"①。傅与胡的另一个区别是:傅不主张进入政府,不纯是为了保持"独立"的立场,还隐含有给蒋介石以压力之意。而胡则主要是为了保持自己的"清流"不致因此被玷污。实际上,傅在行政上不仅比胡适练达,且深谙国民党之内情。故对这一事的处理自然比胡适看得更深,其立场也更坚定。从当时的情形看,对于文化教育这一方面的事务处理,蒋介石主要是倚依朱家骅、王世杰、傅斯年这些人的意见,胡适仍不过是他手中的一个花瓶,而这个花瓶是玩给对"中国自由主义"抱有热切希望的美国朋友马歇尔这些人看的。② 而在如何参政的问题上,傅斯年与胡适也有不同看法。傅以为"与其入政府,不如组党;与其组党,不如办报"③。故他在这时颇注意写作时评,在《世纪评论》《观察》这些比较激进的自由主义刊物上发表了一些具有震撼力的文章。胡适则不同,1946 至 1947 年这两年间,尽管《观察》主编储安平三次约稿,④并赫然

---

① 王汎森:《史语所藏胡适与傅斯年来往函札》,收入《胡适研究丛刊》第三辑,北京:中国青年出版社,1998 年版,第 355 页。

② 胡适对此也看得很清楚,参见《胡适致傅斯年》1947 年 3 月 23 日,收入王汎森:《史语所藏胡适与傅斯年来往函札》,《胡适研究丛刊》第三辑,第 353 页。

③ 《傅斯年致胡适》1947 年 2 月 4 日,《胡适来信书信选》下册,第 172 页。

④ 作者按:耿云志主编:《胡适遗稿及秘藏书信》第 41 册,内收《储安平致胡适信五通》,时间为 1947 年 1 月 21 日、7 月 4 日、8 月 12 日、9 月 12 日、10 月 5 日,前四信均与约稿有关,唯最后一信感谢胡适题字,内容不详,但胡之不愿供稿,显然表明他对《观察》激进的办刊倾向持保留态度。

列名在该刊封面的"撰稿人"名单中,但他却未在该刊发表过一篇时评政论。胡适组建了一个独立时论社,从他在1948年9月4日发表的《自由主义》演讲,强调容忍反对党"是近代自由主义里最可爱慕而又最基本的一个方面","是和平的政治社会改革的唯一基础"①。到50年代他鼓励雷震组织反对党,看得出来胡适对组党是抱有兴趣的。

战后围绕中国走什么道路?曾一度有过热烈的讨论。共产党有"新民主主义"的设想,国民党有意将多年搁置的"宪政"提上议事日程,在国、共两党之外游移的各民主党派和其他中间人士也在寻找各自的政治方向,重新确定自己的政治定位。这是政治上比较开放、思想上相对自由的一个时期。也正是在这样一种背景下,民主政治思想获得了前所未有的发展,自由主义作为一种思潮获得了前所未有的影响力。谈民主,标榜自由主义(包括国民党内的一部分人)蔚然成风,所谓"第三势力"相当活跃。傅斯年也是在这种政治背景下表达自己的政治理念,这既可以说是一种政治表态,也可以说是一种政治诉求。从当时的背景看,傅对民主社会主义的向往,其意还是为了修正国民党的政治纲领,将国民党从一个类似于苏、德、意之类的政党拉上英国工党或其他西方社会民主党这条道路上来。这一点与胡适和其他自由主义者多少有点差异。

傅斯年的这种理想很快被严酷的现实所冲淡,在国际上,美

---

① 《自由主义》,《胡适文集》第12册,第809页。

苏两强进入冷战局面;在国内,国共两党以武力代替和谈,内战再起。在这样一种背景下,中间势力失去了平衡,必须做出非此即彼的选择。正是这种情势的逼迫,傅斯年在生命的最后三年发表了几篇政论:《论美苏对峙之基本性》①《自由与平等》②《苏联究竟是一个什么国家?》③《我们为什么抗俄反共》④《共产党的吸引力》⑤,激烈攻击苏联的社会制度和对内对外的各项政策,完全站在国民党一边说话。不过,有趣的是,他之批评苏联,倒不是苏联是搞社会主义,而是苏联搞的是国家资本主义。他以为"今天的苏联,在若干情形上已经到了法西斯主义的末段"⑥,苏联已演变成为一个"独占式的国家资本主义。没有资本家而国家是个资本家,国家控制一切资本,一切人民的生命都成了国家的资本"⑦。"假如社会主义是对的,现在的苏联早已不是社会主义了,相反的,是一个极度发展的新形态的资本

---

① 傅斯年:《论美苏对峙之基本性》,载1948年9月《正论》新11号。
② 傅斯年:《自由与平等》,载1949年11月20日《自由中国》第1卷第1期。
③ 傅斯年:《苏联究竟是一个什么国家?》,载1949年12月20日《自由中国》第1卷第3期。
④ 傅斯年:《我们为什么抗俄反共》,载1950年2月16日《自由中国》第2卷第4期。
⑤ 傅斯年:《共产党的吸引力》,载1950年4月16日《自由中国》第2卷第8期。
⑥ 傅斯年:《论美苏对峙之基本性》,载1948年9月《正论》新11号。
⑦ 傅斯年:《自由与平等》,载1949年11月20日《自由中国》第1卷第1期。

主义。"①这样一种极力将苏联往国家资本主义推的批评方式，在多大程度上符合苏联的实际，我们可以进一步推敲，但它反映了傅斯年并不排斥社会主义，甚至希望在中国能够落实一种温和的社会主义——民主社会主义，这是一个值得人们注意的事实。

结　　语

在20世纪的中国，胡适是一个比较典型、纯正的自由主义者，他终身都持守这一立场无多大变化，且愈老弥坚。傅斯年与胡适不同，五四时期，他的思想是多种新思想的集合体。30年代至抗战时期，他以国家利益至上，表现了强烈的民族主义情绪。他之无党，除了想维持自身的学者本色外，主要是基于国家利益至上的观念，显然，在他看来，在党派利益之上有一个值得他追求和献身的更大目标，这就是国家、民族。他的政治理念突显姗姗来迟，到抗战即将结束时才有比较明确的表述，他表达的是一种对民主社会主义的诉求。

从对傅斯年的政治思想讨论中，我们可以看出他的政治思想包含三个层次：一是民族主义，这是他政治思想的底色。他对日本帝国主义侵略中国和苏俄要求在东北的特殊权益的坚定

---

① 傅斯年：《我们为什么抗俄反共》，载1950年2月16日《自由中国》第2卷第4期。

抵御态度,都是这一思想在现实中的反映。二是民主社会主义,这是他的政治理想。他反对豪门资本,提倡经济平等,不含糊地提倡一种温和的社会主义,反映了他接近普通民众,为民请命的一面,也是他对中国国情特殊性的一种处理。三是自由主义,这是他处理各种政治关系的态度。他扮演的与国民党既"抗争"又合作的角色,他不愿加入政府的选择,他"天马行空,独往独来"、自作主张的政治个性,都是其自由主义思想的外在反映。在现代中国,自由主义是一种比较纷杂而缺乏一致表现的思想,有人以政治理念表现它,有人视其为政治理想,而傅斯年则是以性格表现对它的认同。

无论是傅斯年的民主社会主义理想,还是胡适的自由主义思想,在40年代后期都没有可能真正付诸实践。战后中国的第三势力或中间势力曾一度活跃,很快也变成一种政治泡沫。他们的受挫固然与国际上冷战局面的降临有关,也是国内国共两党之间不可调和的矛盾必然导致的结果。每当人们轻视这一历史的挫折所付出的代价时,我们是否也应该发问,中国毕竟又因此失去了一次步入民主政治轨道的可能机会?!

(本文原载《北大史学》第8辑,北京:北京大学出版社,2001年12月版。收入《自由主义与中国近代传统——"中国近现代思想的演变"研讨会论文集》上册,香港:香港中文大学出版社,2002年版)

叁　傅斯年与北京大学

在民国时期,对北大的建设卓有成绩者,除了人们经常提到的蔡元培和胡适这两位挂帅人物以外,还有两位值得称道的大将:蒋梦麟和傅斯年。傅斯年主持北大校务的时间极为短暂,故人们很容易忽略他与北大的关系,其实在五四以后的30年中,傅斯年不仅是一位杰出的北大学人,而且对北大的建树立下了汗马功劳。

一、北大五四运动的学生领袖

傅斯年(1896—1950),山东聊城人。1913年考入北大预科。当时北大预科学制三年,分一、二两类,一类侧重文史,二类偏重数理化等自然科学,傅斯年自幼在家乡接受了八年的传统教育,继承了其深厚的家学渊源,喜好国学,故他选择了一类。傅斯年入北大之初,长得人高马大,一副典型的山东大汉模样,实则身体孱弱。但他天资甚高,又很勤奋,故成绩优异,是校内有名的高材生。除了刻苦攻读学业外,傅斯年还参与课外活动。1914年,他与同学沈沅等人发起组织了"文学会",这是一个以学生为主体,以研究辞章作文、提高文学素养为宗旨的业余团体。他们创办了一份《劝学》杂志,刊名由严复用草书体题写而成。后来,他们在此基础上,又进一步加以扩大,改组为"雄辩会",该会以修缮辞令、沟通思想、提高思辨能力、锻炼演讲能力为宗旨,内分国文、英文两部,每部下设演讲、著述二科,傅斯年担任国文部副部长兼编辑长。

在北大预科学习三年,傅斯年接受了严格的训练,成绩在班上名列前茅。1916年夏,傅斯年以平均94.6分的高分成绩获得全班第一名,升入北大本科国文门。现将民国五年(1916年)六月傅斯年的毕业考试成绩兹录于此:西洋史93分,经济85分,心理94分,英文作文94分,论理96分,英文古文98分,法学通论80分,英文文学98分,德文文法读本97分,文章学98分,地理100分,历史99分,文字学85分,论理95分,拉丁文70分,操行100分,总计1482分,旷课扣分加2分,总平均92.6分,实得95.6、93.6分,94.6分。①

傅斯年进国文门之初,颇受当时国学大师章太炎思想和人格的感染,而此时北大文科多为章太炎的门生弟子所把持。由于傅斯年在学生中出类拔萃,颇得黄侃、陈汉章、刘师培诸师的

---

① 傅斯年预科期间的学习成绩现藏于北大档案馆教务档中。除了这份毕业考试成绩单外,此外还保存有民国二年(1913年)十二月、民国四年(1915年)六月两份成绩单。参见欧阳哲生主编:《傅斯年全集》第7卷《附录:傅斯年先生年谱简编》,长沙:湖南教育出版社,2003年9月版,第400页。

器重和栽培,他们期望这位学生日后继承章氏学派的衣钵。周围的同学对这位恃才傲物、举止豪爽的高材生亦刮目相看,敬而畏之,有的同学竟称他为"孔子以后的第一人"①。据毛子水回忆:

> 在我看起来,他那时的志愿,实在是要通当时所谓"国学"的全体;惟以语言文字为读一切书的门径,所以托身中国文学系。……当时北京大学文史科学生读书的风气,受章太炎先生学说的影响很大。傅先生最初亦是崇信章氏的一人。终因资性卓荦,不久就冲出章氏的樊笼;到后来提到章氏,有时不免有轻蔑的语气。与其说是辜负启蒙的恩德,毋宁说这是因为对于那种学派用力较深,所以对那种学派的弊病也看得清楚些,遂至憎恶也较深。②

导致傅斯年思想观念发生转变的是新文化运动。1917年初,蔡元培先生主长北大,先后延揽陈独秀、胡适、李大钊、钱玄同、周氏兄弟来北大任教,"文学革命"的风暴开始震撼着昔日寂静而沉闷的校园。胡适在哲学系开设"中国哲学史"课程。原来担任此课的是陈汉章老先生,他讲了两学期才讲到商朝,而胡适

---

① 伍俶:《忆孟真》,收入王富仁、石兴泽编:《谔谔之士——名人笔下的傅斯年、傅斯年笔下的名人》,上海:东方出版中心,1999年7月版,第83页。

② 毛子水:《傅孟真先生传略》,原载1951年1月1日《自由中国》第4卷第1期。收入王为松编:《傅斯年印象》,第160页,上海:学林出版社,1997年12月版。

径直从周宣王讲起,这种处理中国哲学史的作法,颇使学生们震动,"骇得一堂中舌挢而不能下"①。一些学生认为这是思想造反,不配登堂讲授。傅斯年在学生中有一定威信,他曾率学生将一位不学无术的教授朱蓬仙赶下讲台。②此次同学们又请他来听课,听了几次课以后,他告诉同学们说:"这个人书虽然读得不多,但他走的这一条路是对的。你们不能闹。"这样才平息了一场风波。傅斯年过世后,胡适提及此事,无限深情地称他是自己的"保驾人"。③

傅斯年日渐敬服胡适,经常去听他的课,甚至邀集一些同学去胡适家中"客客气气的请教受益"④。通过深入接触,胡适"甚惊异孟真中国文学之博与精,和他一接受以科学方法整理旧学以后的创获之多与深",因而非常器重这位学生。另一方面,傅斯年也越来越倾倒于胡适的思想和学问,转向赞成"文学革命"的主张,对西书的阅读兴趣也甚为浓厚。"当时在北京大学师生中,文言文写得不通或不好而赞成新文学的很多,文言文写得很通很好而赞成新文学的很少。傅先生便是后一类中的一个。"傅斯年住在校内西斋四号,同室者有精心钻研哲学和古

---

① 顾颉刚:《古史辨》第一册《自序》,北京:朴社,1926年版,第36页。
② 罗家伦:《元气淋漓的傅孟真》,原载1950年12月31日台北《"中央"日报》。收入罗家伦:《逝者如斯集》,台北:传记文学出版社,1967年9月1日版,第166页。
③ 胡适:《傅孟真先生的思想》,收入《胡适作品集》第25册,台北:远流出版公司,1986年3月版,第55页。
④ 罗家伦:《元气淋漓的傅孟真》,收入《逝者如斯集》,台北:传记文学出版社,1967年9月版,第166页。

史的顾颉刚,有专心研究词章的狄君武,有迷恋佛经的周烈亚,大气磅礴的傅斯年则"和他的一班不速之客的朋友罗志希等,在高谈文学革命和新文化运动"①。以后文学革命的旗帜,"因得孟真而大张"②。

1918年10月8日,《北京大学日刊》刊登了傅斯年给校长蔡元培先生的投书——《论哲学门隶属文科之流弊》。文中认为,哲学研究的材料来源于自然科学,"凡自然科学作一大进步时,即哲学发一异彩之日,以历史为哲学之根据,其用甚局,以自然科学为哲学之根据,其用至博",主张哲学应入理科。③ 此文引起蔡先生的注意。他对这位高材生寄寓厚望,题词赠曰:"山平水远苍茫外,地辟天开指顾中。"④

这年夏天,傅斯年约集毛子水、罗家伦、顾颉刚、康白情、俞平伯等20名志同道合的同学成立了北大学生中第一个倾向于新文化的团体——新潮社,并开始筹办《新潮》杂志。蔡元培、陈独秀对他们的行动给予了热情赞助,他们从北大每年四万元的经费中提出两千元给傅斯年办《新潮》,胡适则出面担任他们的学术顾问。1919年元旦,由傅斯年主编的《新潮》创刊号问

---

① 罗家伦:《元气淋漓的傅孟真》,收入《逝者如斯集》,台北:传记文学出版社,1967年9月版,第168页。
② 同上书,第167页。
③ 傅斯年:《论哲学门隶属文科之流弊》,原载1918年10月8日《北京大学日刊》。《傅斯年全集》第1卷,长沙:湖南教育出版社,2003年9月版,第37页。
④ 原件影印载王汎森、杜正胜编:《傅斯年文物资料选辑》,台北:"中研院"史语所,1995年版,第31页。

世。在《〈新潮〉发刊旨趣书》中,傅斯年强调该刊是为了帮助青年学生"去遗传的科举思想,进于现世的科学思想;去主观的武断思想,进于客观的怀疑思想;为未来社会之人,不为现在社会之人;造成战胜社会之人格,不为社会所战胜之人格"。① 其宗旨与《新青年》如出一辙,怪不得它的出现被视为新文化运动的又一个阵地。傅斯年还豪迈地宣告:"期之以十年,则今日之大学固来日中国一切新学术之策源地;而大学之思潮未必不可普遍中国。"②

傅斯年在《新潮》上发表了四十多篇文章,内容涉及文学语言、社会政治、道德伦理、哲学历史等领域,产生了极大的社会影响,从此他蜚声文坛,成为北京大学一位富有魅力的学生领袖人物。

五四运动的策源地是北大。为抗议巴黎和会把原来德国在山东的一切权利转让给日本的决定。5月2日,蔡元培校长将巴黎和会上中国外交失利的消息告诉《新潮》社的罗家伦、傅斯年、康白情、段锡朋等人。5月3日晚,北大全体学生召开大会,傅斯年等新潮社同人出席了这次大会。在这次会议上,傅斯年等20名学生被推为代表,负责第二天大示威的组织事宜。

5月4日上午,傅斯年在堂子胡同国立法政专门学校主持十三校学生代表会议。该会议决定:各校代表立刻回校去集合

---

① 傅斯年:《〈新潮〉发刊旨趣书》,原载1918年1月1日《新潮》创刊号。《傅斯年全集》第1卷,第81页。

② 同上书,第79页。

本校同学,下午一点在天安门前集合汇集,全体抗议帝国主义在巴黎和约上关于山东问题的不公正决定。下午,各校学生三千余人在天安门集会,傅斯年担任游行总指挥,扛举大旗,走在队伍的前列。学生游行队伍走至东交民巷西门口美国使馆门前受阻,遂转向曹汝霖的住宅——赵家楼。愤怒的学生痛打待在曹家的章宗祥,火烧赵家楼,北洋军阀派兵赶赴现场镇压,当场逮捕学生32人。傅斯年"是到赵家楼打进曹汝霖的住宅的",但离开现场较早,故未被捕。当天晚上他回校时对同学姚从吾说:"这回北大损失太大了,同学被捕去好多。"①

5月5日,傅斯年与一个"冲动到理智失去平衡的同学"吵架,对方将其金丝眼镜打落了,于是他一怒之下,赌气不到北大学生会里来工作。② 这样,傅斯年遂退出了轰轰烈烈的学生运动。

这年夏天,傅斯年毕业于北大文科国文门。谈及自己北大时期的学生生活时,傅先生本人曾有一段回忆:

> 我在北京大学六年(预科三年,本科三年),从民国二年到民国八年。那时候学生的平均购买力比现在高得多,吃个小馆,不算稀奇。我是个中产阶级的无产贫家出身,但也差不多每星期跑到东安市场买肉回来吃。我在这六年中,五年住宿舍,饭食的钱,一月合四块多钱,吃的和现在银

---

① 傅乐成:《傅孟真先生与五四运动》,载1968年4月23日台北《联合报》副刊。
② 罗家伦:《元气淋漓的傅孟真》,收入《逝者如斯集》,第172页。

行下级行员差不多。我在学校的宿舍里住了五年,最后一年因为在报上作点小文,有几个钱,便"住公寓"去了。那时候北京大学左右的公寓不计其数,小饭铺不计其数,买零肉的尤其不计其数。①

傅斯年的大学成绩优秀,在班上居于前列。第一学年,中国文学160分,文字学180分,中国史90分,中国文学史85分,论理学100分,操行140分,总计755分,平均89.9分,扣分1分,实得88.9分。居全班第一名。第二学年,古代文学史93.5分,近代欧洲文学史80分,日文67分,文字学80分,总计320.5分,平均80.1分。列全班第三名(排在杨振声、罗常培之后)。第三学年,近代文学史87.5分,文字学85分,语言学96分,词曲82分,日文C班70分,总计420.5分。平均84.1分。居全班第五名(排在区文雄、崔志文、张煊、俞平伯之后)。②

二、北大"中兴"的军师

1919年秋,傅斯年考取山东省官费留学。这年冬天,他踏上了赴欧留学的旅程。在英、德学习七年,傅斯年先后就读于

---

① 傅乐成:《傅孟真先生年谱》,收入《傅斯年全集》第7册,台北:联经出版事业公司,1980年9月初版,第270—271页。

② 欧阳哲生主编:《傅斯年全集》第7卷,长沙:湖南教育出版社,2003年9月版,第401—402页。

伦敦大学大学院、柏林大学文学院。1926年秋回国,随后担任中山大学文科学长。1928年,中央研究院成立,应蔡元培先生之邀,他筹备并出任历史语言研究所所长。1929年,史语所由广州迁往北平,这年秋天,傅斯年被聘为北大兼职教授。不久,蒋梦麟主长北大,他续聘傅斯年任北大兼职教授和北大历史系名誉教授,傅斯年遂成为他治理校务的重要帮手。

据蒋梦麟回忆:"九·一八事变后,北平正在多事之秋,我的参谋就是适之和孟真两位。事无大小,都就商于两位。他们两位代北大请了好多位国内著名教授。北大在北伐成功以后之复兴,他们两位的功劳,实在太大了。"①蒋还称赞傅斯年为人处事的两大特征"办事十分细心"和"说一是一,说二是二"的果断精神。

现能查到傅斯年在1930年代给北大所上的课程有六门:第一门"史学方法导论"(民国二十二年到二十三年度,历史系二年级必修课),其内容为:"一、中国及欧洲史学观点之演进。二、自然科学与史学之关系。三、史科之整理方法。"②第二门"中国古代文学史"(民国二十三年度,国文系二、三、四年级选修课,周四时),其内容为"(1)自殷周至汉末文籍之考订及分解;(2)同期中诗文各体之演进;(3)同期中文学与政治社会之相互影响;(4)同期中文学在后代之影响"③。第三门"中国

---

① 蒋梦麟:《忆孟真》,原载1950年12月30日台北《"中央"日报》。
② 民国二十二年度《国立北京大学一览》,第219、223页。
③ 同上书,第217、222页。

上古史单题研究"（民国二十三年度历史系选修课，周四时），"此科所讲，大致以近年考古学在中国古代史范围中所贡献者为限；并以新获知识与经典遗文比核，以办理下列各问题：（1）地理与历史。（2）古代部落与种姓。（3）封建。（4）东夷。（5）考古学上之夏。（6）周与西土。（7）春秋战国间社会之变更。（8）战国之大统一思想。（9）由部落至帝国。（10）秦汉大统一之因素"①。第四门"中国文学史（一）（二）"（民国二十四度国文系二、三、四年级文学组课程，周二时，本年停），第五门"中国文学史专题研究"（与胡适、罗庸合开，周二时），第六门"汉魏史择题研究"（与劳幹合开，民国二十四年度历史系选修课，周二时）。② 时胡适任北大文学院院长，他见史语所知名学者多，乐于在该所延揽兼职教授。史语所所址在北海静心斋，离北大很近，所内人员亦多愿前往。但兼课多了，势必影响本所科研工作，所以傅斯年对史语所研究人员外出兼课严加控制，经他允准兼课的只有陈寅恪、李济等几位大学者。

对傅斯年在北大的教课情形，听过他的课的学生反应不一。邓广铭先生回忆说：

> 我到北京大学读书的第一年，正赶上胡适先生做文学院长，他聘请了各方面的专家来教《中国通史》课……北大

---

① 民国二十三年度《国立北京大学一览》，第252、259页。
② 同上书，第165、167、193页。

历史系主任陈受颐第一堂课就请来了傅先生,想让他讲个商周史的开场白,但陈先生没把话说明白,傅先生以为是来和北大历史系的同学们随便座谈,所以没做任何准备,来到一看,北大二院大礼堂里坐满了人。他说,"没想到这么多人来听课"。那堂课他讲得杂乱无章。

对傅先生的讲课,邓的评价是"盛名之下,其实难副"①。杨向奎先生比较了钱穆、顾颉刚、傅斯年三位讲课的各自特点:

> 钱先生是长江大河,滔滔不绝;而顾先生口吃不能多言,只写黑板;傅先生总是坐在讲桌后面,议论不休。②

杨志玖先生则另有一番感受:

> 1934—1937年,我在北京大学史学系读书时,曾旁听过傅先生的先秦史专题课。我虽不能完全领会他讲课的内容,但对他发表的独到的见解,对史籍的熟悉,旁征博引,融会中西的学识以及滔滔不绝的口才,却深感新奇和钦佩。他时而背一段《左传》,时而翻一篇英文文献,中西互证,左右逢源,宛如一个表演艺术家,听他的课也是一种艺术享受。③

---

① 邓广铭:《回忆我的老师傅斯年先生》,收入《傅斯年》,济南:山东人民出版社,1991年8月版,第2页。
② 杨向奎:《回忆傅孟真先生》,收入《傅斯年》,第10页。
③ 杨志玖:《回忆傅斯年先生》,收入《傅斯年》,第34页。

傅斯年去北大教课,附带一个任务就是选拔尖子,充实史语所研究队伍。时在北大读书的邓广铭先生回忆:"傅斯年、董作宾、李济、梁思永诸先生都在北大讲课,想发现选拔人才。后来,北大毕业生到史语所去的很多,我的同学中就有胡厚宣、张政烺、傅乐焕、王崇武等人。"①

"九·一八"事变后,日本帝国主义侵占东北。日本京都大学教授矢野仁一发表一篇《满蒙藏本来并非中国领土》的论文,别有用心地鼓吹出身东北的满洲皇帝理应有权回到他的故地建立一个独立国家,以为其支持满洲国提供历史依据。傅斯年闻讯心急如焚,忧愤交加,他在百忙之中,组织方壮猷、徐中舒、萧一山、蒋廷黻一起编写《东北史纲》,专驳日本人"满蒙藏在历史上非中国领土"的谬论。该书第一卷于1932年10月在北平出版,"这部用民族学,语言学的眼光和旧籍的史地知识,来证明东北原本是我们中国的郡县;我们的文化种族和这一块地方有着不可分离的关系"②。此书曾经李济节译成英文送交国际联盟李顿调查团,后来李顿调查团的报告书中表示东北是中国的领土,显然接受了该书的观点。1932年,傅斯年还与胡适、丁文江等在北平创办《独立评论》周刊,在该刊他发表《日寇与热河平津》《"九·一八"事变一年了》《国联调查团报告书一瞥》等

---

① 邓广铭:《回忆我的老师傅斯年先生》,收入《傅斯年》,济南:山东人民出版社,1991年8月出版,第3页。

② 陈槃:《怀故恩师傅孟真先生有述》,收入《谔谔之士——名人笔下的傅斯年、傅斯年笔下的名人》,上海:东方出版中心,1999年7月版,第55—56页。

多篇时评,揭露日寇侵华野心,警醒国人不忘国耻。

1930年西北科学考察团瑞典考古学家贝格曼(F. Bergman)在额济纳河流域的黑城发现简牍一万余枚,即是"居延汉简",次年运抵北平,藏于北平图书馆,由马衡等人整理释读。为了妥善保存这批历史文物,1933年经过胡适与傅斯年的协调,移到北大文科研究所,加速整理。① 北平沦陷后,傅斯年又将这批材料运往美国妥为保管,使之免于沦落日伪之手。

1936年春,史语所南迁,傅斯年辞去北大兼职,随所南下。不久,日寇大举进攻华北。为了保护文教设施,傅斯年提出将北京大学、清华大学和南开大学南迁合组的建议,被国民政府采纳。② 三所大学后迁至昆明组建成著名的西南联合大学。在此期间,傅斯年继胡适去国后,接任了北大文科研究所所长一职。

三、北大复员的代理校长

抗战胜利后,北大复校。此前蒋梦麟因被任命为行政院秘书长,按有关规定,政府官员不能兼任大学校长,蒋只好去职。国民政府和蒋介石属意傅斯年接任北大校长,并通过教育部长朱家骅转告,傅斯年获悉此讯,立即回信蒋介石,表示坚辞。

---

① 参见王汎森、杜正胜:《傅斯年文物资料选辑》,第78页。
② 参见罗家伦:《元气淋漓的傅孟真》,收入《逝者如斯集》,台北:传记文学出版社,1967年9月初版,第180页。

信曰：

> 日昨朱部长骝先先生，以尊命见示，谓蒋梦麟先生之北京大学校长出缺，即以斯年承乏。……自知不能负荷世务，三十年来，读书述作之志，迄不可改。徒以国家艰难，未敢自逸，故时作谬论。今日月重光，正幸得遂初志，若忽然办事，必累钧座知人之明。兼以斯年患恶性血压高，于兹五年，危险逐年迫切，医生告戒，谓如再不听，必生事故。……抑有进者，北京大学之教授全体及一切有关之人，皆盼胡适之先生为校长，为日有年矣。适之先生经师人师，士林所宗，在国内既负盛名，在英美则声誉之隆，尤为前所未有。今如以为北京大学校长，不特校内仰感俯顺舆情之美；即全国教育界，亦必以为清时佳话而欢欣；在我盟邦，更感兴奋，将以为政府选贤任能者如此，乃中国政府走上新方向之证明；所谓一举而数得者也。①

言辞恳切。国民政府接受了他的请求，决定任命胡适为北大校长。因为胡适在美未归，转推他暂时代理北大校长，并聘为西南联大常务委员。朱家骅后来叙及此事原委："抗战胜利，各校复员，北京大学地位重要。我和他商量，想请胡适之先生担任校长，他也竭力的主张。不过胡先生不能立即回国，结果，又把代理校长推在他的身上。他当时虽表示不愿，但北大是他的母

---

① 傅斯年：《致蒋介石》，收入欧阳哲生主编：《傅斯年全集》第7卷，长沙：湖南教育出版社，2003年9月版，第285—286页。

校,而胡先生又是他的老师,我以大义相劝,他不得不勉强答应。"①傅斯年上任后,一方面面临北大的复员问题,一方面要处理"伪北大"的遗留问题。西南联大地处偏僻的边城——昆明,要将数以千计的北大师生和庞大的校产从昆明搬到北平,其组织工作的难度可想而知。

傅斯年是一个民族感情极强,并极讲民族气节的人。平津沦陷时期,敌伪在北京大学旧址继续办学,国人以"伪北大"视之。抗战胜利后,"伪北大"留有数千名师生无从处置。北大复员前,国民政府曾派陈雪屏去北平负责教育方面的接收事宜,陈在北平设立了补习班,收容"伪北大"学生,并征调一批伪教职人员维持其课业。傅斯年认为文人尤其是教师,为人师表,更应保持个人名节。作为全国最高学府的北京大学尤其应做表率。因此,他于10月和12月两次在重庆声明,坚决不任用"伪北大"人员。认为:"专科以上学校,必须在礼义廉耻四字上,做一个榜样,给学生们下一代看。"②"伪北大"教职员在国难当头之时为敌服务,于大节有亏,故不拟继续录用。北平报纸评论说他对伪职人员"有一种不共戴天的愤怒"。伪教职人员组织团体,四处游说,请愿,要求北大继续留用,不少政府官员和朋友也出面讲情。傅斯年顶住各方面压力,坚决辞退了这批伪教职人员。不独如此,他坚决主张严惩汉奸。"伪北大"校长鲍鉴

---

① 朱家骅:《忆亡友傅孟真先生》,原载1950年12月31日《"中央"日报》。
② 转引自傅乐成:《傅孟真先生的民族思想》,载1963年5月台北《传记文学》第2卷第5号。

清附敌有据,河北高等法院宣判他无罪,傅先生搜集鲍氏四项罪状,向有关机关继续抗告,表明了他对伪职人员的严正态度。对于"伪北大"的青年学生,傅斯年则网开一面。他认为:"青年何辜,现在二十岁的大学生,抗战爆发时还不过是十二岁的孩子,我是主张善为待之,予以就学便利。"①对"伪北大"的学生,除原陈雪屏代表教育部在北平设立临时大学进行收容外,傅斯年又派郑天挺代表北大筹备复原,对"伪北大"学生给予了妥善安置。

傅斯年在北京大学接收和复员中,还抓紧进行学校的各项建设。他设法延揽知名教授来校任教,充实北大师资力量。他除把北大迁往南方的图书资料和其他设施运回外,还把北大附近的相公府,东厂胡同黎元洪旧居,旧国会大厦数处力争为北大校产。他在接受伪北大的基础上,将原来的文、理、法三个学院扩大为文、理、法、工、农、医六个学院,使北大成为门类齐全的综合性大学。②

在北大复校过程中,傅斯年面临种种复杂的问题,其间还遇到处理西南联大的"一二•一"学生运动,各种事务使他身心交瘁,从他1945年10月28日给周枚荪的信中可见一斑:③

枚荪吾兄:

---

① 《对〈世界日报〉记者谈:不用伪北大人员,要替青年找第一流教授》,《傅斯年全集》第4卷,长沙:湖南教育出版社,2003年9月版,第313页。

② 参见萧超然等著:《北京大学校史》(增订本),上海:上海教育出版社,1988年4月版,第405—418页。

③ 傅斯年:《致周枚荪》,《傅斯年全集》第7卷,第289页。

惠示敬悉,盛情热心感佩之至。弟贸然代理,半年之后,必遭天殃,有不得不与兄等约者,弟固跳火坑矣,而公等亦不当立于高峰之上,搬请以为乐也,除非大家努力,齐一步骤,此局不易维持也。北大之敌人多矣,随时可来算账,且此时不攘外即无以自立,此尤使弟斗志奋发,而又不得不戒惧者也。此间事,看来与北大无关,实皆息息相关,故教育会议不得不努力,会后不得不留数日,双十前后可到昆明,住一月再返重庆,即谋北上一看,然后再回来,身体能否得付,亦未可知也。适之先生长校,各方腾欢,宋江出马,李逵打先锋,有利亦有弊。

弟赴昆明日期,未能即决者,因骝先月底赴英,诸事均得与之商一大概。以便彼与适之先生面谈,尤其是添院之事,弟如早到昆明,返来骝先不在,亦甚不方便也。

前需百万元是借的,其用处已函锡予先生,即为生病同人,有生病眷属同人,子女不得上学之同人借用之。锡予附汇西先生,似故借若干(例如每人十万),锡予先生或不肯自借,乞兄借付。

建设计画,已佩佩,一切面谈

景铖先生近来一信,另纸作复。如已行乞设法转安。

奚若兄,弟多年敬畏之友人,而立意不与弟谈话,弟虽竭力设法,亦无是何,此为弟赴昆明心中一大疙瘩,盼大为一说。数年以来,"吾甚惭于孟子",然彼必谅弟之无他也。昨雪屏示弟,奚若谓弟之办法,有甚妙者,有甚糟者,不可悉听,听时有 discrimination。诚哉是言。深知我者也。

专颂教安

　　　　　　　　　　　弟　斯年　二十八日

端升兄同此不另

　　傅斯年代理校长仅仅一年,就使北大各方面走上了正轨。从其效率之高、进展之迅速,可见其办事能力非常人所能比。但这一切却使傅斯年的身体受到了严重消耗。1946年3月,蒋介石曾请他出任国府委员,傅斯年在其辞谢信中即写道:"斯年久患血压高,数濒于危,原意战事结束,即赴美就医,或须用大手术。一俟胡适之先生返国,拟即就道,往返至少三季,或须一年。今后如病不大坏,当在草野之间,为国家努力,以答知遇之隆。"①信中虽有托词的成分,但身怀疾病的确是真。朱家骅后来说:"从昆明迁回北平,再以后来的规复设施,又是一件极繁重的事情,使他身体再度的吃了大亏。"②1947年1月7日傅斯年致夫人俞大彩信中云:

> 北京大学可以说两头着火,昆明情形已如上述,究竟如何自联大脱离,大费事,正想中。而北平方面,又弄得很糟,大批伪教职员进来。这是暑假后北大开办的大障碍,但我决心扫荡之,决不为北大留此劣迹。实在说这样局面之下,胡先生办远不如我,我在这几月给他打平天下,他好办

---

① 傅斯年:《致蒋介石》,《傅期年全集》第7卷,第304页。
② 朱家骅:《忆亡友傅孟真先生》,原载1950年12月31日台北《"中央"日报》。

下去。①

1947年7月胡适回国。9月正式就任北大校长,傅斯年与他进行了交接。9月20日,北大为傅斯年卸任举行了茶话会,"席间胡适先生对先生一年来为北大尽瘁工作,备致称扬。教授亦相继致词,谓先生在西南联合大学时代力谋恢复北大文科研究所,复员后又为北大广延教授,增加数培之校舍,至足感谢。先生则谦称:过去为北大办理成功之事,百分之七十为机会,百分之三十为努力;所谓百分之三十之努力,亦为教授不辞万里归来之结果。"②29日,傅斯年离开北平前往南京,继续主持史语所的工作。

在主持北大工作期间,傅斯年对中国高等教育制度所存在的种种流弊有了深切的体验,从而产生了改革教育体制的一些想法,离开北大前他发表了一篇《漫谈办学》。后来他去台湾担任台大校长,又提笔写了《几个教育的理想》《一个问题——中国的学校制度》《中国学校制度之批评》等文。③ 将自己在办教育中所经受的苦痛和盘托出,特别提到"改革学校制度,不可不有新风气,若风气不改,一切事无从改,不止教育而已"。④

一般人都对五四时期主长北大的蔡元培先生给予很高的评价,这自然与当时蔡先生的治校业绩分不开。30年代以后,北

---

① 傅斯年:《致俞大綵》,《傅斯年全集》第7卷,第299页。
② 傅乐成:《傅孟真先生年谱》,《傅斯年全集》第7册,台北:联经出版事业公司,1980年9月初版,第318页。
③ 上列文章均收入湖南教育版《傅斯年全集》第5卷。
④ 傅斯年:《中国学校制度之批评》,《傅斯年全集》第5卷,第220页。

大历经磨难,而蒋梦麟、胡适、傅斯年诸人苦心经营之。关于这几位师友之间的关系,傅斯年去世前夕,曾发表一个趣谈。他说:蒋梦麟先生学问不如蔡孑民先生,办事却比蔡先生高明。我自己的学问比不上胡适之,但办事却比胡先生高明。最后笑着批评蔡、胡两位先生说:"这两位先生的办事,真不敢恭维。"在场的蒋梦麟补充说:"孟真,你这话对极了,所以他们两位是北大的功臣,我们两个人不过是北大的功狗。"①这一席话算是傅、蒋两位对自己在北大工作及其所扮演角色的形象定位。

1950年12月20日,傅斯年在台北列席省参议会时,因脑溢血猝发而去世。哲人其萎,不亦悲乎!胡适在纪念文字中称赞这位学人"是希有的天才——记忆力最强,而判断力最高","是第一流做学问好手,而又能组织,能治事,能做领袖人物,而又能细心办琐事"②。在自己的朋友中,除了徐志摩、丁文江以外,傅斯年大概算是胡适最看重的人物了。

(本文原载1996年9月《北京大学学报》(哲学社会科学版)第5期)

---

① 参阅蒋梦麟:《忆孟真》,原载1950年12月30日台北《"中央"日报》。
② 胡适:《关于傅孟真先生生平的报告》,台北:"中研院"史语所,1965年3月26日印行。

肆　新学术的建构

——以傅斯年《历史语言研究所工作报告》为中心的探讨

《国立中央研究院年度总报告》收有《历史语言研究所工作报告》，现存有1928年(民国十七年度)至1939年(民国二十八年度)，共九册。其中从民国十七年度至二十四年度，每年一册；第二十六—二十八年一册。《中央研究院工作报告》现存有民国二十四年十一月、三十年十月、三十一年十月、三十二年九月、三十三年、三十四年、三十五年二月、三十六年二月、三十七年二月诸册，共九册，内亦收有《历史语言研究所工作报告》或史语所部分，内容比较单薄。作为历史语言研究所所长的傅斯年是这些工作报告的责任人或文件提供人，应属无疑。如1942年10月《国立中央研究院历史语言研究所工作报告》就有落款"负责填报者：傅斯年"的字样。① 1928年8月18日傅斯年给杨杏佛的信中曾提到总报告一事："7月份报告及职员表均录已

---

① 收入《中华民国史档案资料汇编》第五辑第二编教育(二)，南京：江苏古籍出版社，1998年4月版，第640—641页。

出示者，弟甚抱歉，原因助员有两位放暑假，弟未能代签，故姑则待之，今已寄出矣。总报告因有照像文件等，请许弟于本月末寄出至感。"①可证傅斯年是《历史语言研究所工作报告》的撰稿人或责任人。基于此，我在主编《傅斯年全集》时，决定补收这些报告②，以见证傅斯年领导史语所工作之成就。至于这些工作报告形成的具体过程，暂不得其详。第一种可能是由秘书先行起草，傅斯年定稿。第二种可能是由各组先行填报，然后汇总到所长处，由傅斯年统稿。第三种可能是由傅斯年亲自撰写（所附历史博物馆筹备处报告应不在此例）。如是最后一种方式，则说明傅斯年担任所务工作不胜繁重。

《历史语言研究所工作报告》在当时是该所年度工作汇报，具有实录、年鉴的性质。其内容或设目每年略有不同，通常有：一、一般叙述。二、组织。三、房屋（或迁移）。四、各组工作。五、设备（包括图书）。六、下年度研究计划。七、出版。八、历史博物馆筹备处报告。前八年（民国十七年—二十四年）出版正常，篇幅量较大，用纸、印刷质量颇好，表明当时中研院经费充足，工作运行较为正常。随着抗日战争的来临，篇幅量明显减少，出版日期也不确定，用纸亦差，均为油印装订册，可见后来中研院工作条件之恶劣，这种情形一直延续到国共内战

---

① 《致杨杏佛》，欧阳哲生主编：《傅斯年全集》第7卷，长沙：湖南教育出版社，2004年9月版，第68页。

② 台大版《傅孟真先生集》、文星版《傅斯年选集》、联经版《傅斯年全集》均未收这部分文献材料，可能是因编者不收公文之故。

时期。由于军费成为国民政府的主要负担,科研经费随之大为减缩,中央研究院自然身陷窘境。

时过境迁,这些史语所的年度工作报告当可视为史语所的史料长编,对于我们检视该所的学术工作进展颇具史料的价值,至少提供了诸多富有价值的线索。因此,以之为核心材料,与同时期的史语所出版物、同人来往书信和后出的回忆录等相关材料相互印证,研究历史语言研究所的学术工作,应是一项颇具价值的学术研究课题。

一、历史语言研究所工作方针之确定

历史语言研究所工作之方针详见于傅斯年《历史语言研究所工作之旨趣》(以下简称《旨趣》)一文,拙作《傅斯年全集》序言第二节"要科学的东方学之正统在中国",曾对此给予讨论。这里我想再补充强调的是:《旨趣》表现的学术理念具有强烈的民族意识、科学意识和学术独立意识。这些意识对确定史语所的工作定位发生了决定性的意义。

首先看民族意识。李济在《傅孟真先生领导的历史语言研究所》一文中开首引用了《旨趣》的一段话:

> 在中国境内语言学和历史学的材料是很多的,欧洲人求之尚难得,我们却坐看他毁坏亡失。我们着实不满这个状态,着实不服气就是物质的原料以外,即便学问的原料也

被欧洲人搬了去乃至偷了去。我们很想借几个不陈的工具,处治这些新获见的材料,所以才有这历史语言研究所之设置。

李济解释说:"这一段文字说明了廿余年历史语言研究所工作的动力所在。文中所说的'不满'与'不服气'的情绪,在当时的学术界,已有很长的历史;等到国立中央研究院成立以后,傅孟真先生才把握着这一机会,把那时普遍存在学术界的'不满的意'与'不服的气'导入正规。现在回想十七年的前后情形,我们可以说,历史语言研究所的意识形态是综合若干不同的历史因素形成的;在这些因素内,潜伏在知识界下意识的不满与不服,都是重要成分。"①也就是说,成立史语所,等于是成立中国历史、语言学科的"国家队",它既要求须代表中国的最高水平,还负有与欧美列强同行"争胜"的意味。《旨趣》结尾发出的"我们要科学的东方学之正统在中国!"这一呼喊,即是以傅斯年为代表的史语所同仁发出的心声。

不过,如果以为与外人"争胜"是为"排外"之借口则错了。"要反对这种文化侵略,应该先从反对自己的愚蠢起。要了解自己的灵魂,应该先教育自己认识自己的历史,懂得自己的语言。这些大道理,是'五四运动'后,一部分学术界所深知的;却

---

① 李济:《傅孟真先生领导的历史语言研究所——几个基本概念及几件重要工作的回顾》,收入《傅所长纪念特刊》,台北:"中研院"史语所,1951年3月,第11页。

是直到中央研究院成立后,才得到有组织的表现。"①为与外人竞争,傅斯年提出还须借外人之长补吾人之短,为此须聘请外籍研究员。筹备之初,他即向蔡元培、杨杏佛报告了自己的这一想法:"此研究所本不是一个国学院之类,理宜发达我国所能欧洲人所不能者(如文籍考订等),以归光荣于中央研究院,同时亦须竭力设法将欧洲所能我国人今尚未能者而亦能之,然后国中之历史学及语言学与时俱进。故外国人之助力断不可少。"为此,他提出了聘请伯希和(Paul Pellliot)、米勒(F. W. Muller)、珂罗倔伦(Bernhard Karlgren)三人为"外国所员"。② 这一国际化举措显然有助于加强史语所与国外同行的联系,从而提高自身的水平。

其次是科学意识。在《旨趣》中,傅斯年开首即道明:"历史学和语言学在欧洲都是很近才发达的。历史学不是著史:著史每多多少少带点古世中世的意味,且每取伦理的手段,作文章家的本事。"对历史学中的伦理化、文学化的倾向给予了批评。强调历史学是一门类似自然科学中地质学、物理学、化学一类纯客观的科学。"近代的历史学只是史料学,利用自然科学供给我们的一切工具,整理一切可逢着的史料,所以近代史学所达到的范域,自地质学以至目下新闻纸,而史学外的达尔文论正是历史方法之大成。"以后,傅斯年多次声明史语所的近代科

---

① 李济:《傅孟真先生领导的历史语言研究所》,《傅所长纪念特刊》,第12页。
② 《傅斯年全集》第7卷,第61页。

学性质,以别于此前的历史研究。

在《国立中央研究院历史语言研究所十七年度报告》第一节"历史语言研究所设置之意义"中,傅斯年重申这一旨趣:

> 中央研究院设置之意义,本为发达近代科学,非为提倡所谓固有之学术。故如以历史语言之学承固有之遗训,不欲新其工具,益其观念,以成与各自然科学同列之事业,即不应于中央研究院中设置历史语言研究所,使之与天文、地质、物理、化学等同伦。今者决意设置,正以其自然科学看待历史语言之学。此虽旧域,其命维新。材料与时增加,工具与时扩充,观点与时推进,近代在欧洲之历史语言学,其受自然科学,昭然若揭。①

为达成此项目标,傅斯年提出了六项具体措施:"甲,助成从事纯粹客观史学及语学之企业。乙,辅助能从事且已从事纯粹客观史学及语学之人。丙,择应举合众工作次第举行之。丁,成就若干能使用近代西洋人所使用之工具之少年学者。戊,使本所为国内外治此两类科学者公有之刊布机关。已,发达历史语言两科之目录学及文籍检字学。"前两条强调历史语言学的"纯粹客观"性质;第三条强调开展集体或"合众"性质的工作,彰显现代学术"企业"的性质;第四条说明其面向留学或

---

① 《国立中央研究院历史语言研究所十七年度报告》,《傅斯年全集》第6卷,第9页。

有西学背景的学者;第五条说明所刊面向国内外。第六条为发展目录学和文献索引。总之是要将史语所办成一个现代学术企业。在《国立中央研究院历史语言研究所报告第一期》中对这些做法有更为详尽的说明。① 1929年10月6日,傅斯年致信冯友兰、罗家伦、杨振声三人时重申了这一办所宗旨。② 1931年修订的《国立中央研究院历史语言研究所章程》第一条对此也有扼要说明:"国立中央研究院设置历史语言研究所,用科学赋给之工具,整理史学的及语学的材料,并以下列之工作为纲领:一、各种集众的工作。二、各种史学的及语学的材料之寻求、考定、编辑及刊行。"③ 1933年6月30日傅斯年致信胡适,表示:"这个研究所确有一个责任,即'扩充工具、扩充材料'之汉学(最广义的)。这样事业零星做也有其他的机会,但近代的学问是工场,越有联络,越有大结果。我这两年,为此'构闵既多,受辱不少',然屡思去之而不能不努力下去者,以为此时一散,至少在五年之内,在如此意义(事业的、人的)下的一个集合是不可望的了。"④将史语所办成一个学术企业(或工场)、一个发达的科学研究机构,已成为傅斯年心中坚定不移的目标。

再次是学术独立意识。这里主要涉及学术与政治的关系,傅斯年本人是一位有着强烈政治关怀和政治热情的学者,但他

---

① 参见《国立中央研究院历史语言研究所报告第一期》,《傅斯年全集》第6卷,第28—30页。
② 《傅斯年全集》第7卷,第82页。
③ 《傅斯年全集》第6卷,第369页。
④ 收入《傅斯年全集》第7卷,第121页。

深知创办史语所的真正用意在于振兴学术,故在《旨趣》书中只字未提政治,在《历史语言研究所十七年度报告》所述"历史语言研究所设置之意义"中也无一字言及政治。《旨趣》结尾所提"把些传统的或自造的'仁义理智'和其他主观,同历史学和语言学混在一气的人,绝对不是我们的同志!"似表明了该所与政治无涉的态度。本此约规,史语所的所内气氛自然也是不谈政治,史语所的出版物更是纯然的学术著作,这表现了史语所同仁在处理学术与政治关系时的自律——学术独立。只有对学术独立有着深刻的理解,才会着意对其学术品格的自我塑造。在史语所的会议记录中,除了在1930年12月6日下午举行的第一次所务会议上,我们在会议开始时看到有"主席恭读总理遗嘱"①这一处略带有政治宣示的会议记录外,似再也找不到其他与政治有关的纪录。这表现了当时史语所同仁对"学术独立"的维护,即使在外界弥漫着"党化教育"的气氛时也是如此。

学术理念中所含的民族意识、科学意识、学术独立意识确定了史语所工作定位,对史语所后来的发展起了至关重要的作用。以后,傅斯年抱定这一宗旨,在《史学方法论》开首明确强调:"史学的工作是整理史料,不是做艺术的建设,不是做疏通的事业,不是去扶持或推翻这个运动,或那个主义。"②在《史料与史学》发刊词中公开声明:"本所同人之治史学,不以空论为

---

① 《傅斯年全集》第6卷,第274页。
② 《傅斯年全集》第2卷,第308页。

学问,亦不以'史观'为急图,乃纯就史料以探史实也。"①都突显了其"史学即是史料学"的学术理念。史语所之成为史语所,与其稳定地、持续地走这一路线分不开。

二、历史语言研究所的组织机构和制度建设

有关史语所的沿革大致有两种处理:一是1969年王懋勤编撰的《历史语言研究所所史资料初稿》(未刊)根据史语所的所址变迁大致分为广州创建、迁往北平、南迁沪京、西迁长沙、再迁昆明、北迁南溪、复员还都、东迁台湾及所址重建诸节。二是1998年10月"中研院"史语所出版的《中央研究院历史语言研究所七十年大事记1928—1998》依据历史内涵分为六个时期:筹备创立期(1928年1月—1929年6月)、塑形鹰扬期(1929年7月—1937年6月)、动荡困顿期(1937年7月—1954年12月)、生息复苏期(1955年1月—1980年12月)、开展多元期(1981年1月—1997年7月)、新结构与新时代(1997年至今)。我们这里主要讨论前三个时期的1928年到1949年部分,这是史语所的"傅斯年时代",也可以称之为该所的"古典时代"。

历史语言研究所的筹备创立期依其所址变化又可内分为三个阶段:第一阶段(1928年3月—9月),筹备处设在广州。3

---

① 《傅斯年全集》第3卷,第335页。

月,大学院聘请傅斯年、顾颉刚、杨振声三人为常务筹备员。4月,史语所筹备处在中山大学成立。5月5日,订定《历史语言研究所组织大纲》。7月,正式成立。9月,聘任傅斯年为所务秘书代行所长职务。① 这一时期的研究项目主要有:通信员董作宾承担的安阳调查、史禄国(M. Shirokooroff)负责的云南人类学知识调查、编辑员黄仲琴担负的泉州调查、助理黎光明担任的川边调查。

第二阶段(1928年10月—1929年6月)为成立初期,这实为一过渡阶段。全所一分为二,"本所正式开始,因南中富于方言民族诸科材料,遂以一部分设于广州;又因史料在北平最富,故别将一部分设于北平。当时拟定次第设立八组,以事为单位,故组别较多"②。其中史料组由陈寅恪在北平负责组织,陈"拟先利用在北平可得之史料,整理清代史中数重要问题",开始接洽明清内阁大库档案。汉语组由赵元任主持,开展的研究有方言调查、各方言之单研究、韵书研究。民间文艺组由刘复任主任,这一组因有北京大学歌谣研究会的工作基础,其工作得以迅速展开。考古组由李济任主任,李"于12月1日至安阳,往返两周,决定次春发掘"。汉字组由特约研究员丁山主持。人类学民物组未请主任,"人类学工作室事,则由史禄国任之"。

---

① 参见《中央研究院历史语言研究所四十周年纪念特刊》,台北:"中央研究院"历史语言研究所,1968年10月,第2页。
② 《国立中央研究院历史语言研究所十七年度报告》,《傅斯年全集》第6卷,第12页。

敦煌材料研究由陈垣主持。另还拟设文籍考订组。① 1928 年制定的《国立中央研究院历史语言研究所章程》第二条规定:"历史语言研究所暂设下列八组:一、史料。二、汉语。三、文籍考订。四、民间文艺。五、汉字。六、考古。七、人类学及民物学。八、敦煌材料研究。"②实指这一阶段的情形。1929 年 1 月中研院聘任傅斯年为代理所长。

1929 年 6 月 5 日进入第三阶段。全所移入北平北海静心斋新址,在机构上也相应作了较大调整。"将原来以事业为单位之组取消,更为较大之组",下设三组:第一组"史学各面以及文籍校订等属之",第二组"语言学各面以及民间文艺等属之",第三组"考古学人类学民族学等属之",陈寅恪、赵元任、李济分任三组主任,③他们是史语所三组的学术带头人。至此,史语所的格局基本形成,组织机构亦基本确立。对于这一组织机构的调整,李济先生后来给予高度评价:"这一决议,较之原来的设计,不但是一件切合实情的改进,同时在理论上及组织上也是一大进步。廿余年来,三组工作之相辅相成,就是这一决议案合理

---

① 《国立中央研究院历史语言研究所十七年度报告》,《傅斯年全集》第 6 卷,第 13—14 页。
② 《国立中央研究院历史语言研究所章程》,《傅斯年全集》第 6 卷,第 31 页。
③ 《国立中央研究院历史语言研究所十七年度报告》,《傅斯年全集》第 6 卷,第 16—17 页。三组首任主任的任职时间:陈寅恪(1929 年 6 月—1949 年)、赵元任(1929 年 6 月—1973 年 7 月)、李济(1928 年 10 月—1979 年 8 月)。参见《中央研究院史初稿》,台北:"中央研究院"总力事处秘书组编印,1988 年 6 月,第 67 页。

的最大证据。由此也可以看出创办人刻意求进的精神及他的远见。"①有趣的是,史语所筹备之初,筹备员傅斯年、顾颉刚、杨振声三人均为北大同学,此时三组主任却换成了清华国学研究院加盟的三巨头,除了留下傅斯年这位"光杆司令"外,"北大帮"的痕迹已不复存在。新聘的陈、赵二位是傅斯年留欧时期即熟识的朋友,李济系李四光推荐,②他们三位均有留学欧美的背景。顾颉刚与史语所的关系从最初的常务筹备员(1928年)、到兼任研究员(1928年)、再到特约研究员(1929—1933年)、最后为通信研究员(1933—1948年),③离开筹备处后与傅斯年渐行渐远,除了为史语所集刊外编《庆祝蔡元培先生六十五岁论文集》下册撰写一篇《两汉州制考》一文外,未再在史语所出版任何著作,似表现了其疏离的态度。④ 对于陈、赵、李三位的加入,逯耀东先生评论道:"他们留学欧美,对中国学术未来的发展,与傅斯年有相同的理念。他们的结合象征中国学术已经

---

① 李济:《傅孟真先生领导的历史语言研究所》,收入《傅所长纪念特刊》,第13页。
② 参见《傅斯年致冯友兰、罗家伦、杨振声》(1928年10月),收入《罗家伦先生文存》附录《师友函札》,台北:中国国民党中央委员会党史委员会编辑国民党党史会,1996年版,第301—303页。傅信中称:"李仲揆盛称李济之,我见其驳史禄国文,实在甚好。我想请他担任我们研究所的考古一组主任,如他兴趣在人类学,亦好。"
③ 参见《中央研究院历史语言研究所四十周年纪念特刊》,第147页。
④ 有关顾颉刚与傅斯年及史语所的关系,参见顾潮:《顾颉刚与傅斯年在青壮年时代的交往》,载《文史哲》1993年第2期。《顾颉刚先生与史语所》,收入《新学术之路》上册,台北:"中央研究院"历史语言研究所,1988年10月,第85—94页。

超越'整理国故',由传统向现代的过渡阶段,正式进入现代学术研究领域。"①诚为至当之论。

在塑形鹰扬期间,史语所两度搬迁,先在北平北海静心斋,1933年6月第一组除徐中舒留北平继续整理明清档案外,其余人员与第二、三组同时迁往上海曹家渡极司菲尔路145号小万柳堂。1934年10月南京钦天山北极阁新建大厦落成,全所由上海迁至新厦。② 在组织结构上增设了第四组和附设历史博物馆筹备处。史语所成立之初,即有"人类学民物学组"之设置,"嗣因社会科学研究所当时已设有民族学组,故在民国十八年本所由广州迁至北平后,即将该组取消,以免重复"③。1933年夏,傅斯年兼任社会科学研究所所长。1934年夏,社会科学研究所改组,据《国立中央研究院历史语言所二十三年度报告》载:"本所原分第一(历史)、第二(语言)、第三(考古)三组,本年度将社会科学研究所之民俗改归本所为第四组(人类学)。该组主任初由李济君兼任,后因考古组工作繁巨,乃改聘吴定良君担任。"④以后,史语所的组织机构设置没有大的变动,保持了相当的稳定性,直到1948年没有变更。在史语所二十周年的

---

① 逯耀东:《傅斯年与〈历史语言研究所集刊〉》,载1996年10月《台大历史学报》第20期,第81页。
② 参见《中央研究院历史语言研究所七十年大事记1928—1998》,第8、10页。
③ 芮逸夫:《民族调查与标本之搜集》,收入《傅所长纪念特刊》,第39页。
④ 《国立中央研究院历史语言研究所二十三年度报告》,收入《傅斯年全集》第6卷,第451页。

报告中,所内四组的工作仍然是:

第一组:以研究史学问题及文籍校订为主要工作,附有明清史料整理室。

第二组:以研究汉语,中国境内其他语言及实验语音学为工作范围,附有语音实验室。

第三组:以发掘方法研究中国史前史及上古史为主要工作,兼及后代之考古学。

第四组:以研究中国民族学为工作,附有标本陈列室。①

史语所的附属机构——历史博物馆筹备处,系1929年8月经国民政府教育部划归中研院后,8月13日由史语所接收,改名为国立中央研究院历史语言研究所历史博物馆筹备处,成立筹备委员会,由朱希祖任常务委员会主任,傅斯年、裘善元为常务委员,陈寅恪、李济、董作宾、徐中舒为委员,由裘善元担任管理主任,该馆设在午门楼上。② 1934年5月议定历史博物馆筹备处下年度并入中央博物院。

在动荡困顿期,史语所七度搬迁。第一次是1937年8月迁至长沙圣经学院,第二次是1938年7月迁到昆明靛花巷三号,

---

① 转引自董作宾:《历史语言研究所在学术上的贡献》,载1951年1月5日台北《大陆杂志》第2卷第1期。

② 参见《国立中央研究院历史语言研究所十八年度报告》第五章"国立中央研究院历史博物馆筹备处十八年度报告",收入《傅斯年全集》第6卷,第89—91页。

第三次是1938年9月迁到昆明北乡龙泉镇棕皮营村响应寺、龙头书坞及宝台山弥陀殿,第四次是1940年冬迁到四川南溪县李庄镇板栗坳,第五次是1946年11月自李庄迁回南京鸡鸣寺路原址,第六次是1949年1月从南京迁往台北杨梅镇,第七次是1954年12月从杨梅迁至南港。① 在此期间,1941年香港沦陷时,史语所存放在香港九龙的图书、文物、标本全部损失。史语所在此期间,除了新聘一批专、兼任研究人员,其他并无大的变化。1944年3月,第四组体质人类学部分划出,成立"体质人类学研究所筹备处",中研院聘吴定良为筹备处主任,凌纯声继任第四组主任。1947年1月,史语所接收体质人类学研究所筹备处,其业务仍由第四组办理。②

抗日战争胜利后,原在北平的日伪文化机构"东方文化研究所""东方文化事业总会""近代科学图书馆"均为史语所接管。中研院设置"北平图书史料管理处",傅斯年兼主任。1945年11月改聘汤用彤为主任。1947—1948年余逊代理主任。

1949年1月史语所将其图书、仪器、文物标本搬往台湾,其人员则一分为二:傅斯年、李济、董作宾、李方桂、陈槃、全汉昇、

---

① 参见《"中央研究院"历史语言研究所七十年大事记1928—1998》,第14—24页。
② 参见《"中央研究院"历史语言研究所四十周年纪念特刊》,第14、18页。

周法高等部分人员撤往台湾,赵元任滞留美国①;历史组的陈寅恪、岑仲勉、张政烺、何兹全、王崇武等,考古组的梁思永、夏鼐、郭宝钧,语言组的丁声树,民族组的颜誾、马学良,通信研究员顾颉刚、陈垣、马衡、汤用彤、翁文灏,兼任研究员韩儒林、北平图书史料整理处代理主任余逊选择留在大陆。令人感动的是,两岸史语所同仁的情谊却未曾因政治的阻隔而割舍,1950、60年代,史语所第一组组务由陈槃以代理主任的名义负责,直到陈寅恪去世的消息传到台湾,陈槃才于1970年6月真除主任之职。② 另一方面,大陆方面中国科学院成立时,组建考古研究所,以文化部文物局局长郑振铎兼任所长,而以梁思永、夏鼐为副所长,亦寓含有所长之职为李济留下之意。③

在制度建设方面,1929年2月订定《国立中央研究院历史语言研究所章程》,共22条,对所内机构、分组、所务会议职权、研究、编辑人员及其聘任等作了相应规定。④ 1932年8月21日所务会议修订《国立中央研究院历史语言研究所章程》,改为五章十五条,内容作了较大修改。如第二章"所务会议",原十一

---

① 赵元任系1938年8月离开中国,应邀前往美国夏威夷大学任教,从此未再回史语所主持语言组的工作。关于他的离所,有各种猜测和说法,其中有人提到赵家与李方桂矛盾说。参见李光谟:《锄头考古学家的足迹——李济治学生涯琐记》,北京:中国人民大学出版社,1996年9月版,第108—109页。

② 参见陈弱水:《1949年前的陈寅恪——学术渊源与治学大要》,收入《新学术之路》上册,第104页。

③ 石兴邦:《夏鼐先生行传》,收入《新学术之路》下册,第722页。

④ 参见《国立中央研究院历史语言研究所十七年度报告》,收入《傅斯年全集》第6卷,第31—33页。

条改为十条。第三章"组别"规定设立史学、汉语、考古学三组。第四章"研究生"为原所无。① 此后,史语所章程未再见大的更改。1935年11月15日所务会议修订《历史语言研究所章程》,增设第四组(即人类学组)。② 1941年6月25日修订《历史语言研究所章程》,依照中研院修正《研究所组织通则》所规定,将现有职员分类名称,依规定调整改任。③

史语所虽脱胎于中山大学语言历史研究所,但究其创建后的关系而言,它与北大、清华两校的关系更为密切。史语所最初因聘请陈寅恪、赵元任、李济,不免与清华大学方面关系"紧张",为此傅斯年致信冯友兰、罗家伦、杨振声,特别予以解释:"现在寅恪、元任、及李济之,我们的研究所均不免与之发生关系。这不是我们要与清华斗富,也不是要与清华决赛,虽不量力,亦不至此! 亦不是要拆清华的台,有诸公在,义士如我何至如此!""所以在清华不便派人长期在外时,可由我们任之。我们有应请而请不起,而清华也要请的人时,则由清华请之。有可合作的事时,则合办之。诸如此类,研究的结果是公物,我们决不与任何机关争名。"④1930年代前期,傅斯年、李济、董作宾、梁思永诸人曾在北大兼课,除了传授学业,培养诱掖后生学

---

① 参见《国立中央研究院历史语言研究所二十年度报告》,收入《傅斯年全集》第6卷,第369—371页。
② 参见《中央研究院历史语言研究所四十周年纪念特刊》,第8页。
③ 同上注,第12页。
④ 《傅斯年致冯友兰、罗家伦、杨振声》(1928年10月),收入《罗家伦先生文存》附录《师友函札》,第301—303页。

子;利用教学之便,他们在北大还"选拔一些有培养前途的人进史语所各组做低级研究人员"①。抗日战争爆发后,北大、清华、南开三校内迁到昆明,组建西南联合大学,因胡适已身赴美国,傅斯年遂代胡兼任北大文科研究所所长。有了这层关系,两所的许多工作几乎迭合为一。② 1939 年 8 月史语所所务会议通过《历史语言研究所与北大文科研究所合作办法》,由史语所代为指导研究生,并予以图书及宿舍使用之便利。③ 通过密切的人员交流,史语所与清华、北大结成了鱼水关系。

傅斯年作为一所之长,颇有"父母官"的作派甚或企业"老板"的作风。所内年青人畏他如"胖猫"。④ 外界称他为"老虎""傅大炮"。然对所内人员的管理或聘任,他有自己的原则。对所内学术带头人陈寅恪、赵元任、李济、罗常培等更是体恤有加,照顾备至。20 世纪 30 年代前几年,陈寅恪在清华兼职,罗常培被北大"借出三年",对他俩的所外兼职,傅斯年根据他俩

---

① 参见邓广铭:《怀念我的恩师傅斯年先生》,载 1996 年 11 月《台大历史学报》第 20 期,第 7—8 页。
② 有关史语所与北大文科研究所的关系,详见郑克晟:《中研院史语所与北大文科研究所——兼忆傅斯年、郑天挺先生》,收入布占祥、马亮宽主编:《傅斯年与中国文化》,天津古籍出版社,2006 年 3 月版,第 26—30 页。
③ 参见《中央研究院历史语言研究所七十年纪念大事记 1928—1998》,第 16 页。关于借阅图书办法,参见《中央研究院历史语言研究所与西南联大订立图书阅读及借用办法》,参见北京大学、清华大学、南开大学、云南师范大学编:《国立西南联合大学史料》第六册,昆明:云南教育出版社,1998 年 10 月版,第 315—316 页。
④ 参见董作宾:《历史语言研究所在学术上的贡献》,载 1951 年 1 月 5 日台北《大陆杂志》第 2 卷第 1 期。

的性格分别个案处理：

> 若以寅恪事为例，则寅恪之职务，大事仍由其主持，小事则我代其办理。莘田兄之研究工作，因不能请元任兄代也。且寅恪能在清华闭门，故文章源源而至（其文章数目在所中一切同人之上），莘田较'近人情'，寅恪之生活非其所能。故在寅恪可用之办法，在莘田本不适用，况一为事务，一为研究，本不同乎？……盖寅恪能'关门闭户，拒人于千里之外'，莘田不能也。①

抗战时期，赵元任在美访学，生活不易，回国亦难，傅斯年特别嘱托胡适帮忙：

> 元任兄回国与否一事，所中同人不能下一断语。为本所言，无人不盼元任之速归。元任去此两年，有形之损失已大，无形之损失更大。如为元任言，此时归来，未免受苦。物价高涨，生活不易，而元任身体不佳，虽愿与我们同甘苦，但恐身体不赞助其精神耳。故如能由先生设法为之捐得在美一二年之薪（一年最好），或是为朋友着想之善法。②

傅斯年两度兼任中研院总干事，第一次是 1938 年 1 月，第二次是 1940 年 10 月至 1941 年 9 月，在这期间，所长一职均由

---

① 《傅斯年全集》第 7 卷，第 133 页。
② 同上书，第 211 页。

李济代理。1947年6月至1948年8月傅斯年赴美治病,委派副研究员夏鼐代理所务,表现了他对夏的才干和人品的高度推崇。① 夏鼐系1941年留学归国,先任职于李济主持的中央博物院筹备处。1942年12月23日傅斯年致信叶企孙,称:"夏鼐之学问前途甚大,本所早有意聘他。但博物院亦重视之(济之前云,既要办博物院,我也要留个好的)。"②双方为争夺夏鼐,各持己见,据理力争。第二年夏鼐转到史语所任副研究员。夏对傅执礼甚恭,以"学生"自称。③

史语所之所务管理、机构设置和人员聘任具有自己的特点。凡所内重要事务均由所务会议决定。1929年2月最初订定的《国立中央研究院历史语言研究所章程》第四条规定:历史语言研究所所务会议由所长、秘书、各组主任及专任研究员组织之。第六条规定所务会议的"职权"共十一条:一、审议本所基金之筹集、保管方法及其他财政事项。二、审查本所预算及决算。三、审议本所各项规则。四、议决本所工作进行计划。五、议决本所图书设备事项。六、议决著作品出版及奖励事项。七、议决本所与国内外学术机关联络事项。八、审查研究工作之成绩。九、审议研究员助理员及其他人员任免事项。十、审议其他中央研究院院长或本所所长交议事项。十一、所务会议

---

① 石兴邦:《夏鼐先生行传》,收入《新学术之路》下册,第717页。
② 《傅斯年全集》第7卷,第272页。
③ 参见"傅斯年档案"Ⅲ:532。转引自石兴邦:《夏鼐先生行传》,收入《新学术之路》下册,第718页。

于必要时得以设置各项特殊委员会。这些规定体现出该所的民主管理原则和"合众"性质。1931年修订的《国立中央研究院历史语言研究所章程》第二章"所务会议"对其"职权"的规定除将第一、二项合并外,其他没有变化。所务会议成为史语所的议事和决策机构,这是该所管理的一大特色。史语所下属组别设置以科学性、材料性较强的学科为主,如史学组重史料收集、考订,语言组重方言调查,考古组重田野发掘。史语所聘请了一批特约研究员和外国通信员,这一举措有利于加强该所与所外、国外同行的沟通和联系。史语所先后聘请的兼任、特约、通信研究员有蔡元培、胡适、陈垣、马衡、容庚、朱希祖、冯友兰、刘复、沈兼士、丁文江、翁文灏、梁思成、孟森、赵万里、汤用彤等,他们都是国内在某一领域的顶尖学者。聘请的外籍研究人员有:人类学文物学组聘请史禄国为专任研究员,①聘请米勒、伯希和、高本汉三位为通信研究员②。1932年第一组又增加外国通讯员钢和泰(Stael Holstein)、第三组增加步达生(Black Davidson)、德日进(P. Teilhard de Chardin),③均为国际一流学者。

据董作宾先生统计,截止到1948年,史语所发展到拥有14万多册图书,1000余箱仪器、标本、古物;研究人员59人,连同

---

① 参见《国立中央研究院历史语言研究所十七年度报告》,收入《傅斯年全集》第6卷,第15页。
② 参见《致蔡元培、杨杏佛》1928年5月5日,收入《傅斯年全集》第6卷,第61页。此处将高本汉译作"珂罗倔伦"。
③ 参见《国立中央研究院历史语言研究所二十一年度报告》,收入《傅斯年全集》第6卷,第375—376页。

职员84人，在人员方面大大超过中研院其他兄弟所；"已刊行的专书，共有76种，已发表在集刊、报告中的论文，共有五百多篇，装起来两书箱，摆起来在集刊、报告中的论文，共有五百多篇，装起来两书箱，摆起来一书架。因此，那些兄弟所们，在敬、畏、妒复杂情绪之下，不能不共尊他是老大哥，称之曰'大所'"①。在人员规模、成果数量及影响、图书文物添置等方面，史语所均跃居中研院各所之首。

三、历史语言研究所学术工作之开展

傅斯年逝世三个月之际，史语所出了一期《傅所长纪念特刊》，刊登了李光涛的《明清档案》、杨时逢的《语言调查与语音实验》、石璋如的《考古工作》、芮逸夫的《民族调查与标本之搜集》、徐高阮的《图书室》、劳榦的《出版品概况与集刊的编印》等文。这些文章从不同方面介绍了傅斯年为推动史语所各项工作所发挥的领导作用。实际上，也对傅斯年在任期间史语所各项工作的进展作了回顾和总结。我们且先看史语所"合众"学术工作之开展。

---

① 董作宾：《历史语言研究所在学术上的贡献》，载1951年1月5日台北《大陆杂志》第2卷第1期。据笔者统计，截至1949年史语所搬迁到台湾止，史语所共聘任各种人员共109人，其中专任研究员、编辑员65人，兼任、特约、通信研究员21人，职员、助理员23人。此统计参见王懋勤编：《中央研究院历史语言研究所研究人员著作目录》，收入《中央研究院历史语言研究所四十周年纪念特刊》，第33—190页。不过，此名单似为一不完全名单。

考古　安阳发掘是史语所最具成就、亦最早产生国际影响的一项考古研究工作,有关这一工作来龙去脉的最权威介绍当推李济先生的英文著作《安阳》。①从1928年起至1937年6月底,史语所在安阳共举行了十五次发掘。其中前十一次发掘现场情形及经过详载于《历史语言研究所工作报告》中。1928年8月董作宾至安阳,10月间在小屯"先作小试之发掘,以决后来可大决否",此次试掘为期两旬。②1929年春,"在小屯村中更作一次有计划的工作,颇多创获"。同年秋季,"继续前业,是为第三次田野工作"。报告对本年度安阳发掘、整理、研究作了详尽记载。③1931年春季"实为第四次发掘",考古组全体人员参加,发掘现场为小屯、后冈、四盘磨。④1931年11月7日到12月19日第五次安阳发掘,除李济、吴金鼎外,第三组其他人员均参加。发掘现场为小屯村、后冈。通过此次发掘,对仰韶文化层、后冈文化层、殷墟文化层的上下先后有一清晰的了解。"中国早期文化的研究,由此得一大结束。"1932年春第六次安阳发

---

①　Li Chi, *Anyang*, Seattle University of Washington Press,1977。中译本收入李光谟编:《中国现代学术经典·李济卷》,石家庄:河北教育出版社,1996年8月版,第439—683页。
②　参见《国立中央研究院历史语言研究所十七年度报告》,收入《傅斯年全集》第6卷,第10—11页。
③　参见《国立中央研究院历史语言研究所十八年度报告》,收入《傅斯年合集》第6卷,第71—76页。
④　参见《国立中央研究院历史语言研究所十九年度报告》,收入《傅斯年全集》第6卷,第196—197页。

掘,现场发掘地点为小屯村、侯家庄、花园庄。①1932年10月24日—12月20日第七次安阳殷墟发掘,李济指挥,董作宾、李光宇、石璋如等参加。②1933年秋季第八次、1934年春季第九次安阳殷墟发掘,两次工作,分布于小屯、后冈、侯家庄、武官四处。③1934年10月3日至1935年1月1日为第九次,参加者有梁思永、石璋如、刘燿、祁延霈、胡福林、尹焕章六人。发掘地点为侯家庄、西北冈。1935年3月15日到6月22日第十次发掘。两次发掘发现殷墓及铜制、石制、玉制、陶制等大量各种随葬品。④1935年9月5日至12月18日第十一次发掘,率领人为梁思永,参加者有石璋如等十一人,"工作中心仍在安县西北十二里之侯家庄西北冈殷代墓地"⑤。1935年9月第十二次殷墟发掘,是为侯家庄西北冈第三次发掘。1936年3月第十三次殷墟发掘,发现空前的YH127甲骨坑。1936年9月第十四次殷墟发掘。1937年3月第十五次殷墟发掘,这是最后一次大规模的发掘。殷墟发掘造就了李济、董作宾、梁思永这样一些国际考古学界知名的学者。

---

① 参见《国立中央研究院历史语言研究所二十年度报告》,收入《傅斯年全集》第6卷,第294—295页。
② 参见《国立中央研究院历史语言研究所二十一年度报告》,收入《傅斯年全集》第6卷,第387页。
③ 参见《国立中央研究院历史语言研究所二十二年度报告》,收入《傅斯年全集》第6卷,第430—432页。
④ 参见《国立中央研究院历史语言研究所二十三年度报告》,收入《傅斯年全集》第6卷,第461—468页。
⑤ 参见《国立中央研究院历史语言研究所二十四年度报告》,收入《傅斯年全集》第6卷,第496—501页。

如果单就《史语所工作报告》上的介绍而言,我们似看不到傅斯年的影子,而只有发掘工作的过程和成果记载。但如结合当事人的回忆材料,即可看出傅斯年在安阳发掘中所发挥的领导作用。为殷墟发掘,傅期年曾于 1929 年 11 月前往开封调解中研院与地方的纠纷;1931 年春、1932 年秋、1935 年 5 月三度亲赴安阳小屯现场视察发掘情形。① 关于傅斯年与殷墟发掘的关系,知悉内情的李济特别交代:

> 孟真先生与殷墟发掘的关系是多方面的;除了领导的作用外,行政的交涉与经费的筹划,他担负了最大部分的责任。初期发掘时,这一工作曾遭少数人无理的阻挠,为这件事,他曾亲自跑到开封接洽,因以收到地方上合作的结果。他对于这事的关切,直到研究报告出版时才告一段落;考古组编辑的几种刊物,全是他命名的。②

谈及史语所的考古工作,石璋如先生如是说:

> 考古工作是一件花钱,费力又消耗时间的工作。有了充分的财力才会产生出大规模的工程。而领导这伟大工程的又须有专门人才。有了专门人才才会造出精密的工作,

---

① 参见韩复智编:《傅斯年先生年谱》,载 1996 年 10 月《台大历史学报》第 20 期,第 255、257、259、263 页。
② 李济:《傅孟真先生领导的历史语言研究所》,收入《傅所长纪念特刊》,第 15 页。

若能给以充分的时间让那些专门人才继续的精密工作,就会有灿烂的成绩表现。财力、人力、时间三者是一套考古的成功密[秘]诀。孟真所长最会筹划款项,最爱专门人才,最会把握时间,最能克难,最有决断也最有毅力,因此中央研究院的考古工作蜚声中外。①

可以说,没有傅斯年的亲自领导和出面疏通各种关系,很难想象安阳发掘工作能够顺利开展,遑论取得蜚声中外的成就。

明清档案史料整理 史语所成立之初,即着手接洽购回明清内阁大库档案。这些档案在民国二年原存历史博物馆。十年,"历史博物馆因经费短绌,遂将此项档案大部分较破碎者售出,辗转为寄居天津之李木斋氏购得"。十七年十二月由北京大学教授马叔平介绍,开始与李氏接洽购回。"旋议定以一万八千元为代价,盖即李氏原付价及历年为此所出之迁移房租等费",十八年八、九月间经徐中舒、尹焕章将平津两处档案陆续运存午门楼存放。先招雇书记6人、工人19人初步整理。成立明清内阁大库档案编委会,推定陈寅恪、朱希祖、陈垣、傅斯年、徐中舒五人为委员,编印《明清史料》丛刊。② 为保证工作的开展,特订工作十二条规则,严格要求工作人员按章进行,并指定李光涛负责填写工作日志。随着工作的进展,所雇人数逐渐递减,十九年十月减至十一人,二十一年减至三人,最后仅留一人

---

① 石璋如:《考古工作》,收入《傅所长纪念特刊》,第33页。
② 参见《国立中央研究院历史语言研究所十八年度报告》,收入《傅斯年全集》第6卷,第59—60页。

保管。这项工作前期包括检理、分类,均在 1932 年终完成。同时编辑出版《明清史料》,从 1929 年开始陆续出版,至 1932 年底已出版甲编十册。因档案南迁中间停顿了两年。自 1934 年起,由陈寅恪、傅斯年、徐中舒重新组织一《明清史料》编刊委员会,以陈寅恪为主席,审查史料之编定与刊行;并命练习助理员李光涛为提要,执行编刊校对诸事。① 1935 年 1 月《明清史料》复刊。到 1948 年止,又续出了乙编、丙编、丁编三十册。对史语所的明清档案整理工作,前有徐中舒的《内阁档案之由来及其整理》②《再述内阁大库档案之由来及其整理》③两文,后有李光涛的《记内阁大库残余档案》④《明清档案与清代开国史料》⑤两文作了总结。傅斯年对明清档案史料的整理颇为重视,从最初争取经费治购,到组织明清内阁大库档案编委会,发刊《明清史料》,再到对实际整理工作的督促、指导,都与他分不开。他所撰写的《〈明清史料〉发刊例言》《〈明清史料〉复刊志》显现了他对这一工作的措意。明清档案整理作为史语所的看家本领,这一工作一直延续到后来,迄止 1975 年 8 月,已续出了戊、己、庚、辛、壬、癸六编,共一百册。⑥

---

① 参见《国立中央研究院历史语言研究所二十三年度报告》,收入《傅斯年全集》第 6 卷,第 455 页。
② 载《明清史料》甲编第一本,上海:商务印书馆,1932 年出版。
③ 载《国立中央研究院历史语言研究所集刊》第三本第四分册,1933 年。
④ 载 1955 年《大陆杂志》第 11 卷第 4、5、6 期。
⑤ 载 1970 年《中央研究院历史语言研究所集刊》第四十二本第二分。
⑥ 参见王戎笙:《傅斯年与明清档案》,载 1996 年 11 月《台大历史学报》第 20 期,第 23—34 页。

史语所整理明清史料的另一项富有影响力的工作是校勘《明实录》。据《国立中央研究院历史语言研究所二十三年度报告》载：

> 校勘《明实录》之计划在上年中，即已决定。本年度开始，即由那廉君、邓诗熙、潘悫三人任校对，而以助理员李晋华复校，兼总其成。计明列朝实录约三千卷，共三百册。每月每人约校五十卷，即五册，共十五册，至本年度止，已校至正德朝毕，及嘉靖朝之小半，计一千七百余卷，一百七十余本。预计至明年一月间，当即完全校毕，全书即可以付印矣。①

但因实际参与这项工作的人较少，加上未校完的嘉靖、隆庆、万历、泰昌、天启五朝实录"残缺过多，抄补需时"，工作量因需参校的文献材料增补而不断加大，此整理工作一拖再拖，直到1948年，史语所工作报告述及此工作，"校勘列朝实录（副研究员王崇武）用抱经楼本校完泰昌（光宗）朝及熹宗（天启）朝之一半，此系第三遍"②。据劳幹回忆：

> 《明实录》的整理是孟真先生首先注意到的，搜集了七

---

① 参见《国立中央研究院历史语言研究所二十三年度报告》，收入《傅斯年全集》第6卷，第456页。

② 参见《国立中央研究院历史语言研究所工作报告》，收入《傅斯年全集》第6卷，第595页。

种本子来校,并且经过故李晋华先生的用心整理,大致已经有头绪了,因为经费问题,尚未付印。在整理《明实录》之时,孟真先生对明史曾经下过很深的功力,作过《明成祖生母记疑》《明成祖生母问题汇证》。①

《明实录》的出版延至1963年7月才启动,历时近四年,直到1967年3月才完成。②

语言调查与语音实验　语言组的工作也不示弱。据李济先生回忆:

> 史言所创设之始,即毅然地摆脱了章炳麟的权威,而得到赵元任先生的合作,以百分之百的现代科学工具,复兴中国的语言学。自民国十七年起,直至七七事变的一年,复兴的中国语言学的进步,是一线直上的。在这一时代,史言所的第二组建设了一个正确的研究标准,提出了并解决了若干中国语言学的基本问题,完成了不少的方言调查,同时造就了不少的青年语言学家。③

---

①　傅乐成:《傅孟真先生年谱》,台北:传记文学出版社,1979年5月版,第41—42页。

②　参见黄彰健:《历史语言研究所校印〈明实录〉的工作》,载《中央研究院历史语言研究所四十周年纪念特刊》,第207—213页。黄彰健:《影印国立北平图书馆藏明红格本明实录并附校勘记序》,载1971年7月《中央研究院历史语言研究所集刊》第32本。

③　李济:《傅孟真先生领导的历史语言研究所》,收入《傅所长纪念特刊》,第16页。

对章太炎在文字学领域的霸权地位不满,源自傅斯年的《历史语言研究所工作之旨趣》,是文严厉地批评"章氏在文字学以外是个文人,在文字学以内做了一部《文始》,一步倒退过孙诒让,再步倒退过吴大澂,三步倒退过阮元,不但自己不能用新材料,即是别人已经开头用了的新材料,他还抹杀着,至于那《新方言》,东西南北的猜出去,何尝寻扬雄就一字因地变异作观察?这么竟倒退过二千年了。"傅斯年明确反对章太炎一本《说文解字》的古文字学研究路数,"以《说文》为本体,为究竟,去作研究的文字学,是书院学究的作为,仅以《说文》为材料之一种,能充量的辨别着去用一切材料,如金文、甲骨文等,因而成就的文字学,乃是科学的研究。"这也是他大力推动殷墟发掘,力主以甲骨文材料研究殷商史;聘请容庚为特约研究员,由史语所出版其《秦汉金文录》《金文编》的缘由。

关于第二组(语言组)的语言调查,参与其事的杨时逢回忆:"孟真先生创办历史语言研究所,以语言与历史并重,先生认请汉语学之研究,须以方言研究为成就之道路。故在开办之初,即计划全国方言调查。先后在赵元任、李方桂两先生领导下进行汉语及非汉语之调查。"①这些调查见证于史语所工作报告有:自1928年11月至1929年2月,赵元任"在两粤作初次之方言调查,其范围东至潮汕,西至南宁,北至乐昌,南至中山",

---

① 杨时逢:《语言调查与语音实验》,收入《傅所长纪念特刊》,第27页。

记瑶歌 97 首,其中前 90 首系用蓄音机蜡筒记下。① 1929 年李方桂"赴广东调查,于所记琼山乐会方言中发现'吸气辅音'(Inspiratory Consonants or Clicks),又在广东北江搜集八排瑶之语言材料甚多"②,还前往海南岛调查黎语及本地汉语,到 1930 年初回所。③ 1930 年王静如"曾往深泽县调查音值及记束鹿安平一带八县之声调,其中有入声之类,为北方方言之罕见之现象"④。1931 年王静如"曾赴河北省南部大名一带调查方音四五种"⑤。1933 年由"中华教育文化基金董事会补助费项下,聘请白涤洲为临时调查员,自二十二年度三月起,赴河南陇海路沿线,及陕西阳关中道所属,调查各地方音及北音入声演变之状况",共调查了 29 县。⑥ 1933 年 10 月至 1934 年 4 月李方桂赴暹罗调查语言,"以准备作泰语的比较研究";1934 年 3 月起,罗常培"在沪物色旧徽州府属歙、黟、休宁、绩溪、祁门、婺源六县之发音人逐一记录其声韵调之系统";6 月中赵元任、杨时逢"出发赴徽州,先以屯溪为第一站,然后分赴各县调查,此次

---

① 参见《国立中央研究院历史语言研究所十七年度报告》,收入《傅斯年全集》第 6 卷,第 19 页。

② 参见《国立中央研究院历史语言研究所十八年度报告》,收入《傅斯年全集》第 6 卷,第 63 页。

③ 参见《国立中央研究院历史语言研究所十九年度报告》,收入《傅斯年全集》第 6 卷,第 191 页。

④ 参见同上书,第 191 页。

⑤ 参见《国立中央研究院历史语言研究所二十年度报告》,收入《傅斯年全集》第 6 卷,第 292 页。

⑥ 参见《国立中央研究院历史语言研究所二十一年度报告》,收入《傅斯年全集》第 6 卷,第 385 页。

在当地调查之旨趣,除复核在沪所得结果外,并偏重话音材料之搜集,及应用词汇之扩充"①。1935年春,"史语所重新拟定方针,作各省方言之粗略调查,其精密程度,以以后不必重复再做所做之部分为度"②。9月,李方桂赴广西调查泰语及其他非汉语。10—11月,赵元任偕杨时逢、葛毅赴湖南调查方言。1936年秋,赵元任在所调查湖北钟祥方言。③ 抗日战争期间,史语所迁到昆明。"第二组(语言学)调查汉语方言并从事西南各土语之研究"④。对这些方言调查活动,赵元任、李方桂各有详略不等的回忆。⑤ 赵述及从吴语调查到粤语调查、再到南方言调查及江西、湖南、湖北方言调查,称"最过瘾的是调查皖南各处的方言","湖北一省调查得最详细,一共纪录了六十四处的方音跟故事"。

语言组的另一项重要工作是从事语音实验,设立音档,建立语音实验室。史语所设立之初,即计划建立语音实验室。1929

---

① 参见《国立中央研究院历史语言研究所二十二年度报告》,收入《傅斯年全集》第6卷,第428页。
② 参见杨时逢:《语言调查与语音实验》,收入《傅所长纪念特刊》,第27页。
③ 参见《国立中央研究院历史语言研究所二十四年度报告》,收入《傅斯年全集》第6卷,第492—493页。
④ 参见《国立中央研究院历史语言研究所工作报告》,收入《傅斯年全集》第6卷,第550页。关于抗战时期语言组的工作详情,参见罗常培:《语言学在云南》,收入氏著:《语言与文化》,北京出版社,2004年1月版,第200—220页。
⑤ 参见赵元任:《我的语言自传》,载《历史语言研究所集刊》第43本第3分,1971年9月。李济著、王启龙、邓小咏译:《李方桂先生口述史》,北京:清华大学出版社,2003年9月版,第41—49、53—55页。

年春在北平筹设一实验室,向国外购置实验仪器;同时开设语音实验班,这些工作均详载于历年史语所工作报告。1933年10月赵元任赴美访学归来,从美国购回了一批新式语音仪器。① 1934年所址迁入南京新建筑后,专辟四室作语音实验室,装有隔音和吸音设备。音档方面包括购置和自行灌制两类,购置语片,计达一千余片;灌制音档多为各地方言材料,共约二千余片。② 语言组的这些工作亦引起了国际上的注意,据李济先生说:"南京北极阁语音实验室的建设工作,在那时是一件国际注意的科学事业,所呈献的急追猛进的阵容,曾使坐第一把交椅的欧洲中国语言学家,瑞典高本汉教授为之咋舌。这固然完全由于第二组同仁的共同努力,孟真先生的支持,实是这一灿烂运动的动力。"③

民族研究与调查 1928年史语所在广州成立时,人类学民物学组"已进行者为检查广州与昆明男女学校儿童及兵士及赴川滇交界区,习其语言,调查民物"④。1934年社会科学所的民族学组并入史语所后,研究范围扩大,体质与文化并重,研究与调查并举。研究之工作包括隋唐时代头盖骨之研究、头骨指数

---

① 仪器目录参见《国立中央研究院历史语言研究所二十二年度报告》,收入《傅斯年全集》第6卷,第423页。
② 参见杨时逢:《语言调查与语音实验》,收入《傅所长纪念特刊》,第31页。
③ 李济:《傅孟真先生领导的历史语言研究所》,收入《傅所长纪念特刊》,第16页。
④ 参见蔡元培:《国立中央研究院工作报告》(1929年3月15日),收入《傅斯年全集》第6卷,第42页。

相关度之研究、手与指纹之研究、四川人体质之研究、儿童体质发育程序之研究,这些工作均由吴定良负责。调查主要为云南民族与云南人种之调查,由凌纯声、陶云逵分别负责。① 另筹设两实验室:一为统计学实验室,备有各种计算机与数学绘图仪器;一为人类学实验室,测量各种骨骼和人体。据芮逸夫回忆,"在文化方面,孟真先生最重视西南各族之原始文化。于是凌纯声先生遂与陶先生同时出发,前往云南调查民族"②。1935—1936年,吴定良除接手丁文江从事的"中国人体质之研究"外,其他工作大致与上年同。③ 凌纯声则率同勇士衡、芮逸夫参加中、英政府会勘滇、缅南段界务之民族调查工作,"前后三年间,调查之区域,包括湘、浙、滇三省;族类则包括苗、畲、摆夷、倮倮、阿佧、扑喇、山头、崩龙、佧刺、佧佤等十余种;搜集标本六百余件,摄得照片一千余桢"④。抗日战争爆发后的两三年,吴定良的研究课题有:人类头骨眉间崤(Globella)凸度之研究、汉族锁骨之研究、汉族肱骨之研究、殷代下鄂骨之研究、画手与足外围形(Contour)仪器之改进、配地立雪(Pelidisi)指数表及其应用、手之形态及与年龄职业上之关系、小屯头骨报告等。凌纯声、芮逸夫担任湘西苗族调查、滇湎南段未定界之民族调查。

---

① 参见《国立中央研究院历史语言研究所二十三年度报告》,收入《傅斯年全集》第6卷,第470—472页。
② 芮逸夫:《民族调查与标本之搜集》,收入《傅所长纪念特刊》,第39页。
③ 参见《国立中央研究院历史语言研究所二十四年度报告》,收入《傅斯年全集》第6卷,第501—503页。
④ 芮逸夫:《民族调查与标本之搜集》,收入《傅所长纪念特刊》,第39页。

陶云逵负责摆夷之体制、摆夷之生育婚丧研究。① 1941 年 7 月史语所与中央博物院合组川康民族考察团,凌纯声、芮逸夫参加,前往四川西北及西康东北一带调查羌民和嘉戎,至第二年 2 月结束。与此同时,吴定良赴贵州安顺、普定等地展开苗夷之调查。在研究方面,主要从事殷代头骨之研究、贵州苗夷血液型之研究、中华民族体质之分类、中国人额骨中缝之研究、畲民宗谱之研究。② 1942 年 12 月,芮逸夫与胡庆钧前往川南叙永调查苗族,到 1943 年 5 月结束。③

在标本搜集方面,从 1931 年秋社会科学所民族学组设立"民族学标本陈列室"开始采集,迄 1946 年 11 月复员回到南京止,前后共搜得标本一千五百余件,史语所特辟专室整理、陈列这些标本。到 1949 年迁台以前,其已陈列就绪者,计有:湘、滇、川、黔、苗族标本五橱,二百一十件;浙江畲民二橱,六十二件;台湾高山族四橱一架,一百二十二件;四川倮㑩二橱,二十四件;云南摆夷三橱,五十六件;贵州仲家一橱,九十二件;云南倮黑、傈僳、扑喇、阿昌一橱,八十四件;崩龙、佧喇、佧伕等合一橱,五十六件;山头、古宗合一橱,三十二件;欧洲石器及非、澳、

---

① 参见《国立中央研究院历史语言研究所二十六年度至二十八年度报告》,收入《傅斯年全集》第 6 卷,第 542—545 页。
② 参见国立中央研究院文书处编:《国立中央研究院工作报告》(民国三十年十月,油印本)"历史语言研究所"部分。《国立中央研究院工作报告》(民国三十一年十月,油印本)"历史语言研究所"部分。
③ 参见国立中央研究院文书处编:《国立中央研究院工作报告》(民国三十二年九月,油印本)"历史语言研究所"部分。

美三洲民族标本合三橱一架,一百七十九件。其余尚在整理中。① 第四组的工作成果不太为人们所注意,其实吴定良、凌纯声筚路蓝缕,在近代中国人类学、民族学研究领域实有奠基之功。

史语所工作报告除了对"合众"性质的工作有一详细的记载,对个人的研究亦有清楚的交代。这里我们仅以陈寅恪为例,从史语所的工作报告可以清晰获得陈先生学术工作的线索:民国十七年,史语所设立之初,陈寅恪除利用北平史料研究清史外,"尚有考定蒙古源流,及校读番藏",协同助理员于道泉编纂藏文籍目录。② 十八年,"治蒙古源流,凡关于此书所采取之史籍,期一一探索而专订之"。此一年中共成论文五篇:《大乘义章书后》(集刊第一本第二分)、《灵州宁夏榆林三城译名考》(集刊第一本第二分)、《吐蕃彝泰赞普名号年代考》(集刊第二本第一分)、《敦煌本维摩诘经文殊师利问疾品演义跋》(集刊第二本第一分)、《西游记玄奘弟子故事之演变》(集刊第二本第一分)。"十八年冬并在故宫图书馆发见蒙文《蒙古源流》及清文译本,盖汉文《蒙古源流》系就清文译出,而清文译自蒙文,得此可以校订此书翻译之错误。此外又按日检阅北平图书馆所藏敦煌卷子,为研究敦煌史迹之预备。"③ 十九年,"陈寅恪以流

---

① 芮逸夫:《民族调查与标本之搜集》,收入《傅所长纪念特刊》,第40页。
② 参见《国立中央研究院历史语言研究所十七年度报告》,收入《傅斯年全集》第6卷,第13、17页。陈寅恪与于道泉所编《西藏文籍目录》列为史语所单刊甲种第2种,但未见刊行,原因待考。
③ 参见《国立中央研究院历史语言研究所十八年度报告》,收入《傅斯年全集》第6卷,第61页。

传的及最近发见的梵文手抄本,与番经汉藏对勘,以校正遗文之异同,成书之年代,翻译之公式等问题。又十八年并在故宫博物馆图书馆内发见《蒙古源流》及清文译本,盖《蒙古源流》一书汉文原从清文译出,而清文又译自蒙文,现即此二书为蒙古源流之专题研究,共成论文四篇:《蒙古源流作者世系考》《彰所知论与蒙古源流》《几何原本满文译本跋》《西夏文佛母孔雀明王经考释序》。此外"又检阅北平图书馆所藏敦煌卷子,为研究敦煌史籍之预备"。下年度计划"继续为蒙古源流及敦煌材料之研究"①。二十年,"陈寅恪研究六朝唐宋以来之佛教经典及与外族有关之史料,共成论文三篇:《西夏文佛母孔雀明王经考释序》(集刊第二本第四分)、《支敏度学说考》(集刊外编《蔡先生庆祝论文集》)、《李唐氏族之推测》(集刊第三本第一分)"。下年度计划"拟作《晋南北朝隋唐思想史》及西北民族史料之研究"②。二十一年,"陈寅恪研究魏晋六朝思想史,及西北民族史料,共成论文两篇:《南岳大师发誓愿文跋》(集刊第三本第三分)、《天师道与滨海地域之关系》(集刊第三本第四分)"。下年度计划"仍继续作《晋南北朝隋唐思想史》及西北民族史料之研究"③。此处和上年所提《晋南北朝隋唐思想史》并未见成书,下落如何,仍待考。二十二年,"陈寅恪继续为中

---

① 参见《国立中央研究院历史语言研究所十九年度报告》,收入《傅斯年全集》第6卷,第188、199页。
② 参见《国立中央研究院历史语言研究所二十年度报告》,收入《傅斯年全集》第6卷,第290、301页。
③ 参见《国立中央研究院历史语言研究所二十一年度报告》,收入《傅斯年全集》第6卷,第381、389页。

国边裔史及中古思想学术史的研究,成《天师道与滨海地域之关系》及《李唐氏族之推测后记》论文两篇"①。二十三年,"陈寅恪研究中古佛教经典、文籍及与外族有关之史料。本年度侧重于有唐一代之研究,计成论文两篇:(子)《武曌与佛教》,(丑)《李德裕贬死年月及归葬传说考辨》"②。二十四年,"陈寅恪继续研究中古佛教经典文籍,本年度为关系有唐一代之研究,著三论、四论《李唐世家》及《论韩愈之生平》等论文三篇"③。三十五至三十六年,"在北平,继续研究此一时期之史事"(指南北朝唐五代史研究)④。三十六至三十七年,"在北平,继续研究此一时期之史事,写成《元微之悼亡诗及艳诗笺证》一文"⑤。有关陈寅恪的科研工作除了在抗战时期只有简略提及外,⑥1928—1935年这一段每年均有较详细的记载。遗憾

---

① 参见《国立中央研究院历史语言研究所二十二年度报告》,收入《傅斯年全集》第6卷,第424页。
② 参见《国立中央研究院历史语言研究所二十三年度报告》,收入《傅斯年全集》第6卷,第453页。
③ 参见《国立中央研究院历史语言研究所二十四年度报告》,收入《傅斯年全集》第6卷,第489页。
④ 《国立中央研究院历史语言研究所工作报告》(民国三十五年十月至三十六年九月),收入《傅斯年全集》第6卷,第569页。
⑤ 《国立中央研究院历史语言研究所工作报告》(民国三十六年十月至三十七年二月),收入《傅斯年全集》第6卷,第595页。
⑥ 仅在《国立中央研究院工作报告》(民国三十三年(1944)油印本"历史语言研究所"部分记有:"南北朝唐五代史研究,写定之《隋唐制度渊源略论》业已付印。"在《国立中央研究院工作报告》(民国三十二年九月)油印本"历史语言研究所"部分记有:"南北朝唐五代史研究:《唐代政治史述论》一书,已于本年七月出版。《隋唐制度渊源略论》一书初稿在商务印书馆沦陷,今重编付印。"《国立中央研究院历史语言研究所二十六年度至二十八年度报告》(民国二十八年三月)未提陈寅恪。

的是,这些材料少见人有心利用,现有的蒋天枢《陈寅恪先生编年事辑》几无参照,卞僧慧《陈寅恪先生年谱长编》(初稿)亦只有一处引征①。如果将史语所工作报告与陈寅恪的学术工作结合考察,应能获得更多线索和材料。

1928年4月6日傅斯年致信胡适表示:"中央研究院语言历史研究所业已筹备,决非先生戏称谓狡兔三窟,实斯年等实现理想之奋斗。为中国而豪外国,必黾勉匍匐而赴之。现在不吹,我等自信两年之后,必有可观。"②从史语所的工作进展看,傅斯年的确兑现了他的承诺。在短短的十多年时间里,史语所迅速成长为一个国际学术界注目的中国历史学、语言学、民族学研究重镇,这一"速成"之成就,确实相当可观。

在史语所前二十三年中,正是国家内忧外患频仍,社会剧烈动荡的历史时期,其工作开展自然遇到不少的困难。其中最大的一个问题就是搬迁。从1928年创所至1949年搬迁台湾,史语所历经多次迁移。抗战时期搬迁到西南边陲,尤使史语所全体同仁经受了一次巨大的身心考验。对此,李济感慨地回忆道:"自七七事变起,到卅五年复员南京止,九年的时间,在西南山地,带了一千一百三十二箱图书仪器档案标本绕了一个大圈子;这一时代的生活虽苦,精神却极振奋。计划的工作固然大半停顿;利用特别的机会,也作了不少的语言、民族的调查及考

---

① 卞僧慧著仅引《国立中央研究院历史语言研究所十九年度报告》中相关材料,参见氏著:《陈寅恪先生年谱长编》(初稿),北京:中华书局,2010年4月版,第131页。
② 中国社科院近代史研究所中华民国史研究室编:《胡适来往书信选》上册,香港:中华书局,1983年11月版,第478页。

古的发掘。室内的研究,虽然不能顺利地进行,但成熟的著作亦渐有完成的:如陈寅恪先生的《唐代政治史述论稿》及《隋唐制度渊源论稿》,董作宾先生的《殷历谱》,赵元任先生等编辑的《湖北方言调查报告》都是抗战时代出版的巨著。但这一时代最艰难的任务却在保存从南京带出来的千余箱图书仪器档案及本所开办以来费尽辛苦搜集的数百箱第一等历史学、语言学、考古学、人类学的原始资料。"①史语所前期之工作开展虽困难重重,但同仁的坚强意志和对科学的不懈追求,终使前面的阻碍如冰融雪化般消融,这倒是应验了人们熟悉的一句成语:精诚所至,金石为开。

四、历史语言研究所工作成果之体现

史语所的工作成果主要体现在该所出版的一系列出版品中。史语所出版品包括:专刊(包括各种单行专刊、安阳发掘报告、中国考古学报、方言调查报告)、单刊(内分甲、乙两种)、集刊(分集刊、集刊外编)、其他一般刊物(如史料丛书、中国考古报告集、人类学集刊、中国人类学志、影印流传刊物等)。这些出版品各有分工,"其中集刊是定期的论文专集;集刊中的论文倘若篇幅太长,可以刊行单册的,即列为单刊。各种的专门著作归入专刊。此外如《史料丛书》《中国考古报告集》《人类学

---

① 李济:《傅孟真先生领导的历史语言研究所》,收入《傅所长纪念特刊》,第18页。

集刊》因为自成一个条贯,所以不列入专刊之列。《安阳发掘报告》因为在编次专刊之时即已编号,《中国考古学报》与《安阳发掘报告》性质相近,仍然编入专刊"①。据统计,从1928年至1940年,"在短暂十三年间,历史语言研究所刊行之学术性论著有八大类,共七十九本,其中除单本专著外,含有论文二九三篇;编纂及影印之史料有七种三十八本"②。而到1951年3月,此数字有了进一步的攀升,据劳幹先生统计:

> 截至现在,专刊已编号的共计有三十三种(其中有三种尚未完成),单刊甲种共计有二十一种(有一种未印成),单刊乙种共计有五种。集刊已出至第二十二本。一般刊物中《史料丛书》已印出七种,《中国考古报告集》已出两种三本,《人类学集刊》已出两卷,《中国人类学志》已出一种,影印流传书籍已出两种,其他刊物已出四种。
> 本所印刷事宜抗战以前由孟真先生自行主持的,抗战时移交由董彦堂先生主持。复员以后董先生出国,组织了一个出版委员会,因为在这个时期由我暂任集刊的编辑事项,为方便起见,当时所有的出版物,关于集稿、发排及校对,也由我经手再寄到上海去,直至董彦堂先生归国

---

① 劳幹:《出版品概况与集刊的编印》,收入《傅所长纪念特刊》,第45、46页。
② 参见《中央研究院史初稿》,台北:"中央研究院"总力事处秘书组编印,1988年6月,第37—38页。

为止。①

这是傅斯年在任期间史语所的出版情况概况,这些出版品基本上反映了史语所在傅斯年任所长期间的工作成就。下面我们逐类对这些出版物作一简介:

专刊 内有《安阳发掘报告》四期(1929年12月、1930年12月、1931年6月、1933年6月),《中国考古学报》(1936年8月、1947年3月、1948年5月、1949年)四册。这两种报告集中反映了考古组的发掘工作(特别是殷墟发掘)成果。《湖北方言调查报告》(赵元任等著,1948年5月)及晚出的《云南方言调查》(杨时逢著,1969年12月)、《湖南方言调查》(杨时逢著,1974年12月)、《李庄方言记》(杨时逢著,1987年1月)等方言调查报告则反映了语言组的方言调查成果。

各种单行专刊30种,其中刘复《敦煌掇琐》(之二,1931至1932年)、陈垣《敦煌劫余录》(之四,1931年3月)是敦煌学的拓荒之作。容庚《秦汉金文录》(之五,1931年12月)、《金文编》(之八,正编1938年、续编1935年6月)是金文研究的集大成之作。陈寅恪《唐代政治史述论稿》(之二十,1944年2月)、《隋唐制度渊源略论稿》(之二十二,1944年)是隋唐政治史研究的经典之作。劳幹《居延汉简考释》(之二十一,释文之部1943年6月、考证之部1944年9月)为居延汉简研究的重要著作。

---

① 劳幹:《出版品概况与集刊的编印》,收入《傅所长纪念特刊》,第46页。

单刊 甲种共 21 种。内以语言组的成果较多,如赵元任《广西猺歌记音》(之四,1930 年)、《钟祥方言记》(之十五,1939 年 9 月),罗常培《厦门音系》(之四,1930 年)、《唐五代西北方音》(之十二,1933 年)、《临川音系》(之十七,1940 年 12 月),李方桂《龙州土语》(之十六,1940 年 9 月)、《武鸣土语》(之十九,1957 年)、《莫话记略》(之二十,1943 年 5 月),王静如《西夏研究》(之八、十一、十三,三辑,1932 年、1933 年)等均出自该系列。

乙种 5 种。容媛辑、容庚校《金石书录目》(1930 年)列第二种,董作宾、胡厚宣的《甲骨年表》(1937 年)列第四种,傅斯年《性命古训辨证》(1940 年)列第五种。

历史语言研究所集刊 截止到 1950 年底,已出 22 本。据统计,创所时期第一代同仁在该刊发表论文的篇数为:陈寅恪(28 篇)、徐中舒(19 篇)、傅斯年(15 篇)、董作宾(11 篇)、赵元任(9 篇)、罗常培(14 篇)、李方桂(9 篇)、李济(1 篇)、丁山(10 篇)、刘复(3 篇)、梁思永(2 篇)、王静如(9 篇)、李家瑞(3 篇)。此外,特约研究员、编辑员或外国通信员等亦在该刊发表了力作:胡适(4 篇)、陈垣(1 篇)、朱希祖(3 篇)、孟森(4 篇)、林语堂(3 篇)、容肇祖(3 篇)、高本汉(3 篇)、陈受颐(1 篇)。从 1935 年以后开始出现一批新的作者,他们算是史语所的第二代成员,这些人有:劳幹(从 1935 年 10 月第五本第一分起,27 篇)、陈述(从 1935 年第五本第三分起,7 篇)、岑仲勉(1935 年 12 月第五本第四分起,38 篇)、全汉昇(1936 年第七本第一分起,16篇)、丁声树(1936年第六本第四分起,6篇)、李晋华(从1936年第六本第一分起,3篇)、李光涛(从1936年第六本第一分起,15篇)、陈槃(从1937年第七本第二分起,16篇)、董同龢(从1938年第七本第四分起,7篇)、周一良(从1938年第七本第四分起,3篇)、王崇武(从1939年第八本第三分起,10篇)、张政烺(从1939年第八本第三分起,9篇)、胡厚宣(从1939年第八本第二分起,5篇)、傅乐焕(从1942年第十本起,3篇)、逯钦立((从1947年第十二本起,6篇)、石璋如(从1948年第十三本起,3篇)、周法高(从1948年第十三本起,13篇)、高去寻(从1948年第十四本起,1篇)、芮逸夫(从1948年第十四本起,6篇)、何兹全(从1948年第十四本起,3篇)、马学良(从1948年第十四本起,2篇)、王叔岷(从1948年第十六本起,4篇)、杨志玖(从1948年第十七本起,1篇)、王明(从1948年第十八本起,3篇)、严耕望(从1948年第十八本起,4篇)、夏鼐(从1948年第十九本起,2篇)。① 论文数量的多少虽说不能定夺每一位作者水平的高低,但以《集刊》评审之严、择文之精,加上作者在专刊、单刊、报告集上发表的著作,综合作一评估,基本上可以看出各位研究人员的实力。《集刊》最能反映史语所同仁的研究水平和研究动态,外界一般视之为史语所的招牌。

此外还有集刊外编三种:《庆祝蔡元培先生六十五岁论文

---

① 以上统计参见王懋勤编:《中央研究院历史语言研究所研究人员著作目录》,收入《中央研究院历史语言研究所四十周年纪念特刊》,第33—190页。

集》(1933年1月)、《史料与史学》(1944年6月)、《六同别录》(1945年1月)。

人类学集刊　仅于1938、1941年出版两卷,每卷两期。所载论文24篇:吴定良(6篇)、芮逸夫(3篇)、凌纯声(2篇)、陶云逵(2篇)、吴汝康(2篇)、张查理(2篇,内中一篇与白英才合作)、闻宥(2篇)、蓝思克(2篇)、颜誾(2篇)、史图博(1篇)。与《历史语言研究所集刊》相比,《人类学集刊》在学术影响方面相对弱小。

中国考古报告集　仅出两种:《城子崖》(1934年)、《小屯》(第一、二本)。

史料丛书　以明清史料整理最有成就,这方面的成果有:《明清史料》(四编)、《内阁大库书档旧目》(1933年9月)。

史语所的出版物有三个特点:一是所内专任研究人员的学术著作或工作报告(如考古发掘报告、方言调查报告)大多在所内出版,因此史语所的出版物基本上反映了所内专职研究人员的工作成果。二是注意吸收特约研究员或外国通信员的研究成果,如《集刊》上发表胡适的《建文逊国传说的演变》(第一本第一分)、《说儒》(第四本第三分)、《楞伽宗考》(第五本第三分),孟森的《〈清史稿〉中建州卫考辨》、《清始祖布库里雍顺之考订》(第三本第三分)、《八旗制度考实》(第六本第三分)即是他们的力作。语言组赵元任、李方桂、罗常培三人合作翻译高本汉的《中国音韵学研究》(商务印书馆1940年出版)是一项介绍国外同行高水平研究著作的范例。三是不拘一格培养和扶植后进学者。1930年代中期以后的《集刊》逐渐推出了一批青年学者的力作,他们在《集刊》上发表的论文数量后来居上。岑仲勉、李光涛在所内的第二代学者中成果突出,在其专攻领域产量甚高,《集刊》不惜篇幅刊登他们的论著,例如,《集刊》第十二本即刊登了岑仲勉11篇、李光涛7篇论文。岑仲勉与傅斯年原无任何关系,学历亦低,仅凭陈垣一纸介绍,即破格受聘为专任研究员,陈槃忆及此事,感慨万千:"岑君兀傲,闭户撰述,不与闻外事,不追逐应酬。师尝语槃曰,岑君一空依傍,特立独行,以有今日之成就,豪杰之士也。师之优容学人,雅量如此。"① 一些所外学者在某一领域崭露头角,《集刊》也注意吸引他们的力作,如《集刊》所刊专攻宋史邓广铭的《宋史职官志考正》(第十本)、《宋史刑法志考正》(第二十本下册)、著名明史学者吴晗的《记明实录》(第十八本),即属此列。傅斯年最初所标明的"使本所为国内外治此两类科学者公有之刊布机关"的治所宗旨,确非虚言。

结　　语

中研院自1928年成立,次第建立地质、天文、气象、社会科学、物理、化学、工程、历史语言、心理、动物、数学、医学、植物、体质人类等14个研究所,然以成长之迅速,成果之显著,则无出

---

①　陈槃:《师门识录》,收入《傅故校长哀挽录》卷二,第56页。

史语所之右。故本应以自然科学优先发展且见长的中研院,反以史语所为龙头老大,这更显史语所之特殊地位。傅斯年对史语所获得此一地位,无疑起有主要作用。诚如朱家骅所称:"廿余年来,中国历史语言学所以能树立一个相当的基础,和本院历史语言研究所所以能博得国际间的赞许,他领导研究的力量,实在不小。"①史语所前期的成长与傅斯年的个人主观努力及其所具条件密不可分,这也是史语所同人深切怀念这位创所所长的缘由所在。由于傅斯年特殊的人脉关系,史语所在聚积人才、争取经费和购置图书设备方面,都获得了较大的补给。这在那个社会动荡、政局不稳、经济拮据的年代,可谓是对一种极限的突破。

作为近代中国的历史学、考古学语言学研究重镇,史语所迅速取得成功的诀窍在于它找到了新学术的生长点和突破口。举凡安阳殷墟发掘、四裔之学的拓展、金文、居延汉简的研究、明清档案的整理、方言调查、北平民俗研究、民族调查与标本之搜集,……这些无一不是新学术在各个领域成功的工作典范。选择这些课题,又是与一种敏锐而科学的学术理念联系在一起的。

史语所作为一国立中央研究院机构充分发挥并体现了现代学术体制的优势。王国维自杀身亡时,顾颉刚曾慨叹:"国家没

---

① 朱家骅:《序》,收入《傅所长纪念特刊》,第1页。

有专门学问的机关害死了王国维！我们应该建设专门研究的机关！"①中研院史语所的成立正是弥补这一缺憾。现代学术企业发轫于西方，其特点是制度化、合众化、规模化。傅斯年在建所伊始，一本构建现代学术企业的理念，提出办所的六项要求，多次强调反对将史语所办成一个类似存古学堂甚或国学院一类的东西，从一初始即将史语所深深扎根于现代学术的土壤之中，使其在现代学术体制内循环。《历史语言研究所章程》的制订、史语所学科组织的建设、史语所学术队伍的形成、史语所系列学术著作的出版，正是反映了现代学术企业成长的要求，史语所在短时间内获得成功，充分证明了现代学术体制的优势。

（原载《文史哲》2011年第6期，收入王志刚、马亮宽主编：《傅斯年学术思想的传统与现代研讨会论文集》，天津人民出版社，2011年6月出版，第148—173页）

---

① 顾颉刚：《悼王静安先生》，载1928年《文学周报》第5卷第1、2期。

伍　傅斯年的"国学"观及其时代意义
——《大家国学·傅斯年卷》前言

"国学"的热潮正在席卷中国学术界。在这个时刻,我以为重温傅斯年当年不同于"国粹派"的"国学观",似有必要。至少它提醒我们在"国学"研究中应该注意防止某些可能发生的偏向。

"国学"本意为中国之学或本国学术,这一词的使用最初应是针对外国学术或西洋学术而言。近代以后,由于西学的大量输入,作为与之对立的"中学"随之被人们频繁地使用,19世纪下半期,围绕"中学"与"西学"的关系,洋务派、维新派都曾有过激烈的讨论。所谓"中学为体,西学为用"即是经过一番讨论后所形成的主流意见或经官方认定的模式。19世纪末20世纪初,经过中日甲午战争和八国联军侵华战争的挫辱,中国陷入了半殖民地的危难境地,民族危机空前严重。为挽救中华民族的危机,在文化领域兴起一股"国粹派"势力,他们受启于西欧文艺复兴运动"古学复兴",提倡挖掘"国粹",以激励种性。作为"国粹派"的精神领袖章太炎如是解释他们的宗旨:"为甚提倡国粹？不是要人尊信孔教，只是要人爱惜我们汉种的历史。这个历史，是就广义的，其中可以分为三项：一是语言文字，二是典章制度，三是人物事迹。"①"国粹派"以《国粹学报》为核心阵地，在上海设立国学保存会，在东京成立"国学振起社"，出版"国粹丛编""国粹丛书"，讲国学、倡国粹蔚然成风。这种学风俨然成为一派——章太炎派，在学术界逐渐成为一股势力。民国初年，章太炎的弟子陆续北上进入北大，取代原在京师大学堂占主导地位的桐城派，成为北大文科的主流派，可见其力量之盛。从历史的角度看，"国粹派"提倡研究国学，讲求文字训诂，在学术上自有其地位。但随着新旧文化替换的急速进行，"国粹派"逐渐也显示出其过时的老态。

新文化运动的兴起不仅是对康有为为代表的孔教派的挑战，也隐然包含着对章太炎为精神灵魂的"国粹派"的超越。胡适撰写《诸子不出于王官论》，即是在学术上对章太炎的一次挑战。"五四"时期，傅斯年在为毛子水《国故和科学的精神》一文所作的识语中明确表达了不同于"国粹派"的意见，也是在"章太炎派"外别立一帜。傅斯年提出自己"想做篇《国故论》，大旨是：(1) 研究国故有两种手段：一、整理国故；二、追摹国故。由前一说，是我所最佩服的：把我中国已往的学术、政治、社会等等做材料，研究出些有系统的事物来，不特有益于中国学问

---

① 章太炎：《在东京留学生欢迎会演说辞》，载1906年7月25日《民报》第6号。

界,或者有补于'世界的'科学"。"至于追摹国故,忘了理性,忘了自己,真所谓'其愚不可及'了。""(2)所以国故的研究是学术上的事,不是文学上的事;国故是材料,不是主义。若是本着'大国故主义'行下去——一切以古义为断——在社会上有非常的危险。""(3)国粹不成一个名词(请问国而且粹的有几),实在不如国故妥协。至于保存国粹,尤其可笑。凡是一件事物,讲到保存两字,就把往博物院去的运命和盘托出了。""(4)研究国故必须用科学的主义和方法,决不是'抱残守缺'的人所能办到的。""(5)研究国故好象和输入新知立于对峙的地位。其实两件事的范围,分量需要,是一对百的比例。"①这五条意见,条条都是针对"国粹派"而发,反对"追摹国故",提出"国故是材料,不是主义",讥讽"保存国粹"不成一名词,提出"研究国故必须用科学的主义和方法","输入新知"比"研究国故"更为重要,极为鲜明地表现了新文化派对"国粹派"不屑的态度。这是傅斯年在《新潮》杂志中第一次明确反对"国粹派"的立场,实际上也是他与章太炎派决裂的开始。

1920年以后,傅斯年前往英国伦敦大学留学,以后又进入德国柏林大学,长达七年的留学生活,浸泡于西方学术之中,使他对现代学术的科学性有了更深的体验。这些新的学术经验,在他留学时期与胡适、顾颉刚的通信中已有一定程度的反映。留学归国后,傅斯年先后主长国立中山大学语言历史研究所、

---

① 载1919年5月《新潮》第1卷第5号。

中央研究院历史语言研究所,得以有机会充分施展自己在学术上的行政才干和躬行自己的学术理想。在《历史语言研究所工作之旨趣》一文中,傅斯年系统地表达了自己对建设新的历史学的基本构想和思路,其中不乏对过时的"国粹派"和新近的"整理国故"运动的批评。这里他引人注目地提出了一个重要观点,即"我们反对'国故'一个观念"。"国故本来即是国粹,不过说来客气一点儿,而所谓国学院也恐怕是一个改良的存古学堂。原来'国学''中国学'等等名词,说来都甚不详,西洋人造了支那学'新诺逻辑'一个名词,本是和埃及脱逻辑亚西里亚逻辑同等看的,难道我们自己也要如此看吗?果然中国还有将来,为什么算学、天文、物理、化学等等不都成了国学,为什么国学之下都仅仅是些言语、历史、民俗等题目?"这就实际上要求新建立的历史语言研究所同人划清自己与"国粹派""国学院"甚至"整理国故"这些带"国"字号的学派、学术机构和学术运动的界限,将对中国历史、语言文字、民俗的研究置于更为广阔的空间背景——世界视域之中。

在《旨趣》中,傅斯年表达的另一个重要观点,即是须注意吸收西方学者的长处。在研究中国历史、语言文字等人文学科领域,傅斯年提醒人们,西方学者表现出许多中国学者所缺乏的专长,如重视挖掘和使用地下考古材料、文物材料,重视研究周边少数民族语言、历史。"凡中国人所忽略,如匈奴、鲜卑、突厥、回纥、契丹、女真、蒙古、满洲等问题,在欧洲人却施格外的注意。""又如最有趣的一些材料,如神祇崇拜、歌谣、民俗,各地各时雕刻文式之差别,中国人把他们忽略了千百年,还是欧洲人开头为有规模的注意。""如希拉艺术如何影响中国佛教艺术,中央亚细亚的文化成分如何影响到中国的物事,中国文化成分如何由安西西去,等等,西洋的东方学者之拿手好戏,日本近年来也有竟敢去干的,中国人目前只好拱手谢之而已。"这些都是中国学者值得效法和借鉴的。换句话说,被我们称之为"国学"的中国历史、语言文字、民俗研究,其实也并不完全为我们国人所专有,西方学者由于具备近代科学的眼光,在治学上亦有中国学者所不及的地方。

在《旨趣》结尾,傅斯年喊出了三句响亮的口号:

一、把些传统的或自造的"仁义礼智"和其他主观,同历史学和语言学混在一气的人,绝对不是我们的同志!

二、要把历史学语言学建设得和生物学地质学等那样,乃是我们的同志!

三、我们要科学的东方学之正统在中国!

这是傅斯年对史语所同人的要求,也可以说是一种"新国学"观。以这样一种观念为约规,当年历史语言研究所同人真正突破了传统的"仁义礼智"的儒家观念,获得了新的科学性质,并在世界视域内与欧美、日本同行展开学术竞争,中国历史学、语言学开始进入一个新的阶段。

总之,傅斯年的"国学"观是科学的"国学"观,是要求具备世界眼光的"国学"观,这种新的"国学"观虽仍有其不完善之处,但在新的历史条件下,它对我们思考拓展国学研究毕竟提供了一种新的可能。

傅斯年的治学范围甚广,其成就涉及中国上古史、明清史、哲学史、文学史、《史记》研究、东北史研究等。其中最具影响力的自然是体现他的史学思想的文字,特别是《历史语言研究所工作之旨趣》,他对"民族与古代中国史"研究的一系列文章和《性命古训辨证》,不仅被他本人视为代表作,亦已被学术界奉为经典之作。根据傅斯年的这种学术布局,本卷将傅斯年的文字分为三辑:第一辑"史学思想与史学方法",第二辑"民族与古代中国史研究",第三辑"性命古训辨证"。希望读者能借助本书,对傅斯年的学术思想及其成就有一基本的了解。

2008 年 7 月 23 日于京西蓝旗营

(原载 2008 年 11 月 17 日《光明日报·国学版》。收入《大家国学·傅斯年卷》,天津人民出版社,2009 年 2 月版)

陆　傅斯年的公共空间与思想抉择
——《中国近代思想家文库·傅斯年卷》导言

近代中国是一个急剧变动、迅速转型的时代。在近代中国的思想星空，依据知识人与思想的关系，我们大致可以分为三种类型：第一类是对理论建构表现了浓厚的兴趣，或建造自身的理论体系（如康有为、孙中山、毛泽东），或输入外来思想理论（如严复、胡适），为时代的理论建树做出了自己独到的贡献。现有的中国近代思想史研究论著大都以这类人物为研究对象或研究题材。第二类是活跃在社会政治舞台或文化学术领域，对时代的公共话题，发表自己的意见或主张，成为公共空间的重要发言人。相对来说，他们的思想缺乏原创性，只是某种舆论的代言人。第三类是基本恪守在自己工作的专业领域，不轻易对非专业领域的变动发表言论或看法，思想具有较强的本专业学理性质。如就对时代的思想影响而言，傅斯年介乎第二、三类。故在通论性的中国近代思想史著作里，我们常常找不到有关专门论述他的思想的章节。

但傅斯年绝不是一个能被人轻易忽略的历史人物。傅斯年从早年进入北京大学苦读六年,到负笈留学英、德七载,从创设中央研究院第一大所——历史语言研究所,到担任北京大学代理校长、台湾大学校长,他都身处知识圈的高层,身负重任,运筹帷幄,是圈内的核心人物之一。傅斯年富有个性、极具主张、敢于陈词,这使他的言论具有代表性和冲击刺激力。傅斯年是留学欧美知识精英的代表,是中西文化融会的精粹。在近代文化思想界,他是中国文化"西化"倾向的代言人,是中国历史学、语言学、考古学"科学化"的大力推动者,是社会民主主义的提倡者。他虽没有鸿篇巨制式的理论著述,只有表述个人思想主张的若干言论文字,但这些数量不多的文章所表现的坚定立场和明确取向,足以使其成为某种思想选择的代表,从而进入中国近代思想史的视野。

一、思想主题的初步展开:文化重建与社会重建

傅斯年思想的第一次喷发是在五四时期。正如戊戌维新运动和辛亥革命为上一代甚至两代的知识精英提供了表现思想的舞台一样,五四运动为年青一代创造思想提供了新的更为广阔的天地。傅斯年在北京大学预科、本科(1913—1919年)的六年时光里,正是北大积聚全国人才的重要发展时期,京师大学堂遗留的桐城派,民国初年北上的章太炎派,镀金镀银的"海归"汇聚北大,使北大成为各个流派、各种外来知识来源的荟萃之地。这里积聚各种力量,同时各种力量在这里寻机较量,政

治、文化充满变数,新思想的力量努力寻找自己的突破口。蔡元培主长北大,陈独秀执掌文科学长,《新青年》搬入北大,胡适为代表的一批具有革新倾向的"海归"进入北大任教,1917年发生的这一系列变动,终于在这里完成了新思想、新文化的聚集,新的思想潮流在急剧酝酿之中,蓄势喷发。

傅斯年是率先向《新青年》投稿的北大学生,他先后在该刊发表《文学革新申义》《文言合一草议》《戏剧改良各面观》《再论戏剧改良》等文,步胡适、陈独秀之后,继续猛烈抨击占据晚清文坛的桐城末流"最不足观",盛推"新文学之伟大精神","明确而非含糊,即与骈文根本上不能相容"①。同时将视角由"破坏"转向"建设",从"文言合一""戏剧改良"方面对新文学提出更为具体、切实的建设性意见,这使他成为北大学生在新文学阵营的排头兵。这些文章见解之成熟、文字之练达,不让于他的老师。对于正在推进的白话文运动,傅斯年表达了一些在后来看来颇带"形式主义"色彩的激进意见,如提出写作白话文可"直用西洋词法","中国语受欧化,本是件免不了的事情。十年以后,定有欧化的国语文学"②。指陈中国文艺界之病根在于"为士人所专","状况山川为高,与人事切合者尤少也",改进之途:"第一,宜取普及,不可限于少数人。第二,宜切合人

---

① 傅斯年:《文学革命申义》,载1918年1月15日《新青年》第4卷第1号。
② 傅斯年:《怎样做白话文》,载1919年2月1日《新潮》第1卷第2号。

生,不可徒作旷远超脱之境。"①《新青年》曾就汉语是否可改用拼音文字展开讨论,此问题首因《新青年》四卷一号刊发钱玄同《论注音字母》一文而起,一向言论偏激的吴稚晖却回复钱玄同与之商榷。② 在《汉语改用拼音文字的初步谈》这篇"急就章"里,傅斯年明确回答了当时引起争议的几个问题:"(1)汉字应当用拼音文字替代否?答:绝对的应当。(2)汉语能用拼音文字表达否?答:绝对的可能。(3)汉字能无须改造用别种方法补救否?答:绝对的不可能。……(5)汉语的拼音字如何施行?答:先从制作拼音文字字典做起。"③这篇文字在读者群中产生了强烈反响,它被当作主张用拼音文字代替汉字的代表作,常被后来的论者所诟病。实际上,这场讨论蕴藏着某种有意偏激的策略运用,诚如鲁迅后来所指出:"中国人的性情是总喜欢调和,折中的。譬如你说,这屋子太暗,须在这里开一个窗,大家一定不允许的。但如果你主张拆掉屋顶,他们就会来调和,愿意开窗了。没有更激烈的主张,他们总连平和的改革也不肯行。那时白话文之得以通行,就因为有废掉中国字而用罗马字母的议论的缘故。"④在新文化阵营里,傅斯年与胡适、

---

① 傅斯年:《中国文艺界之病根》,载1919年2月1日《新潮》第1卷第2号。
② 参见吴敬恒:《致钱玄同先生论注音字母书》,载1918年5月15日《新青年》第4卷第5号。
③ 傅斯年:《汉语改用拼音文字之初步谈》,载1919年3月1日《新潮》第1卷第3号。
④ 《三闲集·无声的中国》,收入《鲁迅全集》第4卷,北京:人民文学出版社,1981年版,第13—14页。

周作人这些"新生代"代表的共同话语越来越多,有时甚至成了他们的"代言人",发出他们不便发表的更为激进的声音。

傅斯年在北大读书期间,本专业虽是国文,但其涉猎范围却文、史、哲兼收,具有"通才"的素养,这是一个大家的雏形。在文学语言方面,他发表了《中国文学史分期之研究》《王国维著〈宋元戏曲史〉》《〈乐府诗集〉一百卷》《宋朱熹的〈诗经集传〉和〈诗序辨〉》;在史学方面,他发表了《中国历史分期之研究》《史记志疑》;在哲学方面,他发表了《致蔡元培:论哲学门隶属文科之流弊》《论理学讲义》《失勒博士的〈形式逻辑〉》《对于中国今日谈哲学之感念》,这些文字并非浮泛之论,而是具有专业的水准。请看他推荐王国维《宋元戏曲史》的理由,完全是一种全新的文学见解。

> 研治中国文学,而不解外国文学;撰述中国文学史,而未读外国文学者,将永无得真之一日。以旧法著中国文学史,为文人列传可也,为类书可也,为杂抄可也,为辛文房《唐才子传》体可也,或变黄、全二君"学案体"以为"文案体"可也,或竟成《世说新语》可也;欲为近代科学的文学史,不可也。文学史有其职司,更具特殊之体制;若不能尽此职司,而从此体制,必为无意义之作。王君此作,固不可

谓尽美无缺,然体裁总不差也。①

再看他对梁玉绳《史记志疑》一书的评论,全力提倡一种"与其过而信之也,毋宁过而疑之"的疑古精神:

> 是书之长,在于敢于疑古,详于辨证。其短则浮词充盈,有甚无谓者,又见其细不见其大,能逐条疑之,不能括全体为言。盖于《史记》删改之迹,犹不能直探其本也。崔怀琴之《史记探源》视此进一等矣。②

再看他对哲学的理解,完全是以近代科学为基准:

> 所谓哲学的正经轨道,决不会指初民的国民思想,决不会指往古的不能成全备系统的哲学,定是指近代的哲学;更严格的说起来,应当指最近三四十年中的新哲学——因为旧哲学的各种系统,经过一番科学大进步以后,很少可以存在的,只有应时而起的新系统,可以希望发展。……近半世纪里,哲学的唯一采色是受科学的洗礼,其先是受自然科学的洗礼,后来是受人事科学(Social Science)的洗礼。③

---

① 傅斯年:《出版界评·王国维〈宋元戏曲史〉》,载1919年1月1日《新潮》第1卷第1号。
② 傅斯年:《故书新评·〈史记志疑〉三十六卷》,载1919年1月1日《新潮》第1卷第1号。
③ 傅斯年:《对于中国今日谈哲学者之感念》,载1919年5月1日《新潮》第1卷第5号。

这些观点显是傅斯年接受西方近代科学影响的明证。他对西方学术知识有着直接寻求的欲望,在大学时期即已开始养成阅读英文专业书籍的习惯,同窗罗家伦说他"浏览英文的能力很强"①,在他的藏书里,人们可找到一些1918年前购买的英文原版书,如文德尔班的《哲学史》、罗素的《哲学的科学方法》、杜威等编的《创造性思维:实验主义论文集》。② 傅斯年这种泛人文倾向与他追摹的偶像胡适的影响有一定关系。

傅斯年的学术早熟在他的学术评论中得到了淋漓尽致的表现。他全面反思中国传统学术,指责其所存七大基本误谬:一、误"以学为单位者至少,以人为单位者转多。前者谓之科学,后者谓之家学。"二、"不以个性之存在,而以为人奴隶为其神圣之天职。"三、"不认时间之存在,不察形势之转移。"四、"每不解计学上分工原理(Division of Labour),'各思以其道易天下'。"五、"好谈致用,其结果乃至一无所用。"六、"凡治学术,必有用以为学之器。学之得失,惟器之良劣是赖。""名家之学,中土绝少。"七、"吾又见中国学术思想界中,实有一种无形而有形之空洞间架,到处应用。"③他对传统学术思想进行全面清算。以为"惟此基本误谬为中国思想不良之物质,又为最

---

① 罗家伦:《元气淋漓的傅孟真》,载1950年12月31日台北《"中央"日报》。
② 参见王汎森:《傅斯年:中国近代历史与政治中的个体生命》,北京:生活·读书·新知 三联书店,2012年版,第26页。
③ 傅斯年:《中国学术思想界之基本误谬》,载1918年4月15日《新青年》第4卷第4号。

有势力之特质,则欲澄清中国思想界,宜自去此基本误谬始。且惟此基本误谬分别中西思想之根本精神,则欲收容西洋学术思想以为我用,宜先去此基本误谬,然后有以不相左矣。"①傅斯年明晰中西学术之优劣,表达了虚容接受西方学术的强烈意愿。

　　傅斯年对当时学界诸多名家的批评,表现了不凡的学术探索精神和思想锐气,从北大流传他指摘章太炎弟子朱蓬仙教授《文心雕龙》讲义稿错误的故事,到他被同学拉去听胡适的"中国哲学史大纲"一课,以鉴别胡适学问的高低。傅斯年俨然成为一位学生推戴的"学监"或学术警察。从他批评马叙伦著《庄子札记》,"先生之书,有自居创获之见,实则攘自他人,而不言所自来者"②,到借评论蒋维乔编译《论理学讲义》一书对教科书所发的一番议论;从他对严译的酷评:"严几道翻译西洋书用子书的笔法,策论的笔法,八股的笔法……替外国学者穿中国学究衣服,真可说是把我之短,补人之长。"③到他对时下在北大占主流地位的章太炎派发出不屑的轻蔑,"国粹不成一个名词(请问国而且粹的有几),实在不如国故妥协。至于保存国粹,尤其可笑"。"研究国故必须用科学的主义和方法,决不是'抱

---

　　① 傅斯年:《中国学术思想界之基本误谬》,载1918年4月15日《新青年》第4卷第4号。
　　② 傅斯年:《马叙伦著〈庄子札记〉》,载1919年1月1日《新潮》第1卷第1号。
　　③ 傅斯年:《怎样做白话文?》,载1919年2月1日《新潮》第1卷第2号。

残守缺'的人所能办到的。"①这些学术评论表现了傅斯年为代表的新青年追求科学的取向,在这些批评言词的背后,人们可以感受到"西学输入"带来的新的学术规范正在改变学术的评价规则。胡适"惊异孟真中国学问之博与精,和他一接受以科学方法整理旧学以后的创获之多与深"②。年青一代经过新思潮的洗礼,长江后浪推前浪,显现超越师辈、后来居上的势头。

中日甲午战争以后,日本"东学"乘势在中国传播开来。日本著名学者桑原隲蔵在其著《支那史要》一书中,将中国历史分期分为上古的汉族缔造时代、中古的汉族极盛时代、近古的蒙古族代兴时代、近世欧人东渐时代四期。其说因该著译为汉文,在国内学界甚为流行,所谓"近年出版历史教科书,概以桑原氏为准,未见有变更纲者"。傅斯年不同意其说。他从"分期标准之不一""误认为在历来所谓汉族者为古今一贯"两方面加以批驳,以为"今桑原氏之分期法,始以汉族升降为别,后又为东西交通为判,所据以为本者不能上下一贯,其弊一也"。"取西洋历史以为喻,汉世犹之罗马帝国,隋唐犹之察里曼后之罗马帝国,名号相衍,统绪相传,而实质大异。今桑原氏泯其代谢之迹,强合一致,名曰'汉族极盛时代',是为巨谬,其弊二

---

① 傅斯年:《毛子水〈国故和科学的精神〉识语》,载1919年5月1日《新潮》第1卷第5号。
② 罗家伦:《元气淋漓的傅孟真》,载1950年12月31日台北《"中央"日报》。

也。"①从西方直接获取学术资源的"五四"学人开始与"东学"明争暗战,中日之间由此开启一场"学战"。

傅斯年是《新潮》的灵魂人物。他不仅撰写了《〈新潮〉发刊旨趣书》,而且在该刊发表了大量作品。前几期甚至于有"包揽"之嫌,成为该刊最引人注目的"急先锋"。胡适曾盛推《新潮》:"在内容和见解两方面,都比他们的先生们办的《新青年》还成熟得多,内容也丰富得多,见解也成熟得多。"②在五四时期的个性解放运动中,傅斯年将思想锋芒伸向了社会,表现了对社会、对人生探究的兴趣。从清末以来,追求进步的学人将思想探索的目光聚焦在两大问题:一是如何使个人的能力得到发挥,对这一问题的探讨将人们引向个性解放、个人主义;一是如何将民族、国家、社会整合成一个有序、协调、有机的整体,建构一个现代意义上的民族国家,人们对民族主义、国家主义、军国主义、社会主义的思考反映了这方面的探寻。对这两大问题的思考实为对传统儒家伦理"修身、齐家、治国、平天下"理念的突破。

什么是阻碍个性发展的最大势力?傅斯年的回答是"中国的家庭"。"中国人对于家庭负累的重大,更可以使他所有事业,完全乌有,并且一层一层的向不道德的中心去。"他视腐败

---

① 傅斯年:《中国历史分期之研究》,载1918年4月17日至23日《北京大学日刊》。
② 胡适:《中国文艺复兴运动》,收入《胡适作品集》第24册,台北:远流出版公司,1988年三版,第179页。

的旧家庭为"万恶之原","希望其改造成新式",但不主张像无政府主义那样废除家庭制度。① 傅斯年对个性的追求可从他对"疯子"的赞扬可见:"在现在的社会里求'超人',只有疯子当得起,疯子的思想,总比我们超过一层;疯子的感情,总比我们来得真挚,疯子的行事,便是可望而不可即的。疯子对于社会有一个透彻的见解,因而对于人生有一个透彻的觉悟,因而行事决绝,不受世间习俗的拘束。"② 这里的所谓"疯子"与鲁迅《狂人日记》中的"狂人"同类。傅斯年与鲁迅一样,也受到尼采式的"超人"思想影响。③

傅斯年更为关注的是"社会"的建设,这是他五四时期社会政治思想的最大特色。"中国社会形质极为奇异,西人观察者恒谓中国有群众无社会,又谓中国社会为二千年前之初民宗法社会,不适于今日。寻其实际,此言是矣。盖中国人本无生活可言,更有何社会真义可说?"④ 创刊《新潮》时他即一针见血地指出这一点,故《新潮》以重建社会为其四大责任之一。傅斯年批判在中国流行的"左道"人生观念,即"达生观""出世观""物质主义""遗传的伦理观念"四大表现后,提出"为公众的福利自

---

① 傅斯年:《万恶之原(一)》,载1919年1月1日《新潮》第1卷第1号。
② 傅斯年:《一段疯话》,载1919年4月1日《新潮》第1卷第4号。
③ 傅斯年与鲁迅通信讨论过《狂人日记》,参见《对于〈新潮〉一部分的意见》,载1919年5月1日《新潮》第1卷第5号。
④ 傅斯年:《〈新潮〉发刊旨趣书》,载1919年1月1日《新潮》第1卷第1号。

由发展个人"①。显然,他所崇尚的人生观是与"公众的福利"联系在一起。在傅斯年看来,"中国一般的社会,有社会实质的绝少;大多数的社会,不过是群众罢了。凡名称其实的社会——有能力的社会,有机体的社会——总要有个密细的组织,健全的活动力。若要仅仅散沙一盘,只好说是'乌合之众'"。他区别了两个与此相关的概念:"社会上之秩序"与"社会内之秩序"。"前者谓社会表面上的安宁,后者谓社会组织上的系统。"中国社会内部秩序"实在是七岔八乱","中国社会的内部,不是有条理的,易词言之,是大半不就轨道的"②。为了重建社会,傅斯年提出"社会的信条",他强调"我们必须建设合理性的新信条,同时破除不适时的旧信条"③。与胡适对"主义"的蔑视不同,傅斯年对"主义"非常重视,"人总是要有主义的"。"没有主义的不是人,因为人总应有主义的"。"没主义的人不能做事","没主义的人,不配发议论"。他将"主义"的问题与国民性问题联系在一起,"中国人所以这样没主义,仍然是心气薄弱的缘故"④。他认为五四运动的进步之处表现在"社会性"的责任心的培养:"我对五四运动所以重视的,为它的出发点是直接行动,是唤起公众责任心的运动。我是绝不主张国家主义的人;然而人类生活的发挥,全以责任心为基础,所以五四运动自是

---

① 傅斯年:《人生问题发端》,载 1919 年 1 月 1 日《新潮》第 1 卷第 1 号。
② 傅斯年:《社会——群众》,载 1919 年 2 月 1 日《新潮》第 1 卷第 2 号。
③ 傅斯年:《社会的信条》,载 1919 年 2 月 1 日《新潮》第 1 卷第 2 号。
④ 傅斯年:《心气薄弱之中国人》,载 1919 年 2 月 1 日《新潮》第 1 卷第 2 号。

今后偌大的一个平民运动的最先一步。"①他甚至认为,"从5月4日以后,中国算有了'社会'了"②。这种重视"社会"的思想很可能是他接近"俄国社会革命"的基因,他期待"从此法国式的革命——政治革命——大半成了过往的事;俄国式的革命——社会革命——要到处散布了"③。他甚至作过一次农村社会调查——《山东底一部分的农民状况大略记》,表达他对农民疾苦的关切之情。

胡适提倡个人主义,周作人提倡"新村主义",他俩曾就各自的思想选择表达诉求并展开争论。以傅斯年与胡适的私人关系而论,他似应站在胡适一边,事实上,在这场争论面前他却显得无所适从。"近中蓄积之问题良多,而毫无解决之法。即如近中胡、周二先生所争之个人生活或社会生活,又如组织所供献之 Efficiency 与自由所供献的 Intelligence,其比较之量如何,又如个人或社会的关系,等等,很难决的问题,对待的两方面,同时在我心识界里各占地盘,一人心识,分成两片,非特本人大苦,而且容易成一种心理上的疾病,因此还只好请学问的救济罢。"④这表现了他对胡适思想的某种保留。

---

① 傅斯年:《中国狗和中国人》,载1919年11月1日《新青年》第6卷第6号。
② 傅斯年:《时代与曙光与危机》,载1996年11月《中国文化》第14期。
③ 傅斯年:《社会革命——俄国式的革命》,载1919年2月1日《新潮》第1卷第1号。
④ 吴稚晖、傅斯年:《国内国外求学问题》,载1920年《新教育》第3卷第4期。

傅斯年的"社会"思想与陈独秀、李大钊的影响有着直接的关系。傅斯年自述在北大读书时,"守常的那间房子,在当时几乎是我们一群朋友的俱乐部,在那边无话不谈"①。可见,李大钊当时与傅斯年这群青年学生亲密无间的关系。傅斯年一直维持与陈独秀的情谊,上世纪30年代陈独秀被捕下狱时,他曾撰《陈独秀案》一文为之辩护。抗战时期,陈独秀潦倒四川江津时,傅又前往探望,并欲聘请陈氏到史语所来做研究员,可谓极尽学生之礼。

离开北大校园,傅斯年远渡重洋,负笈去欧洲求学。在留学英国伦敦大学、德国柏林大学的六七年间,傅斯年似变得无所适从。他的兴趣太多,求知欲过强,自我期盼过高,这使他在茫茫学海里有一种漂泊感。在伦敦大学他想学心理学,到了柏林大学,几无专业,选修课程显得杂乱无章。1926年秋,当胡适在巴黎与他会面时,对他有一种"颇颓放"的异样感。傅斯年也以"懒"字检讨自己。但在欧洲的留学,毕竟使他接触到一个完全与中学不同的文化世界,虽然他在国内已是新文化的一分子,对西学亦有接触,但毕竟那是二手的、肤浅的,那时的思想也是缺乏逻辑和理论底蕴的。在伦敦,他与著名作家韦尔斯(H. G. Wells)多有接触,韦氏的《世界史纲》中的汉唐部分多得傅斯年

---

① 傅斯年:《追忆王光祈先生》,收入《王光祈先生纪念册》,王光祈先生纪念委员会,1936年。收入欧阳哲生主编:《傅斯年全集》第4册,长沙:湖南教育出版社,2003年9月版,第487页。

之助。① 在柏林大学他选修过藏学家弗兰克(Herman Frank,1870—1930)的课程,对欧洲的东方学之精髓有真实体验。这些因素使他区别于自己的同学顾颉刚,甚至于老师胡适。中国新史学之成长,外部资源有二途:一是日本之东洋学,王国维受之影响极大,未曾有留学经历的顾颉刚亦从王氏处间接受益;一是欧洲之东方学(包括汉学),陈寅恪、傅斯年取径此路。毕竟欧洲汉学在当时居世界领先地位,而日本东洋学之诞生,实得欧洲东方学之启发,陈、傅能后来居上,究其原因正在于此。

留欧时期的傅斯年,对留学问题特别关注,这方面的材料,我们过去对之不甚措意。初到英国的傅斯年发现,"留学是一个教育问题,同时是一个社会问题,所以相连的范围极大,从教育方针到国民经济的统计,都要着想的"。他对当时各种留学途径(教育部官费、各省津贴费、各衙署津贴费、俭学生、勤工俭学生、非俭学的自费生)加以讨论,在通盘考察留学现状的基础上,傅斯年得出三点批评意见:"第一,我以为留学界中团体的精神与组织太少了,凡事都是各人干各人的。""第二,我觉得在国外求学的人,应该对于国内的事有清白的知识。""第三,我以为留学界中应该借重留学界以外停留欧美的中国学者的感化。"这些意见表现出傅斯年并不以留学为傲,而是以平常心对待:"当这容受欧化的时候,往西洋留学,只要机会容许,是人人

---

① Wells, H. G., *The outline of history : being a plain history of life and mankind*, New. York: The Macmilan Company, 1921, pp. 632—633.

应尽的义务,决不能自恃太奢。"① 在《留英纪行》中,傅斯年向徐彦之报告了自己赴英途中沿途风景和所入伦敦大学的情形。初到英国的"第一层感想是:物质上不如在中国所想像的那个高法,精神上不如在中国所想像的那个低法"。他的思想随着进入英国社会也起了一层变化,"一年以前,我的意气极盛;不好的地方,是意气陷我许多错谬。好的地方是他很能鼓励我、催促我,现在觉得比以前平静得许多,没有从前自信的强了。这不能说是不好,但天地间的道理处处对着迟疑,因此心志上觉得很懒怠,这是不得了的。考虑的心思周密,施行的强度减少,这要寻个救济的法子。"② 在《要留学英国的人最先要知道的事》一文中,傅斯年极尽所能,向那些欲走出国门,去英国求学的年青学人介绍留学英国之预备(包括经费、身体、语言等)、英国大学情形、入学考试和生活日用品之准备等,其介绍之详,反映了傅斯年心思周密的一面。③ 在致信蔡元培就留学问题讨论时,傅斯年直言不讳地批评:"北大此刻之讲学风气,从严格上说去,仍是议论的风气,而非讲学的风气。就是说,大学供给舆论者颇多,而供给学术者颇少。"对于留学,他提出两点意见:"第一是移家留学,我对此怀疑之点很多,存生 Existence、生活

---

① 傅斯年:《留学问题谈》,载 1920 年 6 月 9—12 日《晨报》。收入欧阳哲生编:《中国近代思想家文库·傅斯年卷》,北京:中国人民大学出版社,2015 年版,第 479 页。
② 傅斯年:《留英纪行》,载 1920 年 8 月 6、7 日《晨报》。
③ 参见傅斯年:《要留学英国的人最先要知道的事》,载 1920 年 8 月 12—15 日《晨报》。

life 与就学三件事,决不一样。"并表示"我很相信改良社会的原则,是以比较的最自然的方法,而谋最大量的效果"。"第二是留学的发达,似应与国内教育平行。若专为跛形的发达,收效颇不大。"他强调:"第一国内若无学术之高洁空气,虽国外有,但一经转回国内,易就沉沦。第二教育不是教育各个人,乃是教育各个人而及众。在国(外)的地势便不如在国内了。此刻在北大读书,和在巴黎流荡,比起来,还是上一顶好罢。"他特别推荐李四光、丁燮林这两位"留英的精粹",希望北大能聘请他们,①以李、丁后来的成就看,足见傅斯年有知人之明。留学问题是中国近代教育转型中的重要问题,身处异域的傅斯年根据切身的经验,对这一问题的反省和思考,表明他的思想步入一个新的境界。

综揽傅斯年五四前后发表的文字,他既有提倡新文学的激昂文字,又有精细入微的学术批评;既有响应时代风潮的社会政治评论,又有强烈的自我反省意识和民族文化批判意识。新文化运动给傅斯年提供了自我表现的舞台,《新青年》使他崭露头角,《新潮》让他大展身手,成为同龄人中之翘楚,五四运动使他成为学生领袖,这一切促使了他的早熟。五四时期的傅斯年已显露出他某些基本的思想特质,他是批评型的思想者,这是典型的"五四人"的精神气质;他是通才型的学人,这一素养使

---

① 吴稚晖、傅斯年:《国内与国外求学问题》,载 1920 年《新教育》第 3 卷第 4 期。

他日后有成为学术领袖的可能;他对社会政治问题的探究兴趣来自于强烈的社会责任心,这一倾向导致他有可能并入社会政治的主流,他后来与国民党的合作与他的公益关怀有着某种联系;他是个性解放浪潮的弄潮儿,但他的思想不宜以个人主义来限定,至少他与胡适所信奉的自由主义政治哲学有相当区别。历史选择了他,他注定要成为创造历史的人。

二、中流砥柱:在学术与政治两栖作战

1926年冬,傅斯年应时任中山大学校务委员的朱家骅之召回国。中山大学为国民党一手创办并主导,此时成了进步知识分子聚集的大本营。1927年春,年仅32岁的傅斯年被任命为文学院院长及国文两学系主任。此前,傅斯年与国民党已建立了密切关系,国民党元老蔡元培任北大校长时就有意栽培傅斯年,双方建立了非常默契的师生关系。另一名国民党元老吴稚晖曾与傅斯年就留学问题在英国伦敦促膝长谈。① 实际负责中山大学校务的朱家骅曾于1920—1923年在柏林大学地质系留学,那时傅斯年即与他相识。据朱家骅回忆:"到了民国十五年,我在中山大学为了充实文学院,要找一位对新文学有创造力,并对治新史学负有时名的学者来主持国文系和史学史,和

---

① 参见吴稚晖、傅斯年:《国内与国外求学问题》,《吴稚晖先生致蔡子民先生函》,载1920年《新教育》第3卷第4期。

戴季陶、顾孟余两先生商量,聘请他来担任院长兼两系主任。"①朱氏对傅斯年颇为倚重,深通内情的邓广铭先生对此有所析论:"倘无朱氏的大力相助,傅先生在回国初年,在其才能、智力、学术思想的发挥等方面,可能完全是另一种情况的。"②与傅斯年在北京大学、柏林大学同窗的密友罗家伦从德国归国后,更是投身北伐,身披戎装,很快赴任国立清华大学校长。1927年国民党"清党"时,傅斯年在政治上明确站在国民党一边。③北大高材生、五四运动学生领袖、留欧背景这些耀眼的光环,使傅斯年、罗家伦这些青年才俊迅速擢升为学界的权势人物。1928年中央研究院成立,傅斯年被任命为该院第一大所历史语言研究所所长。从此,史语所成为他精心经营的学术"企业"。

朱家骅的重用,蔡元培的提拔,显示了大家有意让傅斯年担负起振兴文史学科的重任。的确,傅斯年不负所望,在学术思想上自成理路,有其前瞻性的规划。在学术上傅斯年力图打开

---

① 朱家骅:《悼亡友傅孟真先生》,载1950年12月31日台北《"中央"日报》。
② 邓广铭:《怀念我的恩师傅斯年先生》,载《台大历史学报》第20辑《傅故校长孟真先生百龄纪念论文集》,1996年11月,第17页。
③ 参见傅斯年:《"清党"中之"五卅"》,载《政治训育》1927年第14期。《我对于日本出兵山东的感想》,载《政治训育》1927年第15期。这两篇文章系笔者新近发现。过去因材料缺乏,人们几不提傅斯年在国共分裂时的政治表现,这两文反映了他当时既反帝、又反共的立场。从后一文使用的"我们国民党"行文口气看,傅斯年当时可能加入了国民党。何思源曾回忆是他将国民党证交给傅斯年(参何兹全:《忆傅孟真师》,载1992年1月台北《传记文学》第60卷第2期)。紧随前一文之后正是何思源的《"五卅"二周年纪念感言》。傅、何两人在国民党党刊《政治训育》上发表文章,应是他们政治身份的确证。傅斯年后来似从这一政治身份"淡出",以至人们误认为他为无党派人士。

一个新局面。他主长中山大学文科,创建史语所,中兴北大,无不表现了自己的这一抱负——创建新的学术机关,为新学术的成长创造条件。

在中山大学创建语言历史研究所,为该所《周刊》所致发刊词中,傅斯年就提出了明确的学术目标:"我们要实地搜罗材料,到民众中寻方言,到古文化的遗址去发掘,到各种的人间社会去采风问俗,建设许多的新学问!我们要使中国的语言学者和历史学者的造诣达到现代学术界的水平线上,和全世界的学者通力合作!"这是一个悬得很高的目标。在为《历史语言研究所集刊》所撰《历史语言研究所工作之旨趣》时,傅斯年将此前在《周刊》所阐发的学术观念衍为长篇大论,他的学术思想进而得以更为通透、明晰的说明。

《历史语言研究所工作之旨趣》从讨论西方语言学、历史学为何在近世发达,而曾经发达的中国语言学、历史学反而在近代落后入手,提出学术发展的三条标准:一、"凡能直接研究材料,便进步。凡间接的研究前人所研究或前人所创造之系统,而不繁丰细密的参照所包含的事实,便退步"。二、"凡一种学问能扩张他研究的材料便进步,不能的便退步"。傅斯年在此提到西方汉学研究的两个强项:一是研究四裔问题的"虏学",如匈奴、鲜卑、突厥、回纥、契丹、女真、蒙古、满洲等问题。二是善于利用和发掘神祇崇拜、歌谣、民俗等材料。他特别提到值得利用的新材料,诸如金文、汉简、敦煌石藏、内阁档案、摩尼经典等。三、"凡一种学问能扩充他作研究时应用的工具的,则进步,不能的,则退步"。这里的所谓"工具"不是仅指科学方法,而是包括各种科学技术手段、方法，"现代的历史学研究，已经成了一个各种科学的方法之汇集。地质、地理、考古、生物、气象、天文等学，无一不供给研究历史问题者之工具"。这三条对历史学者来说，其实是常规要求。如就发掘新材料，拓展新领域而言，王国维治史、顾颉刚的"古史辨"都已有相当自觉的意识。傅斯年此篇《旨趣》的亮点在于，他有明确的超越意识。他反对当时盛行的"国故"观念，从而使历史学研究突破传统的"国学"藩篱，朝着科学化的方向发展。他强调处理材料的做法是"存而不补""证而不疏"。在具体开展的研究工作方面，傅斯年列举历史组的工作包括：一、文籍考订；二、史料征集；三、考古；四、人类及民物；五、比较艺术。其中第二至五项均具开拓性的意义。语言组有：六、汉语；七、西南语；八、中央亚细亚语；九、语言学。第七至九项明显与西来学风的影响有关。作为国家学术机关，傅斯年意识到学术研究不应再是"由个人作孤立的研究"，而是"大家补其所不能，互相引会，互相订正"，史语所正是承担这样一个"集众"的载体。在《旨趣》的最后，傅斯年高呼："一、把些传统的或自造的'仁义礼智'和其他主观，同历史学和语言学混到一气的人，绝对不是我们的同志！二、要把历史学语言学建设得和生物学地质学等同等样，乃是我们的同志。三、我们要科学的东方学之正统在中国！"第一条实为与传统史学划清界限；第二条指明历史学、语言学发展的科学化方向；第三条标明中国历史学、语言学的追超对象是欧洲的东方学。《旨趣》完全是一篇宣言书，一篇向传统学术和西方东方学挑战的宣言书。因此,在近代学术史上,它具有里程碑的意义。①

如果没有史语所同仁后来学术工作的跟进,这篇宣言式的《旨趣》可能就会成为笑柄,遗为对手讥笑。但这篇《旨趣》所表达的思想并不是傅斯年个人的豪言壮语,实为一个正在崛起的学术群体的共同意愿和他们的理想追求。从1928年到1937年这十年间,史语所迅速成长为一个世界著名的研究中国历史、考古、语言的重镇。中国历史学、考古学、语言学研究开始与西方同行交流、对话,步入"现代化"的快车道。

傅斯年除了担负史语所繁重的领导、组织工作外,他本人在学术上也试图树立典范,开出一条新路,这主要表现在他对上古史的重建和对思想史的探究之中,为此,他的研究工作主要是在两个方面展开:一是围绕"民族与古代中国史"这一主题撰写系列论文。二是撰著《性命古训辨证》。后来傅斯年申报中研院第一届院士所提供的代表作正是这两件作品。傅斯年治中国古代史,善于将文字、器物、考古材料相互印证,着重民族、语言两大要素考察,实得欧洲东方学之精髓,这有力地拓展了中国史的研究视野。此外,为了应付在中山大学、北京大学的教学工作,他曾开设过"中国古代文学史""史学方法导论"等课程,留有《中国古代文学史讲义》《〈诗经〉讲义稿》《战国子家叙论》《史学方法导论》等文稿。"九一八"事变后,日寇侵占我国

---

① 有关此文的详细评述,参见拙作《傅斯年全集》序言,长沙:湖南教育出版社,2003年版,第23—36页。

东北,策划成立了伪"满洲国",为驳斥日本学者矢野仁一鼓吹的"满蒙藏非中国本来领土"的无耻谰言,证明东北是中国的固有领土,他带头撰写《东北史纲》。"七七"事变后,傅斯年打算撰写一部《中华民族革命史》,惜未完稿,只成第一章"界说与断限"、第四章"金元之祸及中国人之抵抗",文中表现了强烈的民族意识,反映了傅斯年讲究民族气节的一面。①

20世纪30年代的中国是一个内忧外患频仍的时期,作为一个对国家、对民族有责任心、有使命感的知识精英,忧国忧民自然是不可推卸的责任。傅斯年利用《独立评论》《大公报》等报刊作为自己参与社会政治的阵地,成为著名的公共知识分子。

《独立评论》是胡适、丁文江、傅斯年、蒋廷黻等八九个朋友创办的刊物。它标榜"不倚傍任何党派,不迷信任何成见,用负责任的言论来发表我们各人思考的结果"。傅斯年是独立评论社中活跃的一员。这个同人圈子发起了几个重要议题的讨论,事关政府的决策和国家的前途。

一是民主与独裁问题的讨论,以胡适为代表的民主派与以丁文江、蒋廷黻为代表的新式独裁论或开明专制派,两方各执己见,傅斯年发表的《中国现在要有政府》一文,表达了他的意见,也就是对现有政府的维护。在他看来,在当时的形势里,"虽有一个最好的政府,中国未必不亡;若根本没有了政府,必

---

① 相关论述参见傅乐成:《傅孟真先生的民族思想》,载1963年5、6月台北《传记文学》第2卷第5、6期。

成亡种之亡"。而"此时的中国政治若离了国民党便没有了政府","此时国民党之中心人物,能负国家之责任者,已经很少了"。"今日国民党的领袖,曰胡、曰汪、曰蒋。他们三人之有领袖地位,自然不是无因的。"①显然,傅斯年是倾向于有政府、是拥护中央政府的。这种思想倾向表现在"西安事变"的风口浪尖中,傅斯年在《中央日报》公开发表《论张贼叛变》《讨贼中之大路》两文,明确地表明他拥蒋反张的立场,其用意自然是支持中央政府。傅斯年在"西安事安"的这一表现,显然赢得了蒋介石的信任,1937年"七七"事变后,他应蒋介石之邀参加庐山谈话会,接着又前往南京出席国防参议会。1938年国民参政会成立,再被举为参政员,傅虽推辞,蒋在幕后仍大力推荐。②

傅斯年拥戴政府的态度是与他对"国家统一"的立场相联的。他对中华民族有一基本看法,他认为"中华民族是整个

---

① 傅斯年:《中国现在要有政府》,载1932年6月19日《独立评论》第5号。

② 参见"中研院"史语所"傅档"所藏《朱家骅致傅斯年》(未刊,1938年5月4日)。朱信中称:"吾兄已为山东推出之(参政员)候选人,兄虽不愿,恐难摆脱。介公星期会谈,亦嘱特约参加,且时时提及兄之近况。"此信可证蒋介石对傅斯年出任参政员有特别关照。傅斯年系"依照《国民参政会组织条例》第三条(丁)顶遴选者"。按此条规定:"由曾在各重要文化团体或经济团体服务三年以上,著有信望,或努力国事信望久著之人员中,选任五十名。"另据邹韬奋《"来宾"中的各党派人物》一文,傅斯年被列为参政员"教授派"成员。参见孟广涵主编:《国民参政会纪实》上卷,重庆:重庆出版社,1985年版,第68、46、72页。1942年7月27日国民政府公布《第三届国民参政会参政员名单》、1945年4月23日国民政府公布《第四届国民参政会参政员名单》,傅斯年改为由山东省遴选。参见孟广涵主编:《国民参政会纪实》下卷,第1057、1423页。从文化团体的代表调到山东省的代表,这微妙地透现出傅斯年与当政者更为密切的合作关系。

的":"我们中华民族,说一种话,写一种字,据同一的文化,行同一伦理,俨然是一个家族。也有凭附在这个民族上的少数民族,但我们中华民族自古有一种美德,便是无歧视小民族的偏见,而有四海一家之风度。"傅斯年对中华民族的这一看法,甚至影响到他对民族研究的态度,抗战时期,吴文藻、费孝通试图从人类学、民族学角度调查西南少数民族,证明"中华民族不能说是一个"之说,西南苗、瑶、猓猡皆是民族,傅斯年不同意这样处理,以为对"边疆""民族"等具"刺激性之名词"须慎重使用。① 在新发现的一篇以"四川与中国"为题的演讲文中,傅斯年总结四川正、反两方面的历史经验,殷殷相告:"以地理而论,四川的物产丰富,土地肥沃,所谓天府之国。以历史而论,'汉人'这个名字,是由于四川——汉中这个地方得来的,四川和整个的民族是有特殊的关系。我们可以说,四川是有良好的地利,光荣的历史,但是,我们要善于运用这良好的地利,以巩固民族复兴的根据地,决不当使这个肥美的处所作为野心家出没的营寨;同时,我们更要继续发扬四川光荣的史迹,以奠定国家统一的基础,决不当使这个富有历史意味的地方,随那些部落思想的人们而失其伟大。"②为巩固四川这块大后方根据地,傅斯年提醒人们切防割据势力可能对抗战带来的不利隐患。

---

① 参见傅乐成:《傅孟真先生的民族思想》,载1963年5、6月台北《传记文学》第2卷第5、6期。文中"三、民族问题的讨论"对此有专门讨论。
② 傅斯年:《四川与中国》,载1937年6月19日《统一评论》第3卷第24期。又载1937年《中央周报》第473期、1937年《西北导报》第3卷第1期。此文系据傅斯年在成都军分校讲演录整理而成。

傅斯年政治思想的基础或者底线是"国家统一"。他对民国政治情形的看法颇能反映他的这一心态：

> 中国经辛亥年的革命，由帝制进为共和，一统的江山俨然不改。只可惜政治上不得领袖，被袁世凯遗留下些冤孽恶魔。北廷则打进打出速度赛过五季，四方则率土分崩，复杂超于十国。中山先生执大义以励国民，国民赴之，如水之就下。民国十五六年以来，以北方军阀之恶贯满盈，全国居然统一，平情而论，统一后之施政，何曾全是朝气，统一后之两次大战，尤其斲丧国家之元气。中年失望，自甘于颓废；青年失望，极端的左倾。即以我个人论，也是失望已极之人，逃身于不关世务之学，以求不闻不见者。然而在如此情势之下，仍然统一，在如此施政之下，全国之善良国民，仍然拥护中央政府者，岂不因为中华民族本是一体，前者以临时的阻力，偶呈极不自然的分裂现象，一朝水到渠成，谁能御之？所以这些年以来，我们老百姓的第一愿望是统一，第一要求是统一，最大的恐惧是不统一，最大的怨恨是对于破坏统一者。①

把"国家统一"置于最高的民族利益，希望统合四分五裂、"五代十国"式的民国。

---

① 傅斯年：《中华民族是整个的》，载1935年12月15日《独立评论》第181号。

二是东西文化论战,以胡适、陈序经为代表的西化派与十教授为代表的"中国本位文化建设"论者展开论争。如果说在政治抉择上,《独立评论》同人存有极大分歧,那么在中西文化关系上,他们的选择则较为一致地倾向"西化"。从傅斯年在《所谓"国医"》《再论所谓"国医"》两文所表达的对中医的严厉批评态度,人们可以看出他的中西文化观的端倪。20世纪30年代的中西医之争实在是中西文化论战的缩影。"中国现在最无耻、最可恨、最可使人短气的事……是所谓西医、中医之争。""只有中医、西医之争,真把中国人的劣根性暴露得无所不至!""我是宁死不请教中医的,因为我觉得若不如此便对不住我所受的教育。"①对中医如此偏激的批评,除傅斯年以外,也许殆无第二人。正因为如此,傅斯年几成为中医界的众矢之的。② 丁文江去世时,傅斯年曾如是表彰他的这位亡友:"他是欧化中国过程中产生的最高的菁华,他是用科学知识作燃料的大马力机器。"③其实这也是他为自己所撰写的墓志铭。

就其本质来说,当时"西化"派的主张是对现代化的一次强烈诉求。在"现代化"一词尚未在中国流行开来之前,"西化"一词其实就是"现代化"的代名。抱持"西化"主张的代表人物

---

① 傅斯年:《所谓"国医"》,载1934年8月26日《独立评论》第115号。
② 参见赵寒松:《再评傅孟真〈再论所谓国医〉》,载1934年《国医正言》第6、7期。王合三:《异哉傅孟真"所谓国医"》,载1934年《现代中医》第1卷第9期。
③ 傅斯年:《我所认识的丁文江先生》,载1936年2月16日《独立评论》第188号。

(如胡适、傅斯年、陈序经等)并非不了解或不尊重中国的传统文化,而是根据他们对世界趋势的了解,坚持"西化"(现代化)这一大方向。他们在表述这一主张时可能因"知识的傲慢"而招致国人的不满和抵触,但它确是新文化当时最有力量的表现。傅斯年的文化观在三篇未刊的《中国三百年来对外来文化之反应》《文明的估价》《现代文化与现代精神》(未完稿)文稿中得到了较为系统、深入的阐述。傅斯年将近三百年来中国对外来文化之反应分为三个阶段:第一阶段从明末到清初的80年间,主要是对西洋天主教的输入;第二阶段从康熙以后到道光、光绪年间,以曾国藩、李鸿章为代表的洋务派主张学习的科学、文教;第三阶段是从清末到民国。傅斯年以为受到"中体西用"观的影响,国人重应用轻理论,故近代科学在中国不能发达。①关于"文明的估价",傅斯年提出了三点认识:

"第一,两个民族接触,便发生了文化交流,如果甲民族文化受乙民族文化的影响,而乙民族文化不受甲民族文化的影响时,那么能影响别人的乙文化自然较为高超,不能影响别人而反为别人所影响的甲文化自然比较低下,这是对文化估价的一个标准。但是这个标准往往有例外的地方,一个好懒的民族即使文化较低,也不容易受外来优秀文

---

① 傅斯年:《中国三百年来对外来文化之反应》,台北:"中研院"史语所"傅档"I—708。

的影响。"傅斯年以古代中印文化交流说明了这一情形。"第二,凡是一种民族文化,对于那个民族的生存帮助大的价值较高,反之,对于那个民族的生存没有什么帮助的价值较低。中国历史上每一个朝代,凡是社会繁荣达到极高峰的时候,往往跟着就是外族侵略最惨痛的时候,这实在不能不说是文化的一个弱点。""第三,如果单能据上述第二点的标准,往往就很容易会将专讲生存、专讲力量的文明看得极高。自从十九世纪乌托邦思想盛行以来,有一个很大的进展,就是认为一切事物,都应该以大多数人的福利为前提。这样说来,那么在一个文明之中,大多数人的生活能够有意义的,这种文明的价值就高,大多数人的生活没有什么意义的,这种文明的价值就低。"

傅斯年以纳粹国家"都被一些英雄主义者所支配,完全丧失了他们的人生意义"为例说明这一点。① 如何造就现代文化或现代精神?傅斯年认为,"造成现代我们生存在内的文化,造成现代精神之为矛盾的大都只能有三件事情:第一件是科学特别是科学之应用,第二件是资本发展,第三件是民族意识。这三件东西相互反应成就了现在的广博伟业而矛盾悲惨的世界"②。将"民族意识"视为铸造现代文化的要件,这是我们评估傅斯年中西文化观时不能忽视的一项内容。这三篇新发现的文稿,为

---

① 傅斯年:《文明的估价》,台北:"中研院"史语所"傅档"I—706。
② 傅斯年:《现代文化与现代精神》(未完稿),台北:"中研院"史语所"傅档"I—778。

我们了解傅斯年的文化观提供了新的重要参考材料。

三是对日关系问题,这是独立评论社同人极为重视、也是意见分歧的一个问题。大敌当前,东北沦亡,华北危机,傅斯年当然将这一问题置于思考的重点。在独立评论社同人中,围绕对日政策的取舍有两种意见:一派以蒋廷黻、胡适、丁文江为代表的主和派,他们希望通过推迟中日全面战争的发生,为中国赢得必要的战备时间和国际上的支持。蒋廷黻曾如是谈及这一派的意见:"大体说来,当时评论社的朋友们没有一个是极端主张战的。大家都主和,不过在程度上及条件上有不同而已,主和最彻底的莫过于在君,其次要算适之和我,孟和好像稍微激昂一点。"①一派是以傅斯年为代表的强硬派。30年代曾在北大历史系读书的吴相湘对傅的立场有详细评说:

> 自"九一八"以后,傅斯年为唤起国魂抵抗侵略,时在《独立评论》及《大公报》撰文,表现异常积极抗日态度。民国二十一年十月,北大教授马衡等企图划北平为中立的"文化城"以苟且偷安。傅斯年闻讯曾加劝阻,不听,乃寄信蔡元培院长表示反对:"斯年实为中国读书人惭愧!"民国二十二年五月,塘沽停战协定签订,傅斯年极表反对。六月四日,胡适在《独立评论》发表《保全华北的重要》专文,

---

① 蒋廷黻:《我所记得的丁在君》,载1956年12月台北《"中央研究院"院刊》第3辑。

认为当局一时无力收复失地,赞成华北停战。傅斯年接阅此文大怒,要求退出独立评论社,严正表现爱真理甚于爱吾师。胡适为此非常伤感。嗣经丁文江寄长信劝解,傅始打消退社原意。然积极抗日主张则持之益坚,力言退让应有限度。民国二十四年冬,日本策动"华北特殊化"。冀察政务委员会萧振瀛招待北平教育界,企图劝说就范。傅斯年闻萧言即挺身而起,当面斥责萧,表示坚决反对态度、誓死不屈精神。于是北平整个混沌空气为之一变。①

傅斯年并不是左派,但他对日所持坚决抵抗的态度,使其成为北平抗战知识分子的中流砥柱。为表达其抗日意志之坚定,傅斯年用唐代赴朝抗倭名将刘仁轨之名命其新诞生的儿子以喻其志。在独立评论社同人中,傅斯年的对日态度有点"特立独行"的味道,的确表现了他极为强硬的民族主义者个性。几乎在1930年代国际形势每个重大转折关头,傅斯年都有异乎寻常的言论表现。

伪满洲国成立时,傅斯年特撰写《满洲傀儡剧主人公溥仪》一文,戳穿这场傀儡剧的把戏。②"九一八"事变发生一周年之际,傅斯年即认定这是与第一次世界大战和俄国革命并列的

---

① 吴相湘:《傅斯年学行并茂》,收入氏著:《民国百人传》第1册,台北:传记文学出版社,1982年9月15日再版,第224页。
② 孟真:《满洲傀儡剧主人公溥仪》,载1932年《良友》第65期。此文系笔者新近发现。从文章的内容和笔调看,"孟真"应是傅斯年的署名,而不大可能是另一个"孟真"。

"二十世纪世界史上三件最大事件之一"。他分析了当前的国内外形势。"浅看来是绝望,深看是大有希望"。所谓"失望"者的表现一是"在如此严重的国难之下,统治中国者自身竟弄不出一个办法来";二是"人民仍在苟安的梦中而毫无振作的气象";三是"世界上对此事件反应之麻木,中国人自己的事,而想到别人反应的态度,诚然是可耻的";四是"中国的政治似乎竟没有出路"。"希望"之处在于:一是"东北是亡不了的",此地在民族上永为中国人;二是"只要军队稍有纪律,地方便可以平安,只要政府能够维持最低限度的秩序,人民便可以猛烈的进步";三是"东北之大变关系世界大局者过于巴尔干,日本既已作鲸吞亚澳的发动,迟早必横生纠纷";四是"中国人不是一个可以灭亡的民族"①。李顿调查团报告发表以后,国内外舆论纷嚣,傅斯年认可其为"含糊之杰作"。不过,他以为"中国政府既不可抹杀此报告,以分日本之谤,也不便绝无说明不附条件的欣然承认,以陷自己之地位,只好加之以严重之保留,[辅]之以详尽之宣言,而接受之。"②傅斯年对国际形势观察的重点:一是国联的动向与欧美国家对华局势演变的态度,这方面他发表了《这次的国联大会》《国联态度转变之推测》《国联与中国》《国联之沦落与复兴》《国联组织与世界和平》。二是欧洲形势与日

---

① 傅斯年:《"九一八"一年了》,载1932年9月18日《独立评论》第18号。
② 傅斯年:《国联调查团报告书一瞥》,载1932年10月16日《独立评论》第22号。

本对华政策之关联。这方面他有《法德问题之一勺》《今天和一九一四》《日俄冲突之可能》《一喜一惧的国际局面》《欧洲两集团对峙之再起》等。三是日本对华侵略政策及其进展，如《日寇与热河平津》《不懂得日本的情形！》《溥逆窃号与外部态度》《中日亲善？？！！》等。傅斯年在当时似扮演了一个业余国际形势"观察员"或评论家的角色。

国民政府可能赋予傅斯年观察国际局势的使命，如果说傅斯年对内政的主张带有"谏"的因素，那么他的对外言论则带有"谋"的元素。在史语所档案中，留有傅斯年的一篇未刊长文《欧美形势与中国》目录，全文分十二节：一、生存在均势上的中国。二、均势之破裂。三、英国远东政策之传统。四、美国远东政策之升降。五、国联与欧洲和平。六、苏联与远东。七、八年来英国之威望。八、中国与倭之不能妥协性。九、倭寇大举之最近原因。十、最近的欧洲复兴，十一、前途。十二、我们努力的几个方向。惜只留有小引和第一、二节文稿。显然，傅斯年是有心对1930年代纷繁复杂的国际形势做一全面、系统的分析，此文不像是一篇欲公开发表的时评政论，而可能是为国民政府条陈的意见，与史语所"傅档"收藏的《谨陈对德态度之意见》和《关于九国公约会议之意见》相仿。

"九一八"事变发生时，北平图书馆召开了一次讨论时局的会议。傅斯年在会上慷慨陈词，提出"师生何以报国？"的问题。可见在这位怀抱现代理念的知识精英心中，仍承受着数千年来传承不断的士大夫忧怀。现代与传统如此奇妙地集于一身。在那个纷纷攘攘、激烈动荡的年代,傅斯年纵横驰骋于公共论坛的身姿与"天下兴亡、匹夫有责"的清流并无二致,其言论举止称得上是一个比较纯净的知识分子。对国家、对民族、对专业,他都尽到了一个知识分子应有的责任。

三、后期思想的问题意识:战争、国家与世界前途

从 1927 年到 1937 年这十年间,是傅斯年一生最为忙碌、也是他盛产成果的一段时光。1937 年卢沟桥事变爆发后,战争的烽火迅速燃遍了整个国家,打断了正在进行的现代化进程,扰乱了人们正常的生活秩序。抗战八年,傅斯年为人事、公事、国事所累,恶劣的生活、工作环境使其身心不支,在学术上惟有一部《性命古训辨证》可以塞责,这部著作其实在战前已基本完成。随后又是国共内战,美苏冷战,国内国际形势变幻莫测,整个国家为战争所困扰,傅斯年的后期生活可以说为战争的阴影所笼罩,战争自然成了他挥之不去的思想主题。

抗战时期,傅斯年实际涉足政治,以无党派身份参加国民参政会。国民参政会作为战时的议政机构,具有极大的影响力,他在参政会的一个大动作是炮轰行政院长孔祥熙,将孔拉下台。① 他内心真正牵挂的还是战局。他借翻译丘吉尔的《日本

---

① 参见杨天石:《傅斯年攻倒孔祥熙》、《蒋孔关系探微》,收入氏著:《海外访史录》,北京:社科文献出版社,2002 年版,第 528—555 页。

的军事冒险》一文,向人们展现有利中国的世界形势,并预测日本最终失败的命运,以鼓励国人的抗战意志。① 陈之迈说:"当代文人中懂得军事的有三人最为出色:一为张季鸾先生,一为丁文江先生,一为傅孟真先生。从他们的著作及言论中我学到了许多军事常识,这是在欧美留学所绝对学不到的。"② 体现傅斯年军事素养的大概要推《地利与胜利》《抗战两年之回顾》《"第二战场"的前瞻》这三篇文章,试看他对日寇在抗战初期使用战术的精辟分析:

> 从倭贼在芦沟桥寻衅起,到现在二十二个月的中间,我们根据经验,可以判定倭贼作战的总策略是这样的:用他认为最相应的代价,换取我们最重要的交通枢纽,而且在一处呈胶滞状态时,另从侧面袭攻,或在距争夺处甚远之另一区域进攻,使得我们感觉着调动上之困难。倭贼用这个方法侵略我们,自始至今没有例外。
> 倭贼之终必归于全败,也就要在这个战略上决定了。在德国,乃至在全部欧洲,除苏联外,所发达的这样战略,都是为国家较小,交通发达,工业繁盛,易于速战速决的地方而适用的。倭贼用这法子而不能决,更谈不到速决,则其失

---

① 傅斯年译:《日本的军事冒险》,载 1938 年《政论旬刊》第 1 卷第 114 期。据傅斯年在文前称,丘吉尔原作载 1938 年 5 月 26 日《伦敦每日电闻》及《晨邮报》。
② 陈之迈:《关于傅孟真先生的几件事》,载 1976 年 3 月台北《传记文学》第 28 卷第 3 期。

败的运命，便算注定了。①

根据日本的战略战术，傅斯年提出我方依恃江南地利制敌三术："第一，我们要充分发挥江南山地中地形的便利，使得倭贼沿江的深入失其重要。""第二，因为倭贼的战略，是没有变化的，我们大致可以料定，他在每下一步的攻击地是何处，而预谋对付。""第三，我们用作抗战复兴的根据的川滇黔桂四省，固有其地形地利上之绝大优点，亦有其缺点，发挥其优点，补救其缺点，是现在当务之急，亦是后方军民应日夜不息，合作进行之事。"②1944年美、英开辟第二战场以后，傅斯年对此后的形势分做四段加以推演：（一）登陆，（二）扩充混合为大战线，（三）决战，（四）德房无条件投降。他预估形势的进展，"英美的海空军优势，兼以德房这次仍旧受他历来最恐惧而也最免不了的'两面战场'之拘束，盟方陆海空军三方面之高度配合，造成了革命的新战术，就是在西欧登陆。以后的进展必然节节胜利，而且每段胜利必付重大代价的。其所以必然节节胜利者，以实力优越之故，最大的难题就是登陆，而登陆业已试验的成功；其所以必付重大代价者，以在这些地方打仗，在德房是拿手好戏。"③傅斯年对军事形势的评论，确实达到了行家的水平。

傅斯年运用自己擅长的心理分析和丰富的历史知识发表了

---

① 傅斯年：《地利与胜利》，载1939年4月昆明《大公报》。
② 同上。
③ 傅斯年：《"第二战场"的前瞻》，载1944年7月12日重庆《大公报》星期论文。

一些极具宣传冲击效应的政论:《汪贼与倭寇——一个心理的分解》《盛世危言》《天朝—洋奴—万邦协和》《我替倭奴占了一卦》等文,警示国民政府,鞭挞汉奸汪伪、抨击日倭侵略。在抗战的最后两年,傅斯年有两篇纪念"五四"的文字——《"五四"偶谈》(1943年5月4日)、《"五四"二十五年》(1944年5月4日),表现出他思想的某些微妙变化。在《五四偶谈》中,傅斯年强调五四运动在"文化积累"中的特殊作用:"'五四'未尝不为'文化的积累'留下一个永久的崖层。因今日文化之超于原人时代之文化者,以其积累之厚者。积累文化犹如积山,必不除原有者,而于其上更加一层,然后可以后来居上,愈久愈高。""五四之遗物自带着法兰西革命之色泽,而包括开明时代之成分。"五四以后,"学自然科学人文科学者之增加,以学问为事业之增加,遂开民二十以后各种科学各有根基之局,似与'五四'不无关系吧?即在今天说'科学与民主',也不算是过时罢?"文末,傅斯年罕见地(也许是首次公开)将苏俄的布尔什维克主义者与德国的纳粹主义者并列为批评对象,称这"两种人要把自原人石器时代的文化起点,一齐拆去,重新盖起来,尽抹杀以前的累积"①。

1944年是五四运动的二十五周年,回顾历史,傅斯年感慨万端:

---

① 傅斯年:《五四偶谈》,载1943年5月4日重庆《中央日报》。

> "五四"的积极口号是"民主"与"科学"。在这口号中，检讨二十五年的成绩，真正可叹得很。……注意科学不是"五四"的新发明，今天的自然科学家，很多立志就学远在"五四"以前的。不过，科学成了青年的一般口号，自"五四"始，这口号很发生了他的作用，集体的自觉总比个人的嗜好力量大。所以若干研究组织之成立，若干青年科学家之成就，不能不说受这个口号的刺激。在抗战的前夕，若干自然科学在中国已经站稳了脚，例如地质、物理、生理、生物化学，而人文社会科学之客观研究，也有很速的进展。若不是倭鬼来扰，则以抗战前五年的速度论，中国今天可以有几个科学中心，可以有几种科学很像个样子了。

考察科学发展的历史，傅斯年认定学术自由、思想解放、追求真理是科学进步的真正途径，"为科学而科学"是科学的"清净法门"。显然，傅斯年真正关心的还是科学在中国如何生根的问题，他语重心长地说：

> 全部科学史告诉我们，若没有所谓学院自由(Academic Freedom)，科学的进步是不可能的。全部科学史告诉我们，近代科学是从教条、学院哲学(Scholasticism)、推测哲学(Speculative philosophy)、社会成见中解放出来的，不是反过来向这些东西倒上去的。全部科学史又告诉我们，大科学家自然也有好人，有坏人，原来好坏本自难分，有好近名的，有好小利的，原来这也情有可原，但决没有乱说谎话的。作

夸大狂的,强不知以为知的。……所以今日提倡科学的方法极简单,建设几个真正可以作工作的所在,就是说,有适宜设备的所在,而容纳真正可以作科学工作的若干人于其中就够了。……工作的环境可以培植科学家,宣传与运动是制造不出科学家来的。①

抗战胜利以后,国际国内局势很快逆转,一切朝着与人们所期盼的相反方向发展。国际上美苏对峙,冷战局面降临。国内陷入内战,国共两党反目成仇,整个社会的精神生活迅速呈现两极对立状态。在这样一种新形势下,被蒋介石任命为北大代理校长的傅斯年,抱持"精忠报国"的传统观念,为国民政府撑面子,做政府的"诤友"。1946年春蒋介石赴北平视察,两人同游文天祥祠,在"万古纲常"匾额下留影,显示两者建立起"君臣"般的亲密合作关系。

面对风云变幻的国际形势,傅斯年频频发声,显示了他对国际局势异乎寻常的关注。傅斯年敏锐地观察到东北所处地缘政治的敏感性。他领衔发表《我们对于雅尔塔秘密协定的抗议》,撰写时论《中国要和东北共存亡》,表达对美、英、苏三国背着中国签订《雅尔塔协定》,出卖中国东北主权的严重抗议。"中国的东北('满洲'),诚然是近代战史中最炫耀的因素。为它,起了日俄战争,而日俄战争是第一次世界大战的前奏。为它,起

---

① 傅斯年:《"五四"二十五年》,载1944年5月4日重庆《大公报》星期论文。

了'九一八'沈阳事变,而沈阳事变就是第二次世界大战逻辑的开始。"为防止东北再次重演"特殊化""倾外化""分割化"的局面,傅斯年提出建议:"一、东北的经济必须中国本位化、和平化、均沾化。""二、东北的政治必须统一化、无党化。"①在当时这是一相情愿、自相矛盾的构想。国共两党均视东北为首要必争之地,内战的战火最先就是在这里燃起。后来的朝鲜战争也是发生在东北亚,剑指东北,可见这一区域在冷战中的特殊地位。

在与德、日法西斯国家和苏联社会主义制度的对抗、竞争中,美、英做出自身的调整。傅斯年注意到美、英出现的"新自由主义"这一国际新动向。他借《罗斯福与新自由主义》一文,对罗斯福"新政"作了积极、正面评价:"他给自由主义一个新动向,新生命,并且以事实指证明白,这个改造的、积极的新自由主义有领导世界和平与人类进步的资格。"傅斯年欣赏卢梭的政治、教育哲学,认为他"激动了新兴的第三阶级","于是对封建宗教的势力之统治者发生革命,以自由为号召,以解放为归宿"。不幸的是,19世纪自由主义因与资本主义结合,失去了其本有的人道主义色彩。"自由主义本是一种人道主义,只缘与资本主义结合而失其灵魂,今若恢复灵魂,只有反对发达的资本主义"。罗斯福"新政"正是对自由主义"配合"资本主义倾

---

① 傅斯年:《中国要和东北共存亡》,载1946年3月3日重庆《大公报》星期论文。

向的一次修正，一次新的修复。他"虽不搞社会主义之名，也并不是强烈性的社会主义，却是一个运用常识适合国情的资本主义现状之严重修正案，其中实在包含着不少温和的社会主义成分"。傅斯年高度赞扬罗斯福总统1941年1月6日在国会宣布的"四大自由"，即言论自由、宗教信仰自由、免于匮乏的自由、免于恐惧的自由。后两项纳入"自由"的权利，"可知他的自由论含有一半是新成分，以此新成分补充旧有者，而自由主义之整个立场为之改变，消极的变为积极的，面子的变为充实的，散漫的变为计划的，国际竞争的变为国际合作的。原来的自由主义与资本主义结合，实有助长帝国主义之咎，他的第三原则——免于匮乏——不特净化原来者，且正反其道而行之"。他呼吁自由、平等两不舍，两者应该均衡发展。他所理想的新自由主义是："利用物质的进步（即科学与经济）和精神的进步（即人之相爱心而非相恨心），以促成人类之自由平等，这是新自由主义的使命。"①

傅斯年以《评英国大选》为题，说明工党之胜实在是英国人民对"温和的社会主义"的选择。工党参加竞选，"拿出了一个明晰的、具体的社会经济方案，这方案比罗故总统的新政更多好几倍的包含了社会主义，例如矿产国有、钢铁国有、内地交通国有、土地国管、银行国管、物资继续实行管制分配制等等，毫不含糊的是一个温和社会主义制度。工党的社会主义，是不革

---

① 傅斯年:《罗斯福与新自由主义》，载1945年4月29日重庆《大公报》。

命性的,因为工党是个宪政党,不是革命党"。傅斯年认为"在老牌资本主义的英国,有这样一个明显的国有国营经济政纲,而以大多数当选,不能不算世界上头等的大事,这中间,可以象征英国人之有朝气,老大帝国人民之有觉悟"。中英两国国情不同,英国的问题在工业,中国的问题是在农民,"而其为温和社会主义的方案则同"。"国父孙中山之民生主义,实在是温和的,合于中国现状的社会主义。"故国民党与英国工党(特别是开明左翼分子),"在理论上很有共同点",可以合作。傅斯年鼓励国民党"看看世界大势",走英国工党之路。他直白地宣称:"我平生的理想国,是社会主义与自由并发达的国土,有社会主义而无自由,我住不下去;有自由而无社会主义,我也不要住。所以我极其希望英美能作成一个新榜样,即自由与社会主义之融合,所以我才对此大选发生兴趣。"① 这样一种将自由与社会主义调和起来的想法,实际上是社会民主主义或民主社会主义,这正是英国工党持行的理论。所以,傅斯年与胡适的理论认同明显有些差异,胡适的自由主义思想几不提"平等",因而也缺乏社会主义的因素。在第二次世界大战结束之际,傅斯年借探讨美、英之动向,表明自己的社会理想,这对国人自然是一次思想的劝导,对重返故都、即将执政的国民党其实也是一个严重的提示。

第二次世界大战落下帷幕不久,国际上很快出现美苏对峙

---

① 傅斯年:《评英国大选》,载1945年7月30日重庆《大公报》。

的冷战局面。针对这一形势,人们对美苏之优长、苏联的性质等问题纷纷发出疑问。许多人认为美国有自由,苏联有平等,自由与平等不能两立。对于时人争议最多的"自由"与"平等"关系,傅斯年认为:"没有经济平等,固然不能达到真面(正)的政治自由,但是没有政治自由,也决不能达到社会平等。"主张自由与平等并重。但如果二者之间的关系不能维持平衡,即"在'自由''平等'不能理想的达到之前,与其要求绝对的'平等'而受了骗,毋宁保持着相当大量的'自由',而暂时放弃一部分的经济平等。这样,将来还有奋斗的余地"①。这种偏向"自由"的选择,也许正是傅斯年与左翼知识分子的区隔所在。傅斯年视苏俄为"独占式的国家资本主义""选拔式的封建主义""唯物论的东正教会"三位一体的国家,他回顾中国的历史,"在中国历史上我们的边患多来自北方,北方常有一些野蛮的民族在威胁我们的生存。旧俄罗斯的帝国主义,苏联的新野蛮主义,正是横在我们眼前最大的危机,也是我民族生存最大的威胁"②。在其反苏立场的背后,仍然有着强有力的民族主义动因。与那些撤退到台湾的国民党人是出于对三民主义的忠诚不同,傅斯年在大变局中更是基于对世界前途的思考而做出自己的选择。

---

① 傅斯年:《自由与平等》,载 1949 年 11 月 20 日《自由中国》第 1 卷第 1 期。
② 傅斯年:《苏联究竟是一个什么国家?》,载 1949 年 12 月 20 日《自由中国》第 1 卷第 3 期。

傅斯年后期陷身更深的人事纠纷之中。他在大学时代脱离章太炎派,组建史语所时与顾颉刚之争,在独立评论社中与蒋廷黻等的矛盾,这些都不过是学人之间的不同意见而已。傅斯年后期真正卷入政争,抗战时期,他搜集证据,在国民参政会拍案而起,攻倒孔祥熙。抗战胜利后,他坚持原则,不徇私情,严惩汉奸敌伪人员,为此得罪了一些为之说情的"好好先生"。内战之初,他在《观察》《世纪评论》发表《论豪门资本之必须铲除》《这个样子的宋子文非走开不可》《宋子文的失败》,发出狮子般的吼声,举国为之震撼,他是朝野清流派的代言人。1949年政权交替之前,蒋介石预先将他安排到台湾大学任校长,他身不由己、别无选择地离开了大陆。在处理人事关系上,傅斯年晚年可谓心力交瘁,以致最后倒在台大校长这一工作岗位上,兑现了他自己"归骨于田横之岛"的悲壮遗言。

结　　语

傅斯年一生处在中国近代思想的激流之中,为个人的学业、社会的理想、国家的前途,他一生都在努力而艰难地探索。通过解析他一生走过的思想历程,我们可以获致如下认识:第一,傅斯年一生奔走于学术与政治两栖,学术志趣与政治情怀并存。他的学术思想清晰而富有条理、得以较为系统的表达,这主要体现在《历史语言研究所工作之旨趣》。他的社会政治思想缺乏理论底蕴,他对许多问题的看法是片断的、零碎的,有时甚至是矛盾的。他对个性的张扬和对社会重建的关怀,他的"西化"倾向与民族主义的立场,他试图将自由与社会主义调和的意图,都表现出"求全"而"两难"的矛盾境遇。傅斯年的思想呈现出学术与社会政治二元分离的状态,表现了学术与政治的紧张关系。在中国近代思想史上,思想家们几乎无一例外地陷入各种思想矛盾,这是个体生命与时代巨潮相互碰撞的反映。思想家们被时代的大潮所裹挟,其命运起伏不定,与变幻莫测的时代风云一样充满了变数。傅斯年的人生轨迹正是近代中国这个大时代的一个缩影。第二,傅斯年的思想在"科学"上贡献良多,于"民主"下笔较少,这是他作为一个"五四"知识人的内在限制。五四时期,陈独秀提出以"民主"和"科学"为现代化的基本内涵和两大目标,这一主张遂成为新文化群体的共同理想。科学发展须以民主建设为前提,民主与科学在互动中相互推进。民国政治体制与现代民主政治要求虽有一定距离,但它毕竟提供了形式上的基本要件,这就为科学发展铺垫了重要基础。中央研究院的建立标志着学术研究纳入国家体制的范围,这为科学发展提供了重要保障。傅斯年炮轰孔、宋豪门家族,却不触动国民党的"党国"体制;晚年虽也标举新自由主义,试图修正国民党的"三民主义"意识形态,这与胡适坚持提倡人权、民主、自由,构成对国民党"党国"体制的挑战有明显差异。或许这并非是傅斯年不愿,而是其不能的缘故。第三,作为公共知识分子,傅斯年虽有影响舆论和当局的功能,但不能起到聚合社会力量的作用。五四以后的中国,支配社会政治运动的真正力量来自于国共两大政党，国共两党有着各自的意识形态，保持独立人格或自由意志的知识精英如不与国共两党发生关系或密切联系，其实际作用力可能就很有限，这是知识精英难以避免的悲剧命运。傅斯年的特殊之处也许在于他利用民国新拓的公共空间，以"诤友"这样一种方式处理与国民党的合作关系，这一身份定位既为他获得了一定的社会地位和影响力，也预示着他的人生最终以悲剧落幕。

本书选文拟分为四卷，各卷收录文字内容依次为：卷一为五四时期的代表作，卷二为史学思想与史学方法的论述，卷三为1930、40年代的时评政论，卷四为教育方面的文字。这样的设计大体反映了傅斯年在各方面的思想。因篇幅限制，所收文章不免存有这样那样的遗漏，如其史学代表作"民族与古代中国史"系列论文、讨论中西文化关系的文稿和晚年的一些政论、教育文字即未收入，选文或有不尽如人意之处，敬请读者谅解。

2013年12月1日于海淀水清木华园

（原载《现代中国》第十五辑，北京：北京大学出版社，2014年7月版。收入《中国近代思想家文库·傅斯年卷》，北京：中国人民大学出版社，2015年版）

附录一 傅斯年先生年谱简编[①]

1896年(清光绪二十二年) 一岁

3月26日(二月十三日辰时),诞生于山东省聊城县北门内祖宅,取名斯年,字孟真。父亲傅旭安,字晓麓。母亲李氏。祖父傅淦,字笠泉。斯年为长子,下有一弟斯岩,字孟博。

1897年(光绪二十三年) 二岁

在聊城。

1898年(光绪二十四年) 三岁

在聊城。

1899年(光绪二十五年) 四岁

在聊城。

1900年(光绪二十六年) 五岁

在聊城。

[①] 在制作本年谱时,曾参考傅乐成:《傅孟真先生年谱》(台北:传记文学出版社,1979年5月再版)、韩复智编:《傅斯年先生年谱》(载《台大历史学报》第20辑《傅故校长孟真先生百龄纪念论文集》,1996年11月,第231—306页),特此说明。

1901 年(光绪二十七年)　六岁

春,入聊城孙达宸之学塾。祖父傅淦课读于家。

1902 年(光绪二十八年)　七岁

在学塾攻读,祖父课读于家。

1903 年(光绪二十九年)　八岁

在学塾攻读,祖父课读于家。

1904 年(光绪二十九年)　九岁

在学塾攻读,祖父课读于家。

5 月,父傅旭安病逝,享年 39 岁。

1905 年(光绪三十一年)　十岁

春,入东昌府立小学堂读书。祖父课读于家。

1906 年(光绪三十二年)　十一岁

在东昌府立小学堂攻读,祖父课读于家。是岁读毕《十三经》。

1907 年(光绪三十三年)　十二岁

在东昌府立小学堂攻读,祖父课读于家。

1908 年(光绪三十四年)　十三岁

在东昌府立小学堂攻读,祖父课读于家。

随侯延(塽)(雪舫)进士至天津,住孔繁淦(傅淦的门生)家,由父执吴树棠(筱洲)按时接济。

1909 年(清宣统元年)　十四岁

春,考入天津府立中学堂,开始接受新式教育。

1910年（宣统二年）　十五岁

在天津府立中学堂读书。

1911年（宣统三年）　十六岁

在天津府立中学堂读书。

腊月，与聊城县绅丁理臣之长女丁馥萃女士结婚。

1912年（民国元年）　十七岁

在天津府立中学堂读书。

1913年（民国二年）　十八岁

夏，考入北京大学预科，分在预科一类甲班。据1913年12月北京大学预科各班成绩表记载：国文85分、历史80分、地理80分、英文95分、英文100分、英文93分、德文80分、德文95分、外史96分、总计804分、平均89.3分、实得89.3分，全班排列第一名。

1914年（民国三年）　十九岁

在北京大学预科攻读。

1915年（民国四年）　二十岁

在北京大学预科攻读。据1915年6月预科各班成绩表记载：西洋史90分、英文文学62分、英文作文83分、法学通论99分、心理92分、论理99分、德文69分、德文75分、历史98分、地理98分、文章学100分、文字学98分、操行100分、总计1163分、总平均89.5分、旷课分1.5分、实得88分，全班排列第二名。

1916年（民国五年） 二十一岁

6月，卒业于北京大学预科。其毕业考试成绩：西洋史93分、经济85分、心理94分、英文作文94分、论理96分、英文古文98分、法学通论80分、英文文学98分、德文文法读本97分、文章学98分、地理100分、历史99分、文字学85分、论理95分、拉丁文70分、操行100分、旷课扣分加2分、总计1482分，总平均92.6分，实得94.6分。全班排列第一名。

秋，升入北京大学文科国文门。

1917年（民国六年） 二十二岁

在北京大学文本科国文门攻读。第一学年课业成绩：中国文学160分、文字学180分、中国史90分、中国文学史85分、论理学100分、操行140分、总计755分，平均89.9分，扣分1分，实得88.9分。

1918年（民国七年） 二十三岁

1月15日，《文学革新申义》一文载《新青年》第4卷第1号。

1月17日，《文科国文门研究所报告》载《北京大学日刊》。

2月15日，《文言合一草议》一文载《新青年》第4卷第2号。

4月15日，《中国学术思想界之基本谬误》一文载《新青年》第4卷第4号。

4月17—23日《中国历史分期之研究》一文连载《北京大学日刊》。

春、夏，在北京大学文科国文门攻读。

第二学年课业成绩：古代文学史93.5分、近代欧洲文学史80分、日文67分、文字学80分，总计320.5分，平均80.1分。

秋，约集北大同学罗家伦、毛子水、顾颉刚、俞平伯、康白情、徐彦之、张申府等20人，创立新潮社，是为响应新文化运动的第一个学生社团。

8月9日，作《傅斯年致蔡校长函》载10月8日《北京大学日刊》，论哲学门隶属文科之流弊。

10月15日，《戏剧改良面面观》《再论戏剧改良》两文载《新青年》第5卷第4号。

12月3日，《北京大学日刊》发布《〈新潮〉杂志社启事》，公布了新潮社21名社员名单及组织章程。

1919年（民国八年）　二十四岁

是岁上半年，在北京大学文本科国文门攻读。

1月1日，先生主编之《新潮》杂志创刊，在创刊号上发表《〈新潮〉发刊旨趣书》《中国文学史分斯之研究》《蒋维乔著〈论理学讲义〉》《怎样做白话文》《清梁玉绳著〈史记志疑〉》《马叙伦〈庄子札记〉》《出版界评》《宋郭茂倩〈乐府诗集〉》《王国维〈宋元戏曲史〉》《英国耶方斯之科学原理》《人生问题发端》《万恶之原》《去兵》《心气薄弱之中国人》《自知与终身之事业》多文，几有包揽之嫌。

2月1日，《新潮》第1卷第2号出版，发表《怎样做白语文？》《社会——群众》《社会的信条》《破坏》《深秋永定门城上晚景》《中国文艺界之病根》《顾诚吾〈对于旧家庭的感想〉附识》等文。

3月1日,《新潮》第1卷第3号出版,发表《傅斯年启事》《老头子与小孩子》《汉语改用拼音文字的初步谈》《译书感言》《失勒博士的形式逻辑》《答〈时事新报〉记者》《致同社同学读者》《答诚吾》《答余裴山》《答史志元》等文。

4月1日,《新潮》第1卷第4号出版,发表《答诚吾》《故书新评》《清代学问的门径书几种》《宋朱熹〈诗经集传〉和〈诗序辩〉》《朝鲜独立运动中的新教训》《一段疯话》等文。

5月1日,《新潮》第1卷第5号出版,发表《白话文学与心理改革》《对于中国今日谈哲学者之感念》《毛子水〈国故和科学的精神〉识语》《随感录》《因明答诤》《对于〈新潮〉一部分意见》《前倨后恭》《咱们一伙儿》等文。

5月4日,五四运动发生,当天参加北京学生运动,为北京大学学生游行总指挥。

夏,毕业于北京大学文科国文门。第三学年课业成绩:近代文学史87.5分、文字学85分、语言学96分、词曲82分、日文C班70分、总计420.5分,平均84.1分。

秋,以优异成绩考取山东省官费留学。

7月16日,《安福部要破坏大学了》一文载《晨报》。

8月31日,《新生活是大家都有一份的》一文载《新生活》第2期。

9月5日,所作《〈新潮〉之回顾与前瞻》一文载10月30日出版《新潮》第 2 卷第 1 号。

9 月 11 日,《美公使与学生代表之谈话》一文载《晨报》。

11 月 1 日,《中国狗和中国人》一文载《新青年》第 6 卷第 6 号。

11 月 23 日,《济南一瞥记》一文载《晨报》。

11 月 29—30 日,《讨论"的"字的方法》一文连载《晨报》。

12 月 5 日,《再申我对于"的"字用法的意见》一文载《晨报》。

12 月 1 日,所作《心悸》《心不悸了》两首诗载《新潮》第 2 卷第 2 号。

12 月 26 日,由北京起身去上海,赴英国留学。

是岁,留有遗稿《欧游途中随感录》《时代与曙光与危机》(未完,后经王汎森先生整理,刊于 1996 年 12 月出版的《中国文化》第 14 期)。

是岁,所作《心理分析导引》(未刊稿),拟收入《新潮丛书》,未果。后收入《傅孟真先生全集》第 1 册(台湾大学 1952 年 12 月出版)。

1920 年(民国九年)　二十五岁

1 月 1 日,《山东底一部分的农民状况大略记》一文载《新青年》第 7 卷第 2 号。

4 月 1 日,所作《阴历九月十五夜登东昌城》《自然》两首诗刊载《新潮》第 2 卷第 3 号。

5 月 1 日,《寄同社诸友》一文载《新潮》第 2 卷第 4 号。

夏,入伦敦大学大学院(University College)研读实验心理及生理,兼治数学。

6月9—12日,所作《留学问题谈》一文连载《晨报》。

7月3—5日,所作《青年的两件事业》一文连载《晨报》。

7月7—10日,所作《美感与人生》一文连载《晨报》。

8月6、7日,所作《留英纪行》一文连载《晨报》。

8月12—15日,所作《要留学英国的人最先要知道的事》一文连载《晨报》。

是年,《新教育》第3卷第4期刊载《国内与国外求学问题》一文,内收《傅斯年先生致蔡孑民先生书》和《吴稚晖先生致蔡孑民先生函》两信。

是年,英国作家威尔斯(H. G. Wells)所著《世界通史》(The Outline of History)出版。先生到伦敦第一年曾帮助威氏撰写中国中古史部分。

1921年(民国十年)　二十六岁

在伦敦大学攻读。

1922年(民国十一年)　二十七岁

在伦敦大学攻读。

6月,祖父傅淦去世,享年78岁。

1923年(民国十二年)　二十八岁

1月,为刘复著《四声实验录》作序,刘著于1924年3月由上海群益书店出版。

10月,由英国至德国,入柏林大学哲学院攻读。

1924 年（民国十三年） 二十九岁

在柏林大学攻读，主修课程人类学。

2 月，祖母陈太夫人在家乡去世，享年 80 岁。

1925 年（民国十四年） 三十岁

在柏林大学继续攻读，选修课程统计、或然率和梵文入门。

1926 年（民国十五年） 三十一岁

在柏林大学继续攻读，主修课程普通语言学。

9 月上旬，与胡适在法国巴黎会面长谈。

秋，在柏林大学哲学系肄业。从德国经巴黎回国。

冬，返回山东聊城省亲。

12 月，接受广州中山大学朱家骅邀请，携弟傅斯岩（孟博）去广州，任教于中山大学。

1927 年（民国十六年） 三十二岁

春，任中山大学教授，兼文科主任（文学院长）及历史、中文两系主任。在中大任教期间，先生留有《中国古代文学史讲义》《诗经讲义稿》和《战国子家叙论》等文稿，后经人整理，收入《傅孟真先生集》第 1、2 册（台湾大学，1952 年 12 月出版）。

夏，《"清党"中之"五卅"》一文载《政治训育》1927 年第 14 期。

《我对于日本出兵山东的感想》一文载《政治训育》1927 年第 15 期。

秋，创设中山大学语言历史研究所。

11 月 1 日，《语言历史学研究所周刊》创刊。

11月8日,《评秦汉统一之由来和战国人对于世界之想象》一文载《国立中山大学语言历史学研究所周刊》第1集第2期。

12月6日,《论孔子学说所以适应于秦汉以来的社会的缘故》一文载《国立中山大学语言历史学研究所周刊》第1集第6期。

12月31日,《评〈春秋时代的孔子和汉代的孔子〉》一文载《国立中山大学语言历史学研究所周刊》第1集第7期。

1928年(民国十七年)　三十三岁

1月3日,《评丁文江〈历史人物与地理的关系〉》一文载《国立中山大学语言历史学研究所周刊》第1集第10期。

1月23、31日,《与顾颉刚论古史书》一文载《国立中山大学语言历史学研究所周刊》第2集第13、14期。

春,任国立中央研究院历史语言研究所筹备委员。

夏,中央研究院成立。

10月,历史语言研究所正式成立。

同月,《历史语言研究所集刊》创刊,先生所作《历史语言研究所工作之旨趣》《周颂说》载《国立中央研究院大学历史语言研究所集刊》第一本第一分。

11月,被聘任为历史语言研究所所长,建议蔡元培院长收购明清档案,并且开始调查殷墟以及调查两广方言。

是岁,作《中山大学民国十七届毕业同学录序》。

1929年(民国十八年)　三十四岁

春,历史语言研究所从广州迁至北平,所址设在北海静心斋。接收明清档案并开始整理。

秋,兼任北京大学教授。

11月,赴开封解决中央研究院与河南民族博物馆之间有关殷墟考古发掘纠纷。

12月,事毕返京。

1930年(民国十九年)　三十五岁

是岁,主持史语所所务,历史语言研究所调查广东少数民族语言、河北方言。

是年,《战国文籍中之篇式书体——一个短记》,载《国立中央研究院历史语言研究所集刊》第一本第二分。

同年,在北大兼课。

5月,《论所谓五等爵》《姜原》《大东小东说——兼论鲁、燕、齐初封在成周东南后乃东迁》载《国立中央研究院历史语言研究所集刊》第二本第一分。

9月,《史学杂志》第2卷第4期刊载《中央研究院历史语言研究所傅斯年君来函》。

9月,《明清史料发刊例言》收入《明清史料》甲编第一册。

11月,历史语言研究所第一次发掘山东龙山镇城子崖遗址。

12月,《考古学的新方法》一文载《史学》第1期。

12月,《本所发掘安阳殷墟之经过》一文载《国立中央研究院历史语言研究所安阳发掘报告》第2期。

12月,《新获卜辞写本后记跋》一文载《国立中央研究院历史语言研究所安阳发掘报告》第 2 期。

1931 年（民国二十年）　三十六岁

是岁，主持史语所所务。兼任北京大学教授。

春，自北平赴安阳小屯，检查殷墟发掘情形。

1932 年（民国二十一年）　三十七岁

是岁，主持史语所所务。兼任北京大学教授。

5 月 22 日，先生与丁文江、胡适、蒋廷黻等在北平合办《独立评论》（周刊）创刊。

6 月 5 日，《邮政罢工感言》一文载《独立评论》第 3 号。

6 月 12 日《监察院与汪精卫》一文载《独立评论》第 4 号。

6 月 19 日《中国现在要有政府》一文载《独立评论》第 5 号。

7 月 10 日，《法德问题一勺》一文载《独立评论》第 8 号。

7 月 17 日，《教育崩溃之原因》一文载《独立评论》第 9 号。

7 月 31 日，《教育改革中几个具体事件》《教育崩溃的一个责任问题——答邱椿先生》两文载《独立评论》第 11 号。

8 月 14 日，《日寇与热河平津》一文载《独立评论》第 13 号。

8 月 28 日，《改革高等教育中几个问题》一文载《独立评论》第 14 号。

9 月 18 日，《"九一八"一年了》一文载《独立评论》第 18 号。

10 月 2 日，《再谈几件教育问题》一文载《独立评论》第 20 号。

10 月 16 日，《国联调查团报告书一瞥》载《独立评论》第

22号。

10月30日,《陈独秀案》一文载《独立评论》第24号。

秋,自北平赴安阳及浚县检查考古发掘。

10月,出版《东北史纲》初稿第一卷,经李济节译成英文,送交国联李顿调查团(Lytton Commission)。

12月11日,《多言的政府》一文载《独立评论》第30号。

12月18日,《这次的国联大会》一文载《独立评论》第31号。

是年,《明成祖生年记疑》收入《国立中央研究院历史语言研究所集刊》第二本第四分。

1933年(民国二十二年)　三十八岁

是岁,主持史语所所务,历史语言研究所调查河南及关中方言。

是岁,兼任北京大学教授,本年度所授课程有:史学方法导论(历史系二年级必修课)。

建议北平图书馆移居延汉简于北京大学研究所,增加人员整理。

1月,《夷夏东西说》收入《国立中央研究院历史语言研究所集刊外编》第一种《庆祝蔡元培先生六十五岁论文集》。

1月15日,《中国人做人的机会到了》一文载《独立评论》第35号。

2月26日,《国联态度转变之推测》一文载《独立评论》第39号。

4月,历史语言研究所由北平迁至上海。

夏。兼任社会科学研究所所长及中央博物院筹备主任。

1934年(民国二十三年)　三十九岁

是岁,主持史语所所务。兼任北京大学教授,所授课程有:中国古代文学史(国文系二、三、四年级选修课)、中国上古史单题研究(历史系选修课)。

2月4日,《不懂得日本的情形》一文载《独立评论》第88号。

2月18日,《今天和一九一四》一文载《大公报》星期论文。

3月5日,《所谓"国医"》一文载《大公报》星期论文,对"国医"作严苛之批评,引发争议。

3月11日,《溥逆窃号与外部态度》一文载《独立评论》第91号。

4月,中央研究院社会科学研究所分出,与北平社会调查所合并,傅斯年、李济辞兼代所长、副所长。

5月,历史语言研究所调查浙南畲民。

5月,社会科学研究所改组,民族学组并入历史语言研究所,改为人类学组,兼设人类学实验室、统计学实验室,从事西南人种调查。

6月10日,《政府与对日外交》一文载《大公报》星期论文。

6月14日,《大学研究院设置之讨论》一文载《独立评论》第106号。

6月,历史语言研究所调查安徽徽州方言。

夏,与原配丁夫人离婚,时丁夫人在济南。

8月5日,与俞大綵在北平结婚,俞毕业于上海沪江大学,长于文学、英语。

8月19日,《睡觉与外交》一文载《独立评论》第114号。

8月26日、9月16日,《再论所谓国医》一文载《独立评论》第115、118号。

9月2日,《日俄冲突之可能》一文载《独立评论》第116号。

9月30日,《青年失业问题》一文载《大公报》星期论文。

10月7日,《答刘学浚〈我对于西医及所谓国医的见解〉》一文载《独立评论》第121号。

秋,侯家庄西北冈殷代王陵出土。

10月,迁历史语言研究所至南京,建立语音实验室。

11月25日,《政府与提倡道德》一文载《大公报》星期论文。

是年,《周东封与殷遗民》一文载《国民中央研究院历史语言研究所集刊》第四本第三分。

《城子崖序》收入《国民中央研究院历史语言研究所中国考古报告集》。

1935年(民国二十四年)　四十岁

是岁,主持史语所所务。兼任北京大学教授,所授课程有:中国文学史(一、二,国文系二、三、四年级)、中国文学史专题研究(与胡适、罗庸合开)、汉魏史择题研究(与劳幹合开,历史系选修课)。

1月,成立《明清史料》复刊会。

3月3、10日,《中日亲善??!!》一文载《独立评论》第140、141号。

4月7日,《论学校读经》一文载《大公报》星期论文。

5月,自北平赴安阳检查殷墟发掘情形,法国汉学家伯希和(Paul Polliot)随先生同行。

6月2日,《中学军训感言》一文载《大公报》星期论文。

6月30日,《医生看护的职业与道德勇气》一文载《独立评论》第一五七号。

7月14日,中华教育文化基会第九次年会,聘胡适为国立北平图书馆委员会委员长,傅斯年为副委员长。

8月11日,《一夕杂感》一文载《大公报》星期论文。

9月15日,子仁轨出生。

秋,历史语言研究所开始调查南方及西南少数民族。

10月1日,《闲谈历史教科书》一文载《教与学》第1卷第4期。

10月7日,《一喜一惧的国际局面》一文载《大公报》星期论文。

10月27日,《国联与中国》一文载《独立评论》第174号。

11月,修订《历史语言研究所章程》,增设第四组(人类学组)。

12月15日,《中华民族是整个的》、《北方人民与国难》两文载《独立评论》第181号。

12月19—21日,《论伯希和教授》一文载《大公报》。

12月,丁文江在衡阳煤气中毒,移往长沙救治。先生自北平赶赴长沙,探视丁文江病情。

是年,伦敦中国艺术国际展览会展出部分殷墟出土古物。

是年,作《地方制度改革之感想》(未刊稿),后收入《傅斯年全集》第5册(台北:联经出版事业公司,1980年)。

1936年(民国二十五年)　四十一岁

是岁,主持史语所所务。殷墟第十三次发掘,YH127坑出土完整龟腹甲二百余版。

历史语言研究所调查湖北方言。

2月9日,《公务员的苛捐杂税》一文载《大公报》星期论文。

2月16日,《我所认识的丁文江先生》一文载《独立评论》第188号。

2月23日,《丁文江一个人物的几片光彩》一文载《独立评论》第188号。

3月,《跋〈明成祖生母问题汇证〉并答朱希祖先生》《说广陵之曲江》两文收入《国立中央研究院历史语言研究所集刊》第六本第一分。

是年,《谁是〈齐物论〉的作者》一文收入《国立中央研究院历史语言研究所集刊》第六本第四分。

春,举家自北平移居南京。

5月,《跋陈槃〈春秋公矢鱼于棠说〉》一文收入《国立中央研究院历史语言研究所集刊》第七本第二分。

5月3日,《国联之沦落和复兴》一文载《大公报》星期论文。

5月15日,《国联组织与世界和平》一文载《中国国际联盟同志会月刊》第1卷第1期。

6月,《明清史料复刊志》收入《明清史料》乙编第一种。

夏,明清史料装箱,南迁至南京。

7月5日,《北局危言》一文载《独立评论》第208号。

8月23日,《欧洲两集团对峙之再起》一文载《独立评论》第215号。

12月16日,西安事变发生后,作《论张贼叛变》一文,载《中央日报》,主张讨伐张学良、杨虎城。

12月21日,《讨贼中之大路》一文载《中央日报》。

1937年(民国二十六年) 四十二岁

是岁,主持史语所所务。

2月8日,《西安事变之教训》一文载《国闻周报》第14卷第7期。

4月,洽购嘉业堂所藏《明实录》钞本。

6月9日,翻译《日本的军事冒险》一文,后载《政论旬刊》第1卷第14期。

6月19日,《四川与中国》一文载《统一评论》第3卷第24期。另有《中央周报》第473期、《西北导报》第3卷第1期刊载。此文系据傅斯年在成都军分校讲演录整理而成。

7月7日,芦沟桥事变爆发,先生应邀参加政府召集之庐山谈话会及国防参议会。

7月,迁移史语所文物于南昌及长沙。

8月,历史语言研究所迁至长沙。

10月,将南昌之文物再转运至四川重庆大学。

1938年(民国二十七年)　四十三岁

是岁,主持史语所所务。

春,历史语言研究所迁至昆明。

7月6—15日,在汉口出席国民参政会第一次大会,被推为国民参政会参政员,向大会提出"请政府加重救济难民之工作案"。

9月,历史语言研究所迁往昆明市郊区以避空袭。

10月28日至11月6日,在重庆出席国民参政会第二次大会。

秋,移家昆明。

11月29日,《波兰外交方向之直角转变》一文载《中央日报》。

12月,作诗《悼山东省专员范筑先战死聊城》。

1939年(民国二十八年)　四十四岁

是岁,主持史语所所务。

1月15日,《英美对日采取经济报复之希望》一文载《今日评论》第1卷第3期。

1月29日,《政治之机构化》一文载《今日评论》第1卷第

5期。

2月12—21日,在重庆参加国民参政会第三次大会,向大会提出"拟请政府制定《公务员回避法》案"。

5月,历史语言研究所参加莫斯科中国艺术展览会,展出部分安阳出土古物。

7月9日,《抗战两年之回顾》一文载《今日评论》第2卷第3期。

7月,开放历史语言研究所图书供迁徙于昆明之各学术机关使用。

8月,在昆明作《〈中国音韵学研究〉序》,收入《中国音韵学研究》(商务印书馆1940年出版)。

9月9—18日,在重庆参加国民参政会第四次大会。

12月,调查贵州苗族。

是年,作《地利与胜利》一文(未刊稿),后收入《傅斯年全集》第5册(台北:联经出版事业公司,1980年)。

1940年(民国二十九年) 四十五岁

是岁,主持史语所所务。历史语言研究所调查云南方言,少数民族语言。

2月25日,《汪贼与倭寇——一个心理的分解》一文载《今日评论》第3卷第8期。

3月24日,《我所敬仰的蔡先生的风格》一文载《中央日报》。

4月2—9日,在重庆出席国民参政会第五次大会,向大会提出"为鲁省去岁迭遭水旱风雹蝗螟之害,灾情惨重,民不聊生,拟请政府迅拨巨款从事赈济案""请严禁邪教,以免摇动抗战心理案""请屯积二年用之汽油,并购备汽车零件,以维持交通及军运案"。

8月,促成寄存于香港之居延汉简安全运抵美国国会图书馆,免遭战火。

冬,历史语言研究所迁至四川南溪县李庄镇。

11月,兼任中央研究院总干事,至第二年9月止。

12月,续任国民参政会第二届参政员。

是年,《性命古训辨证》由上海商务印书馆出版。

1941年(民国三十年)　四十六岁

是岁,主持史语所所务。历史语言研究所与中央博物院合作调查岷江沿线遗址。

历史语言研究所调查四川各县方言。

3月2—9日,在重庆出席国民参政会第二届第一次大会。

3月,患高血压症,在重庆歌乐山中央医院养病,7月出院。

夏,历史语言研究所与中央博物院合组"川康民族考察团",展开川西康东民族调查。

7月16日,《谁是后出师表之作者》一文载《文史杂志》第1卷第8期。

9月,辞去中央研究院总干事职。

10月21日,母亲李氏病逝于重庆中央医院,享年75岁。

冬,移家南溪李庄。

12月,香港沦陷,历史语言研究所存于香港九龙之文物悉告损失。

1942年(民国三十一年)　四十七岁

是岁,主持史语所所务。

4月,历史语言研究所与中央博物院、中国地理研究所合组"西北史地考察团",展开调查。

8月,成立"历史语言研究所管理委员会",以照顾本所同仁的生活。

10月22—31日,在重庆出席国民参政会第三届第一次大会,向大会提出"鲁省灾情惨重拟请中央加拨巨款迅放急赈并实施根本救济办法以拯灾黎而固国本案"。

12月16日,作《大明嘉靖三十三年〈大统历〉跋》。

12月16日,《论性命说之语学及史学的研究》一文载《读书通讯》第五十六期。

12月27、28日,向达著《论敦煌千佛洞的管理研究以及其他连带的几个问题》连载重庆《大公报》,文前有先生为该文所作案语。

是年,《本所刊物沦陷港沪情形及今后出版计划》载《国立中央研究院历史语言研究所集刊》第十本第一分。

1943年(民国三十二年)　四十八岁

是岁,主持史语所所务。历史语言研究所调查关中、洛阳陵墓与石刻,以及陕西考古遗址。

1月1日,《论李习之在儒家性论发展中之地位》一文载《读书通讯》第 57 期。

3 月 1 日,《理学的地位》一文载《读书通讯》第 61 期。

5 月 2 日,《盛世危言》一文载重庆《大公报》星期论文。

5 月 4 日,《"五四"偶谈》一文载重庆《中央日报》。

5 月,作《跋〈人境庐诗草〉》。

9 月,赴重庆出席国民参政会第三届第二次大会。

11 月 29 日,《战后建都问题》一文载重庆《大公报》星期论文。

12 月,在四川南溪李庄作《〈史料与史学〉发刊词》,载《国立中央研究院历史语言研究所集刊》外编第二种《史料与史学》(1945 年 11 月出版)。

是年,作《丁鼎丞先生七十寿序》。

1944 年(民国三十三年)　四十九岁

是岁,主持史语所所务。历史语言研究所调查广西土语及其他少数民族语言。

4 月 2 日,《天朝——洋奴——万邦协和》一文载重庆《大公报》星期论文。

5 月 4 日,《"五四"二十五年》一文载重庆《大公报》星期论文。

5 月,历史语言研究所与中央博物院、北京大学、中国地理研究所合组"西北科学考察团",发掘敦煌墓葬。

6 月,历史语言研究所在李庄自办子弟小学。

7 月 9 日,《我替倭奴占了一卦》一文载重庆《大公报》星期论文。

7月12日,《"第二战场"的前瞻》一文载重庆《大公报》星期论文。

9月,赴重庆参加国民参政会第三届第三次大会。

11月19日,《现实政治》一文载重庆《大公报》星期论文。

1945年(民国三十四年)　五十岁

是岁,主持史语所所务。

1月,作《〈六同别录〉编辑者告白》一文,同年收入《国立中央研究院历史语言研究所集刊·外编》第三种《六同别录》上册。

4月,续任国民参政会第四届参政员。

4月,所作《〈殷历谱〉序》收入国立中央研究院历史语言研究所专刊《殷历谱》。

4月29日,《罗斯福与新自由主义》一文载重庆《大公报》。

7月1—5日,先生与黄炎培、褚辅成、章伯钧、冷遹、左舜生参政员代表国民参政会访问延安,商谈和平建国问题。

7月7—17日,出席国民参政会第四届第一次大会,向大会提出"彻查中央信托局历年积弊,严加整顿,惩罚罪人,以重国家之要务而肃官常案"。

7月30日,《评英国大选》一文载重庆《大公报》星期论文。

8月9日,《黄祸》一文载重庆《大公报》。

8月15日,日本宣布无条件投降。

秋,被任命为北京大学代理校长。

9月20—25日,在重庆参加教育善后复员会议。

11月,昆明西南联合大学发生学潮。次月,先生以校务委员身份,前往处理。

1946年(民国三十五年) 五十一岁

是岁,主持史语所所务。历史语言研究所调查川南悬棺葬,及川滇交界之僰人文化。

1月,赴重庆出席政治协商会议。

3月,出席国民参政会第四届第二次大会。

5月4日,由重庆飞北平,办理北京大迁校事。

5月12日,《护士职业与女子理想》一文载重庆《中央日报》"南丁格尔女士诞辰纪念特刊"。

5月,历史语言研究所离开李庄。

7月30日,《中国要与东北共存亡》一文载重庆《大公报》星期论文。

8月4日,《漫谈办学》一文载北平《经世日报》。

8月,在北平接收日伪"东方文化研究所""东方文化事业总会""近代科学图书馆"图书,中研院成立"北平图书史料管理处",先生兼任主任。11月改由汤用彤接任。

9月,胡适上正式出任北京大学校长,先生随即卸去代理北大校长职务。

11月,历史语言研究所自李庄迁返南京。

11月,出席首届国民大会。

是年,《倪约瑟博士欢送辞》收入倪〔李〕约瑟(Joseph Needham)原著、张仪尊编译:《战时中国的科学》(二)。

1947年(民国三十六年)　五十二岁

上半年,主持史语所所务。

1月25日,《内蒙自治问题》一文载《观察》第1卷第22期。

2月15日,在《世纪评论》第1卷第7期发表《这个样子的宋子文非走开不可》,举国震撼,宋氏旋即辞职。

2月22日,《宋子文的失败》一文载《世纪评论》第1卷第8期。

3月1日,《论豪门资本之必须铲除》一文载《观察》第2卷第1期。

6月,赴美就医,所务由副研究员夏鼐代理。

携夫人与子仁轨同往,住波士顿(Boston)白利罕(Peter Bent Bringham)医院治疗,达三四个月之久。然后移居康乃提克州(Connecticut)之纽黑文(New Haven)休养。

1948年(民国三十七年)　五十三岁

3月,当选中央研究院第一届院士。

夏,离美返国。

8月,抵达上海。继续主持史语所所务。

9月,《论美苏对峙之基本性》一文载《正论》新11号。

9月,《北宋刊南宋补刊十行本〈史记集解〉跋》、《〈后汉书〉残本跋》两文收入《国立中央研究院历史语言研究所集刊》第十八本。

秋,出席首届立法院会议,当选为立法委员。

11月,国民政府宣布傅斯年为台湾大学校长。

12月,迁历史语言研究所至台湾杨梅镇。

1949年(民国三十八年)　五十四岁

是岁,主持台湾大学校务与史语所所务。

1月20日,在台北就任台湾大学校长。

年初,为台大黄得时教授书一短幅,文曰"归骨于田横之岛"。

4月20日,《国立台湾大学三十七年度第一次校务会议校长报告》载《台湾大学校刊》第28期。

7月14日,《傅斯年校长的声明》载台北《民族报》。

7月20日,《傅斯年校长再一声明》载台北《民族报》。

7月20日《两件有关台湾大学的事》一文载《台湾大学校刊》第34期。

8月15日,所作《台湾大学选课制度之商榷》一文载9月5日《台湾大学校刊》第37期。

8月24日,《台湾大学一年级新生录取标准之解释》一文载台湾《新生报》。

10月24日,《台湾大学与学术研究》一文载《台湾大学校刊》第41期附送。

10月31日,《大学宿舍问题》一文载《台湾大学校刊》第42期。

11月20日,《自由与平等》载11月20日台北《自由中国》第1卷第1期。

11月,历史语言研究所发掘台湾埔里大马璘遗址。

12月20日,《苏联究竟是一个什么国家?》一文载台北《自由中国》第1卷第3期。

1950年　五十五岁

是岁,主持台湾大学校务与史语所所务。台大校内发生弊案,保管股长杨如萍盗窃大量仪器,先生为此事件精神深受打击。

2月6日,《几个教育的理想》一文载《台湾大学校刊》第56期。

2月16日,《我们为什么要抗俄反共》一文载台北《自由中国》第2卷第4期。

4月16日,《共产党的吸引力》一文载台北《自由中国》第2卷第8期。

4月,作《〈台湾大学社会科学论丛〉发刊词》,载《台大社会科学论丛》第1期。

春,作《台湾大学国文选拟议》一文,后收入《傅斯年全集》第6册(台北:联经出版事业有限公司,1980年版)。

5月1日,《对办理本年度中基会资助本校教员出国进修事之报告》一文载《台湾大学校刊》第66期。

7月31日,《台大大失窃案之初步报告》载《台湾大学校刊》第79期。

9月7日,所作《出席参政会驻会委员会对所询台大开除学生之说明》一文载9月18日《台湾大学校刊》第85期。

10月16日,《致诸同学第一封信》载《台湾大学校刊》第89期。

11月6日,《致诸同学第二封信》载《台湾大学校刊》第92期。

11月16日,《关于台大医院》载台北《中央日报》。

11月16日,《我对萧伯纳的看法》一文载台北《自由中国》第3卷第2期。

11月29日,《一个问题——中国的学校制度》一文载台北《中央日报》。

12月15、31日,所作《中国学校制度之批评》一文连载台湾《大陆杂志》第1卷第11、12期。

是年,作《台大办理本届一年级新生考试之经过》、《台湾大学附属医院组织章程草案说明》,后收入《傅斯年全集》第6册(台北:联经出版事业有限公司,1980年版)。

12月20日,晚上11时20分,以脑溢血猝逝于台湾省参议会议场。

12月21日,先生遗体大殓,送往火葬场火化。

12月31日,治丧委员会及台湾大学假台大法学院大礼堂举行追悼会,蒋介石亲临主祭,并颁"国失师表"挽联,各界前往致祭者达五千余人。

1951年

1月6日,傅故校长筹委会作出决议:一,骨灰安葬于校园。二,建立铜像。三,编印遗著及纪念刊物。

4月8日,在台大本年度第二次校务会议上,洪炎秋、洪耀勋、苏芗雨三教授提议,以先生在台大第四周年校庆演说词中所讲"敦品励学,爱国爱人"八字为校训。

6月15日,台大出版《傅故校长哀挽录》一册。

12月20日,台大安葬先生骨灰于台大植物园,后称之为"傅园"。

1952年

12月,台湾大学出版《傅孟真先生集》,共6册,胡适为之作序。

附录二　新发现的一组傅斯年佚文(六篇)[①]

欧阳哲生按：本人近期在整理傅斯年文献时，通过查阅民国期刊电子资源，发现一批傅斯年作品，这些作品不仅为过去已出《傅斯年全集》(联经出版公司1980版、湖南教育出版社2003年版)所未收，而且在各种有关傅斯年的文献或其他材料中亦未见提及，颇为珍贵，具有重要史料价值。现公布于世，供学界同人参考。

一、《"清党"中之"五卅"》，载《政治训育》1927年第14期

二、《我对于日本出兵山东的感想》，载《政治训育》1927年第15期

三、《满洲傀儡剧主人公溥仪》，载《良友》1932年第65期

四、《四川与中国》，载《统一评论》1937年6月19日第3卷第24期。又载《西北导报》1937年第3卷第11期。又载《中央周报》1937年473期

五、《日本的军事冒险》，载《政论旬刊》1938年第1卷第114期

六、《〈广西石刻展览特刊〉序》，载《促进》1946年第2卷第4期

[①] 整理稿载《近代史资料》总130号，北京：中国社会科学出版社，2014年10月版。

政治訓育 第十四期

「清黨」「中之」「五卅」　傅斯年

「五卅」是記念兩年前在上海的帝國主義者屠殺我們中國人的。帝國主義者屠殺我們中國人在「五卅」前何只千幾百次？我們雖然沒有一個目錄，但看看帝國主義者自身 Morse 做的中國外交史，此外不著錄的那些小屠殺，從帝國主義者看去已經很有可觀了。此外不曾有入歷史的價值，簡直是宰雞殺狗，不特不著一部無文字的典冊，並且沒有登日報的價值。所以無盡的殘史，只成了一世」紀念一齊抹煞了罷！帝國主義者屠殺我們中國人在「五卅」後，又何止幾十回？即如上個星期，美國砲船還開砲轟擊我們的江陰

砲台，打沉了好多民船、南京之案，明明是英國開大砲打中國無武裝的平民，偏說是中國人的 Chinese。所以舊恨新愁，一齊算來，真正記念不勝其記念了。然而我們何以特別記念「五卅」也竟因爲「五卅」有兩層特別的意義：一、帝國主義者到了「五卅」無詞自解了。半吞半吐的承認了他們還吃人肉的行爲。二、中國人也不能再忍了，起來反抗陸續的反抗到現在。所以「五卅」是帝國主義崩裂史上的一大章，民族解放史上的一大時代之開始，中國對外關係史上之新生面。

我們紀念「五卅」不要理想到我們反抗帝國主義之熱烈而高興，我們刻刻不要忘死於帝國主義下者之慘，死者之寡妻孤兒現在所受之苦。我們一息尚存，如果不努力去打破這個宰割世界的帝國資本主義，我們無以對死了的人，無以對北伐陣亡的將

二

士！

現在我們正在這裏清共產黨，我們或者對帝國主義者綏攻嗎？這是大誤不然的！我們要認清，中國共產黨都是帝國主義者造出來的孽子孽孫！帝國主義施行他們那殖民政策，資本割宰，吸人血汗的藝術，遂在中國造出些極毒，吃人肉的無上道德，楊梅大瘡，其散者爲洋奴買辦財閥文化侵略之護法者，其大者即爲軍閥。這些敗類人們，逼着人造反，出了白色帝國主義，便進了赤色帝國主義。我們一面淸着，一面要認識這根源，應該「哀矜而勿喜」。萬

「扶得東來西又倒，路○我們一面清着，一面要認識這根源，應該「哀矜而勿喜」。萬

衆——！

繼沙基而奮鬥的有省港罷工，繼「五卅」而犧牲的有沙基死難烈士的民衆。繼「五卅」而犧牲的有沙基死難烈士的民衆，永遠繼續我們犧牲奮鬥的精神，喚起全國民衆——！

爲世界一切被壓迫民族，與被壓迫階級的解放而努力！

爲中國全民族解放而努力！

爲死在帝國主義鐵蹄下的一切同胞而復仇！

第四要認識 我們廣東的民衆，是向來最富有革命性的民衆。

團結，嚴防一切的敵人，鞏固革命的力量！

產黨，罪犯，贓官，污吏，軍閥，土棍，以便待機禍中國！我們忍看着不動嗎？我們可以不努力嗎？

我們應該限期收回沙面！限期收回九龍，廣州灣，澳門，香港！限期肅清廣東的一切帝國主義者，與其走狗！這才是「清黨」之最大作用；這個可以對得起「五卅」及一切殘殺中死事的人了！

方有辟罪，在帝國主義所謂清黨，有治標的清黨，就是捕拿反動的共產黨，使之伏法便之不能再為虐○更有治本的清黨，就是打倒了軍閥和帝國主義，除了一切製造共產黨的根源，國民黨才能高枕無憂呵！若果僅僅治標的清，共產黨是會埋伏着待後來有機會再作亂子的！

國民黨要想着實現他的理想，眼光不能不有一個世界的脾胃○帝國資本主義和赤色帝國主義，都有個，世界的脾胃○他們的惡腹，在乎他們的脾胃太惡劣，不在乎他們的脾胃是世界的○我們的眼光，如果局促于中國，我們的理想，是不能長久支持的○況且我們這樣身受帝國主義之苦痛，但凡有人心腸，還不同情于同是受一種壓迫者的人們嗎，所以世上但有殖民地，便是國民黨之羞恥，但有未解放之民族，如土耳其，墨西哥，及一切被壓迫之民族，組織一個藍色國際——既用黨色，且表公平之義——去解放一切殖民地，一切不幸的民族，建設最公平的新文化，根基于利用人們相愛相善之優點，而不如共產黨之專門利用人們相恨相欺之弱點。

回頭看看廣州，是個甚麼局面？沙面仍舊是沙面，財閥仍舊是財閥，文化侵略大本營的嶺南大學當事人壓迫勞工，又把一部份「儒童」振在澳門，以侮辱國民政府，商團餘孽又受英國的資助思活動。澳門香港遙為聲援，為通逃藪，收容一切陳炯明派，共

「五卅」二週紀念感言　何思源

「五卅」——血的結晶的「五卅」，於今兩週年了！

我們知道「五卅」慘案是帝國主義者和資本家在華實行共屠殺政策的第一遭，即是中國民族解放運動空前的大流血！繼「五卅」而起的「萬縣」，最近的「南京」等慘案，都是窮兇極惡的資本帝國主義者用高壓手段，屠殺到底的本色！雖然，資本帝國主義者的毒焰日張，死難烈士的血跡先後慘淡，但「五卅」的喪鐘已震動中國國民的心坎，「五卅」的悼歌已喚起中國國民的迷夢。任資本帝國主義者如何的兇惡毒辣，我們有的是頭顱，有的是肝膽，一再奮鬥，始終與敵人作殊死戰！因此「五卅」以後中國民族解放潮流益急，民眾一致集合於打倒資本家，帝國主義者和軍閥的戰線上。所以為民族解放的北伐的國民革命軍，處處得到民眾的幫助，就進行無阻，着着勝利，這於「五卅」烈士差堪告慰的。

可是，北伐尚未完成，資本帝國主義者正在謀害之際，偏起

政治訓育　第十四期

我對于日本出兵山東的感想

傅斯年講

實現總理遺志！

打倒危害中華民族自由解放的日本帝國主義！

打倒危害日本民族自由解放的日本帝國主義！

打倒危害亞細亞民族自由解放的日本帝國主義！

這次日本的出兵山東，我有幾個感想。

在日本未出兵以前，共產黨紛紛造謠，說我們國民黨派代表往日本，與日本帝國主義者安協啊！現在，日本出兵了！向我們黨出兵了！我要問問共產黨邊放屁不放屁！

從中國人的眼光看來，我們國民黨和共產黨是兩個東西，「國民黨是往民生路上走的，共產黨是往民死路上走的；但是從帝國主義者的眼光看來，着實完全沒有兩樣：國民黨和共產黨同是兩種反對牠的組織，同是兩種分化不能共存的組織，所以牠痛恨國民黨和痛恨共產黨，牠打國民黨也和打共產黨一樣！

這次日本的出兵為甚麼？到國民革命軍下了徐州便可直擣到國民革命軍到了徐州便下了河南，兩星期可到北京，四星期可到奉天，直擣牠的走狗奉系軍閥的老巢了，所以牠恐慌起來、手忙脚亂的馬上出兵！這是帝國主義之真實而是我們至死不要忘的。

講到中國為甚麼會生出共產黨，為甚麼在那一個糰體中也還有不少的革命青年會利害成那樣，加入？我以為這都是帝國主義者造成的軍閥所迫而成，一般青年，受不了帝國主義者這些下的諸般痛苦，奮而走入共產黨。所以共產黨中雖然大多數是惡劣分子，然也有不少的革命青年。這個矛盾的事實是使我們很要長想的。共產黨如果畫宗派圖來，一定桃軍閥而宗帝國主義。萬方有罪，卵在帝國主義。

國立中山大學全體為反對日本出兵事通電中央黨部及國民政府

中國國民黨中央黨部國民政府外交部鈞鑒：我軍克復徐州，肅清江北，京寧局勢，全部動搖，國賊張醫，指日正法，乃日本帝國主義者，竟違背國際公法，派兵來華，自青島登陸，闖赴濟南，將以防止北伐軍之進前，而延長其走狗之殘喘。凡我國民，義無反顧，誓死打倒奉系軍閥，反對日本出兵，堅持到底，無不切齒，萬祈提出嚴重抗議，無使再行肆毒中國。國民革命前途幸甚！國立中山大學全體教職員學生工人叩。

九一八，遼瀋的鎗聲，已經給滿洲舞台打了開場；一二八，上海的砲聲，更催着傀儡劇的出演；現在溥儀所率領這一批混合班的傀儡劇正在搬演得熱鬧。我們瀏吊淞滬的戰蹟，展望東北的烽火，固然沒有什麽情開逸致，和賞這無聊的傀儡劇；但是我們一念及八萬方里的土地，和三千萬的同胞，都在這些傀儡的舞踏之下呻吟着，我們不能不和讀者諸君，去拆穿「東方德意志」的這一副西洋鏡。

現在我們先把這一批主要的登場傀儡，列名出來：

滿洲偽國的主要人物

執 政　　溥儀
國務總理　鄭孝胥
民政總長　臧式毅　　外政總長　謝介石

軍政總長　馬占山
財政總長　熙　洽
實業總長　張燕卿
交通總長　丁鑑修
司法總長　馮涵清
立法院長　趙欣伯
監察院長　于冲漢
參議府議長　張景惠
參議員　袁金鎧　　參議員　湯玉麟
同　　　羅振玉　　同　　　張海鵬
同　　　貴　福

好了，不要再寫下去了。那些搖旗吶喊的腳色，毫沒有佔據篇幅的必要。

現在，我們只就這傀儡劇主人公的溥儀，約略講一番罷。但是，在這裏，我們也沒有為這位「廢帝」作「正傳」的必要。我們只把他半生的經過，分時代寫出來就夠了。是的，這位先生的生年，頗富於波

前清宣統廢帝愛新覺羅溥儀

滿曲折，很合於戲劇的性質，我們就各個時代分幕寫出來，作一場傀儡劇看。

第一幕 一九〇九年，北京。

光緒和慈禧，很突然地先後死去了。幸運的溥儀，因為袁世凱和張之洞的主張，繼承了清室最後的帝位。這就是宣統。當時他才四歲。聽說他登極的時候，那些拖辮子的文武大官，叩首三呼，聲震屋瓦。把坐在寶座的這位小皇帝，竟然嚇哭了。許多迷信的遺老遺少，說道是不吉之兆。

第二幕 一九一一年，北京。

「宣統二年半」的諸言實現了。宣統三年十月（陽曆）武昌起了革命，各省紛紛響應。不幸的溥儀，受了袁世凱的逼迫，只得退位。當時他只有七歲，自然是莫明其妙。單就他在清室的出處進退來看，他也只是一個傀儡。

第三幕 一九一七年，北京。

民國六年，張勳、康有為等宗社黨，利用北洋軍閥內訌的機會，在「東方善鄰」的操縱之下，實行復辟。藏在紫禁城裏的溥儀，又幸運的復辟了帝位。可是不幸的是復辟的天下只有六天就完結了。

第四幕 一九二二年，北京。

清室之哀悲紀念品：溥儀之髮辮

這年，溥儀十七歲了。雖然閉居在深宮，他却也很想學時髦，所以花那年的五月，他毅然不顧他祖先傳下來的習慣，把辮髮剪去了。據說有多少遺老苦苦勸過他，並且事後痛哭不止哩。本年十二月，他和前清道台滿人榮源之女婉容結婚。

第五幕 一九二四年，北京。

民國十三年，國民軍入北京，馮玉祥看見溥儀端居宮內，許多遺老，拖著辮子，穿著補服，每天去朝見他，儼然還存着小朝廷的體統，所以派兵把宮城圍了。溥儀大驚，逃到煤山下的酷親王府但是在那裏也被國民軍監視着，他的師傅陳寶琛和日本公使講通，假裝買東西出去，把他帶到日本公使館。日本公使，好像得了一個活寶貝，非常歡迎，便把樓上讓出來給他住，並派人把他的家眷也接了來。當時的公使是什麼人？正是現任日本外務大臣的芳澤謙吉。

第六幕 一九二五年，北京—天津。

在日本公使館住了三個月，中國政府屢次派人交涉，要求引渡，日本雖沒有答應，溥儀却有點心慌。民國十四年二月，由日本公使館參贊池部設法，把他帶出，叫他扮做池部的僕人，坐三等車，逃到天津。後來他的妻妾也由池部帶去給他。在天津先住在日本南

月亮出來了。她坐在院中微笑的面容，忽然她跳起來衝著月亮鞠躬，一面說"好凄凉的月兒呀呢來吟哉

小溥一吉
[一九]二三北京
Henry—

溥儀親筆創作之小詩
（按溥儀之英文名為Henry）

，日本關東軍，毀壞柳溝橋路軌，進佔北大營，在不抵抗主義之下，三日之間，遼吉兩省完全在日軍鐵蹄之下了。以「東方君子國」自居的日本，常然要玩出一套把戲，掩飾國際的視聽所注視的地方，公然走出，多少不大方便。日本又不能不費一番苦心。就在日本駐軍在天津開火的時候，溥儀偷偷地被日本人帶出去了。

本年十一月十一日深夜，有一輛汽車停在清室駐津辦事處的後門口，這汽車把衙應完全遮蓋下，開足速度向日本郵船碼頭飛跑

範圍之下的溥儀，自然沒有不答應的。問題只在怎樣能出天津跑到東北去。論理，這也沒有什麼困難，不過天津的租界很多，畢竟國際的視聽所注視的地方，公然走出，總有多少不大方便。日本又不能不費一番苦心。

籍見四十二頁

海鐵路會社駐津的機關─大和旅館，後來由日本人保他住在日租界官島街張園。張園是前清統制張彪的別墅，在日本軍司令部和段祺瑞住宅的中間，這是在日人保護下，最安全的地點了。但是日本人還不放心，在他住宅的周圍，用鐵絲網圍繞，並且特設日本警察崗位，以資保護。試問日本人為什麼把溥儀看得這樣寶貴，對他這樣忠實呢？

第七幕 一九三一年，天津─營口。

「養之千日，用之一朝」，日本深謀遠慮，把溥儀鄭重地蓄養了許多年，現在用他的時候到了。民國二十年九月十八日夜十時中，完全在日本勢力

溥儀字跡其二

楊柳多短枝短枝多別
離贈遠累攀折柔條安
得垂青春有定節離別
無定時但恐人別促不怨
束遲：莫言短枝條中
有長相思朱顏與綠草
楊并在別離時

满洲傀儡溥仪（续自三十页）

而去。汽车停住了，便有几个黑影走上日本船比治山丸船上。这黑影中的一个，不用说是溥仪了。船马上开了，并且开得很快。但是溥仪出口以前，须要经过军粮城。那里有中国的驻兵。船长西田是海贼一般的兄汉，他把溥仪藏在一间黑暗的船舱中，周围用铁板和叠席遮住。到军粮城前面，岸上驻军鸣枪，喝令船停住。掌舵的日本人机关士，吓得浑身发抖。西田一脚踢开他，自己去掌舵，他故意缓开，好像就要停船，将过军粮城下，忽然开足船力，一直冲出去。岸上虽然放枪，已经来不及了。船就这样，於十二日黎明，出了大沽口，开向营口去了。

溥仪之妻

第八幕 一九三一年，汤岗子——长春。

到了营口以后的溥仪，宛然如入了五里雾中，行踪完全不明。他在关东州（日人称旅顺，大连，金州一带地方之总名）或者附近地方，谁都想像成住在那里，除过日本军部和政府要人以外，却没有一个人晓得。突然，确实是很突然的，他同他的夫人，由汤岗子（在汤城东北十五里，南满铁路旁一个有名的温泉）（日本军部专用的温泉旅馆）出现於世，在日本军

溥仪现在长春居住之客厅

旁氏白玉霜 功效立见

皮肤搽旁氏白玉霜。立即光滑滋润。娇艳欲滴。欧美妇女。无不以旁氏白玉霜为美颜之必需品。旁氏白玉霜。细腻滋润。色白香浓。凡皮肤乾糙拆裂或因日晒风吹变色。再未敷粉前。先搽此霜。色更鲜艳。二手常搽此霜。粉可长在。必可光滑白嫩。
中国总经理
美商怡昌洋行
（上海广东路三号）

隊保護之下，坐南滿鐵路會社特備的花車，堂堂然向長春出發。時爲民國二十一年三月八日，正是日本軍在上海達到目的以後的一個禮拜，也正是東北在日章旂（日本國旂）下，宣言獨立的第八天。

　　　　＋　　＋　　＋

滿州國已經宣告成立了。全世界都用沈默的態度去抹殺牠，只有大亞細亞主義的日本，全國在歡迎，歌頌，興奮。新聞上，雜誌上，充滿了關係於滿州國的文字。學者發見他們的意見，團體在研究實行的方法。什麽集團移民，什麽建設電氣廠等等！

滿洲國成立了。東洋史上，將來又要添一個「第二朝鮮」。但是朝鮮獨立，和日鮮合併，正是日本資本主義全盛的時期。現在呢，擴說，資本主義的危機，已經進入到了第三期。並且太平洋上的風雲，一天緊似一天！滿州國的比隣——蘇俄的五年計畫，聽說好像成功了。日本的大亞細亞主義的計畫能夠很完滿實現麽？恐怕只有上帝曉得能！日本的識者憤慨的說：「自從歐戰以後，日本每天在防備赤化，撲滅赤化，現在建立了什麽滿州國，却要去和赤化的祖國做鄰家，不是自找苦吃嗎？恐怕以後的日本不會太平了。」這種議論到底對不對呢，這是他人的國家大事，用不着我們去越組代庖，還是讓日本人自己多多反省一番能。

×　　×　　×

溥儀之妾

溥儀之習字

無時不宜之黃匣柯達軟片

KODAK Film

美商　柯達公司

上海　天津　香港

我們話不離題，仍回到傀儡劇主人公的溥儀身上來。在這裏，我們再補敍他的幾段軼事，作爲以上各幕中間的插曲（Intermezzo）。

第一個悲感頑豔的插曲，便是溥儀和他的愛妾離婚的故事。這事件發生不久，當時國內各報都有詳細的記載，讀者諸君中，能夠很明顯追憶出來的，恐不在少。現在我們不必重述這段傷心史，和得意春風的他，去開元笑。不過有一點有趣的地方，值得提出，我們再來講講。從來男女雙方離婚的時候，一定有什麼「以後男婚女嫁，各得自由」的一段話，但是溥儀的離婚條件。却是叫他的愛妾離婚以後，終身不得再嫁別人。這是什麼意思？頭巾氣嗎？恐怕尚不止此，大約是「帝王思想」的遺毒能。你想想看，受了「真龍天子」御寵的女子，怎麼還可以和奴才

滿洲僞國成立後之長春小學校

們的平民百姓去結婚呢？皇帝面戴「綠頭巾」，這豈不是萬古的大笑話？宣統帝的溥儀，怎麼能夠忍受得下去。我這種推想，不是故意寃枉他。試看清宮所搜出的東西，不是明明寫着宣統十0年麽？或者有人原諒他，說這不過是他不好意思奉民國「正朔」的一種無聊的勾當，并沒有什麼深刻的意義。那麼，請看第二個證據能。

第二個證據，也是傀儡劇中的一個插曲。可惜這只演於後台的暗幕中，一般觀客未曾看見。當日本橫領東北準備排演傀儡劇的時候，却也是手足忙亂，意見紛歧，有的主張復辟，有的主張總統，有的主張執政，而溥儀是反對共和，主張復辟的。他說，我本是皇帝了，還要做什麼大總統。後來日本再三再四哄騙他，把名義改成執政，他才勉強答應。這段故

装置電灶
熱氣之
最爲
清潔
上海電力公司
電話一一〇一
南京路九十五號
樣子間
南京路九十五號
浙江路二七號
蓬路一〇七號
靜安寺路七十二號

事，當然日本的報紙也不肯登載，然而憑證據是有的。溥儀的兄弟溥傑，在歌功頌德的文章上，把溥儀在傀儡劇中逗一段暗鬥無意中吐露出來了。

溥儀之弟溥傑和溥儀夫人之弟潤麒都在日本的學習院（貴族學校）讀書，溥傑改名清水次雄，潤麒改名清水武雄。此次滿洲偽國成立，日本特用飛機載他們去，參加典禮。此外更有一個大名鼎鼎的川島芳子，也在日本士官學校，不用說也是日本龍中的一個。她並不是日本人，乃是宗社黨魁肅親王的女兒。她喜歡男裝，放浪不羈，風流史不知有多少。此次上海事件發生，她給日本軍做特務處長，非常活動，日本人得力她的地方不少。肅親王的一家在日本，芳子有一個因為和張宗昌殺妾案有關係，曾腎過鐵窗滋味。

就上面看來，日本收羅中國的人物（？）真不在少。僅就清室有關係的已經有這樣多，其他各派，當然可以推知他們什麼「牛溲馬勃」，敗鼓之皮」，都收攏起來，當作寶貝。一到排演什麼戲的時候，他便從他的藥籠中取出所必要的傀儡，使之登場。溥儀不過是正在台上的一個能了。

溥儀夫婦最近攝影

高永峯君之公子

四川與中國

傅斯年

四川與中國，是有綿密不可分的關係，有一個特別的事實，便可以充分加以證明，我們須知道「漢人」這個名詞，是和四川有深密的淵源，我們在後代自稱被稱做「漢人」，因為漢朝的先聲，驅逐匈奴以後，國防鞏固，版檔擴張，國威因之大振，以後人家便稱我們為「漢人」，但是漢朝之所以得名，因為劉邦被封在漢中，兼王巴蜀，巴蜀即是現在的四川，所以我們可以說四川的地利，是使我們至今稱做「漢人」的，漢家四百年後，別處都不是漢朝了，還只有四川更為正義奮鬥四十年，獨存漢朝之正統，這樣看來，四川與整個的中華民族是有密切的歷史的淵源，因此，我們可說，四川是有光榮的過去與特殊的歷史意義。

可是，我們檢查以往的歷史，四川對於國家，也曾經幾次發生不良的舉動即是這四川一隅幾次割據局面的形成，例如，漢光武中興，削平叛變，當時各處均紛紛歸順，擁戴漢室，惟有甘肅的隗囂與四川的公孫述，始終據險反抗，不肯聽命中樞，後來隗囂滅亡，公孫述猶不覺悟一味頑強抵抗，以冀維持其封建的割據局面，而遂且稱孤道寡的心願，但是狹隘的落伍的部落思想，終於被偉大的進步的「天漢」意識所吞滅，猖獗的公孫述最後還是不免身敗名裂，為賢明的光武帝所征服，其次，巴氏李氏，乘晉朝之亂，造反背晉，劉據三州，大禍人民，等到晉朝在江南立脚定了，實力稍稍充足了，桓溫便把蜀連一氣攻下，不費什麼氣力，這些不為正義而為自私的割據者，既速取滅亡又遺臭萬年。

由於以上這些事實的明證，可知四川雖有光榮的歷史，但亦有不幸的事蹟，不幸的事蹟，完全是由於少數幾個野心家憑藉著四川地勢的險阻，與物產的豐富，所幹出來的自私自利的勾當，四川全體民眾是無絲毫贊助的事實上，川民自古迄今，對於割據或分裂運動，無時不在憤恨或作強烈的反對，他們始終是維護國家的正統，祈求政治的團結，試看，東晉時川人之希望巴氏歸苻南宋時，此地奉金正朔者之不旋踵滅亡都可以明徵川人之心，是向著國家的正統，不是向著據地自豪的人，是擁戴為民族國家而奮鬥的領袖的不是贊成不管大局的野心家的。

況且，四川與中國本分不開，四川雖可稱作天府之土，却不能作為獨立世界，四川之能發揮其天賦的憑藉，未嘗不待外省人來，即如秦時李冰來川治水，解川民倒懸之厄，至今川西受其福二千年來，直到現在，川人對於李冰父子，是如何感激崇拜呢？又如：山東人（當時瑯琊郡）諸葛亮來治蜀，南征北代，戎馬擾攘，師行之時，民間自難免於徵發之苦，然而，當時川民不特毫無怨憤，反竭誠擁戴，迄諸葛死後，川民且到處設祠祭祀，數百年不絕，這是什麼道理？原來諸葛是以復興漢室為職志，挽救正統的國家為目的，他的高尚的道德，偉大的精神，川民早已認清楚了，被其所感化了，故川民勞而不怨、苦而不憤，崇拜敬仰，以迄於今，這都是表示川民對於真正為國家民族謀幸福的領袖的一種擁戴熱誠。

所以，無論拿歷史方面來說，或拿民意方面來說，四川祇有在整個統一國家局面之下加倍努力，始可發揚過去的光榮歷史，創造未來的偉大前途，否則，必欲維持割據局面，保持封建勢力，那只有自掘墳墓了，我們試看一看過去的史實，便知道這個論斷是有事實的根據的，我們更看一看川民對於李冰之歌功頌德，及對於諸葛武侯之崇信敬仰，尤知川中民意之歸向，是國家的統一，民族的團結，至於部落思想與封建觀念，那是他們從古至今除極少數有特殊情形者外，所極端厭棄的。

總之，以地理而論，四川的物產豐富，土地肥沃，所謂天府之國，以歷史而論「漢人」這個名字，是由於四川——漢中這個地方得來的，四川和整個的民族是有特殊的關係，我們可以說，四川是有良好的地利，光榮的歷史，但是，我們要善於運用這良好的地利，以鞏固民族復興的根據地，決不當使這個肥美的處所作為野心家出沒的營塞；同時，我們更要繼續發揚四川光榮的史蹟，以奠定國家統一的基礎，決不當伸這個富有歷史意味的地方，隨那些部落思想的人們而失其偉大。

日本的軍事冒險

傅斯年 譯

英國保守黨積極派領袖邱吉爾著，登於五月二十六日倫敦每日電閭及晨郵報。公文上說現在並沒有戰爭。天國一帶地方還爲和平包括着。然而在過去十個月，遺個和平不以很大軍隊的屠殺和毀滅表現出來。

但是日本人還說，他們對於中國的友情是不斷的。他們希望再同中國享受快樂而有效果的關係。他們全不願意對中國人作任何傷害，或者使這兩個甚多相同的古民族之間發生惡感。

他們又不要吞併中國一寸土。他們決心維持中國的完整及獨立。他們所要的只是一個肯和他們維持鄰居關係的中國政府，除去他們不願意的事，而盡作他們願意的事。只不過如此。這就是日本政府送結全世界看的一個怨望的面目。

但是，有了一個「偶然的事件」——自然，他們都是「布爾希維克」之間，出了厭煩，不消發這些土匪是決心要妨礙日本人一切發展中國之企圖的。他們土匪是「布爾希維克」一個政府，以便制止這些「七匪和布爾希維克」去造成「偶然事件」起見，六十多萬日本軍隊覺得是不得已的向中國開進好遠，爲中國人做了好些事。

還都是爲中國人的好處！

但是「中國土匪和布爾希維克」越來越多，平意想之外。於是「偶然事件」不得不延，日本不得不給中國以格外的保護。（譯者按：以上行文的陸調，是作者故意模仿怪賊向西洋人說的話，去

形容其無聊無恥，讀者幸體會作者的語氣）。

日本的侵略軍隊第一次大攻擊是在上海和南京。中國人抵抗得相當長久，而在抵抗之後又在別處打，還是日本人感覺詭異而且不快的。中國人第二次大攻擊現正在進行中。遺個攻擊，在上海之北三百英里，在中國東西鐵路交叉處的徐州。在這一線上，中國人曾經細心做過防禦。日本人一必得徐州，爲他們自造極其要緊的軍事戰術聯合起來，並不以據點之得失是主力戰之成敗過了重要的事。因爲中國人的辦法應該是在一切地方攻打而不在任何地方受擊。看來這樣辦法他們成功了。

假如日本人送一百萬人到中國，六個月以後你便不很容易找着他們了。交通線越延，侵略者之困難增加了。

還在他們生活在國內時之上。此外又有軍火的消耗，既很費錢，而且又是川流不息。從一個外國觀察者看來，除非中國降服，日本如何可以征服中國是雞解的。在日本，任人把中國降服算在他的賬上了。然而中國之竟不降服，一件專實，在東京便寫「我歷史上最大不幸」了。許多槁威者相信，中國的陸調，只需要繼體不斷的加一個幾可爆烈的壓力於日本身

上，便夠了。

日君，這個在在中國的「偶然事件」不是罰獨伊在的。那邊遠永遠有對俄國的憂慮。俄國陸軍，合來差不多到一百萬，器械精良，大部給於就地的兵工廠，在西伯利亞邊界上住着更正確的說，在西伯利亞線上等着：因爲遺裏本是一個無聲戰場的前線呵。

隊中選出五十萬最精的軍馬放在那裏。這個數目是否足以制壓一個俄國的突擊，無人敢說。至少說來，日本這樣子的試行右手搏着俄國，又左手搏廣大的中國之陶，是很困難的。在一面，一個大熊含怒待吼，在另一個，一個巨大軟體魚着生存不斷的刺着。總而言之，對於日本並非心滿意是的民族，這樣一個惡劣的實賣不是好薬素不斷的刺着。總而言之，對於日本並非心滿意是好

依照日本的式樣，「偶然的」俄國至軍可以在任何一個清風月白之夜」可怕的打擊於東京或其他本城市之上。

日本在中國跌腳細，俄國在北面瞪着軍備跳散到遺裏，我們必須明白承認在遠東一帶，俄國把日本估壯的軍隊吸到他的邊界上。而俄國與英帝國之間的利益和，又有一個好的通路。（中略）無論爲大英帝國的和平，正世界的和平，都沒有塞住遠東交通的道理。四方民主國家應該認清着，薛俄在遠東的作用的意義，雖然他也是自己利益的戰事去上海透了，英國之生命與財產之直接危險也輕少了。東京政府也略客氣些了…雖然日本軍

火之激劇施之於在上海居住的英國人及其他歐洲人者，並無改變，然而大規模衝突之危險，却不如從前追切了。

特爾佛司莫勒中將（按，即駐上海英駐軍之陸軍指揮官）在若干危險的臆揣中所取之穩健的態度，曾經得到一切在遠東住居的歐加人之敬佩，他現在必然覺到一個暫時的輕鬆。在香港也覺得舒服坐了。我們應說很希望我們的外交部和國會裏的保守黨員決不要忽略過個和緩究竟從那一個方向來，站無論這個來原如何，恰象意（按此精指俄國）。

在中國的巨大戰事之上，日本的陸海軍祕密社會對英對美掀起一個造艦比賽來，這却是英國或美國很容易把他把氣倒的。把他們的有歷史，有光榮的國家安放在這樣一個虛矯的爭勝之逃路上，是很不智的。

但是，歸結說來，遠東的最偉大最真實事作是中國的復興，也許中國人自己做不出的事，日本為他做到了。中國又蹶國一致把來了。在人類中殺了多的民族，終究不將軍成就了畏懼的英雄。

在一千萬的困難和需要之上，一個愛闢者及元氣袖人，並不可笑起，把中國從上流殘忍的蠻國中努力救！地球的那一角，可以成為世界的夢雄。我們可以這樣說，這個事實以鼓勵西方的民主國家，敵倒性的打擊，這個也不久晚的時候趕快站起來罷門。

以上的一篇文章，是我的一個朋友，現在英國旅行者，在報上剪下用航空信寄給我的按語，還是邱氏（Winston Churchill）近日論內國及國際文章之第四篇

我願以末見以前三篇文章為憾。寄我的這位朋友，是一位精通國際情形的學人，他信中有一段說：

保守黨努力目前之和平，但恐不易有成績。保守黨的威望日減，半年數月後開場之可能頗大。工黨缺乏領袖，亦缺乏有力之政策，卽上憙，恐對蘇亦末必有如預期的效力。邱吉爾如能再掛簦（按：邱已恢復），其威望，而為籠政府的領袖，則我或較可得大助。然勝利操於誰手，殊不敢必也。

我在國內，並且閃胸腳疾臥在重慶的山中，除直慶的日報以外，無消息，所以不能於此一推測有所否否。然涉我以前所知，邱氏亦作為英國首相可能，此一文却極關重要，理由如下。

邱氏是一個人大人物 Personality 而不是一個大人格（Character）。他的才氣，睡反對他的人也都讚歡，他的行為方向，雖擾蔽他的人也有人敢擔保的。他以跳蕩者名，在保守自由兩黨之間，他跳來跳不下十四、五次，這是最犯英國人之所不好的。尤其是保守黨一論人才，他確是一個大人物。他能造船，能論明彈克車。他的政治生活，從在南非波爾戰爭中作了俘擄又設計逃走起，很多怪事。在歐陸戰中，在歐戰中，勞伊喬治（David Hoydgeorge）罕齊一把交椅，第二把便是他。

伏打完了，英國人要過舒服日子了，號稱不倒的「威爾斯神巫」即勞伊喬治，挨着他倒了。凡是不倒繡，都有一種宿命，不倒則已，一倒卽不能再起。此後神巫始終未再有入閣之機會，而邱氏羅會一度與鮑爾溫共事，兩人後來越鬧越僵，在保守黨中微被冷眼之下，他自然逐在黨人之上，論行動，保守黨人可真有些不放心他。國人或著絕特，他在制我黨大利時所取之態度，是比鮑氏好得多。當制裁失敗時，鮑氏對英國說，「我真覺得困辱」邱氏起來說，「我也真覺得困辱，還是離使之然」所以據我看來，他能對他的才氣弄得第二把交椅，却不能惡他的性情弄得第一把交椅，他總是在這個時代中央末得相的人，他這篇文章的主張——其主張雖未明言，然而還可喻。——是張伯倫現行政策的唯一代替者。果然張氏之妥協政策竟不能受協下去，這個主張便要拾起頭了，前些時我虔覺英國在歐洲的妥協政策要成功，現在我有些憤疑了。邱氏是現在保守黨中積極派的領袖，义風世當那時候，所以無論如何，他這篇文章是值得我們注意的。

孟真，六月九日，重慶化龍橋

廣西石刻展覽特刊序

傅斯年

金石文字之著錄，自宋歐趙以來始有專書。凡寰宇之內庶能訪求而得者，靡不載焉。然寰括古今，瞻城過廣，肆力雖勤，猶不能無闕。因有分地著錄，專志一邑者。規模既狹，而蒐采易富矣。蓋南宋王象之輿地碑記目及其後，至潘乾嘉之世而轉熾盛，如茹叔度之中州金石攷、朱楓雍州金石記、阮元兩浙金石志皆是也。至於粵西地處偏仄，而風土淳厚，雲物秀美，自昔士夫宦蹟多及於是者較罕。故溪山嚴洞之間，片史金石之遺，採訪未勤，舊錄且缺。嘉慶五年，謝啟昆巡撫是邦，因成粵西金石略，凡乘帖者四百八十三，而所摭存有關者千餘條，都百餘人。雲龕之上，石倚之側，其即時遺留之拓本，所幸存者凡此而已。夫自宋之代，以迄今日，石刻而有題名者必多，雖山川隱僻，人亦能摹之以備方志之採，獻之於好古之士，使之流傳，是不可以數計也。然自宋遺之至今八百餘年中，所得僅此。即其所載既多殘闕，其為拓本者又少，獻之圖書館者，更無聞焉。此徵之幾二世紀而竟然也，然則此刻之日消月泐，其可懼不甚大哉！近二十五年來，金石之學之進步甚大，殆非乾嘉時學人一以搜輯為事，奉為絕業可比。民國九年，前中央研究院歷史語言研究所之設此也，夢故始即以金石之搜集、拓印及研究為本所工作之一端，曾推羅常培、徐中舒、董作賓諸先生主持之，凡所得亦夥。本所十五年八月移桂林西雄村，遷先生（故名林半覺先生）於十一月初三日自柳州至林半覺先生於十五至十一月十日前往柳州、恩平、桂林諸地拓碑八百餘種，集於一時，林師蹙還週各拓本展覽會，立凡三同版，然雖蒐括古今，瞻城過廣，肆力雖勤，猶不能無闕，蓋寰括古今，瞻城過廣，肆力雖勤，猶不能無闕。然寰括古今，瞻城過廣，肆力雖勤，獲寰括古今，瞻城過廣，肆力雖勤，獲古今之字，又何能深以為得也。所以然者，碑石之字，亦有聲學者先生，持行行五百餘種，國立柱林師範學院及展覽會，立凡三同版。凡所錄之碑若磚之字，又何。如歲得，將來行可有，其刊布亦所不惜。斯則深之刻之遺，其可期而無異博拓補之殊恨也。

頌陳榕門先生

封祝祁

吾桂林山水甲天下，而人才益著奇傑之南山則萬翠，而山川靈秀久之，而孕之奇傑之南山則萬翠，而山川靈秀久之，而孕者所謂粹質醇厚，毅然忠誠、毅然誠，先生生於是州，為吾粵之於桂林先生之時，先生年已三十，突發論桂所印，印地山川所鍾，非自為可慨。先生非自為，凡共抗於自力，不能不此為共同抗發於自力，不能不此為共同抗發於自力，四海澎湃，於以喚起國人於國民，以共喚起國人之於南北，四海澎湃，於以大時，辛亥之於桂林省之於南北，四海澎湃，於以本省人，辛亥之於桂林省之於南北，從此自勉之於南，以本省人。數省從此自勉之於南，以本省人。省人從此自勉之於南，以本省人。凡時，以本省人。省從此自勉之於南，以本省人。凡時，以本省人。省從此自勉之於南，以本省人。凡時，以本省人，省從此自勉之於南，以本省人。凡時，以本省人，省從此自勉之於南，以本省人。凡時。

獻校頌

黃樸心

先獨未有此勝利，惟建國大業之與奠，惟建國之復興，非古今代國之復興，非古今代國之復興，非古今代國之復興，本省質之發端，使創設本省質之發端，使創之並其實以為本省，以期民國教育之本，以期民國教育之本，以中華百世之雄基，以樹蔣公中央之決心，以樹以輯之文化推進，必完成本校之計，以輯西省之，創辦此校，本校以為國之，創設此校，本校以為國之，創設此校，本校以中央之，必達國民教育之中樞。茲當新校址選萱中之校，充實其內容，完成共設備。

已申補內政部 登記
中華郵政管理局執照號為第一類新聞紙類
廣西郵政掛號認為第一類新聞紙類

后　记

　　本书是我傅斯年研究成果的结集。从1996年开始在《北京大学学报》发表《傅斯年与北京大学》以来，我数次应约撰写有关傅斯年的文字，整理、编辑傅斯年作品，傅斯年成为我继胡适之后又一个正式投入研究的历史人物。应当承认，相对胡适那文化巨人的身影，傅斯年是次一级的历史人物。但傅斯年的学业、生命却有许多富有个性化的表现，有不少闪光的亮点。在民国知识分子中，他的学术和思想确有值得我们重视和继承的遗产，他毕竟是一个引领时代风气的人文学者。

　　俗话说，"五十知天命"。在临近这个年纪时，我有意识地整理自己已有的研究成果，此前陆续出版的《自由主义之累——胡适思想的现代阐释》（修订本）、《二十世纪中国文化》《探寻胡适的精神世界》《五四运动的历史诠释》《严复评传》（增订本）、《胡适文集》（修订版）诸作都是落实这一想法的产品。摆在读者面前的这本书也是这一工作的一部分。我想，清理已往的工作成果，使之成为定本，这可为自己以后学术研究再出发时理清思路，轻装上阵。

北大出版社综合编辑室杨书澜老师为拙作的出版做了周到的安排,责任编辑魏冬峰认真做了编校,对她们的多次支持和帮助,我再一次表示诚挚的感谢!

欧阳哲生

2016 年 2 月 25 日夜于海淀水清木华园